何欣

Talent Strategy

人才战略

首席人才官的人才经营、业务伙伴与后梯队时代

何欣 著

中国法制出版社
CHINA LEGAL PUBLISHING HOUSE

自 序

我们还有更长的路要走，不过没关系，道路就是生活。

——［美］杰克·凯鲁亚克《在路上》

这是一本从首席人才官层面解构人才经营的策略书，也是一本从业务管理者与人力资源双视野布局人才战略的工具书。人力资源并不等同于人力资源部，人才战略也并不等同于人力资源部的战略。对于一家企业而言，最重要的两项资源就是“钱”和“人”。如何从企业层面经营人才、打通前后台的人才价值链，驱动“蓝天之上”的力量来落地人才战略，进而凸显人力资源工作的业务价值，是本书关注的核心。

在 2020 年出版的《人才战略：人才战略规划、梯队、盘点及激活之道》中，我曾提出人才战略的基本定义：企业管理者通过战略性的人才规划及前瞻性的管理，确保组织能力与工作流程能够在适当的地点、适当的时机可持续地提供适当的人才，以满足短期及长期的商业目标。面对数智化时代的新挑战，人才战略工作要在人才供应链的“招培借留”、人力资本的高效运用、管理者承诺与前后台协同建设、组织的动能与发展平台建设角度做更多灵活、有效的工作，做与业务同频的“动态人才管理”。

本书共计四篇、十章内容，为大家完整解读首席人才官的人才经营及协同共生的一揽子策略。

第一篇：顶层思维，包含第一章和第二章。这部分和大家探讨了人才战略的“八个坚持”和动态人才管理系统的布局，按照企业的不同发展阶段、类型，我们列出了人才战略的六种操盘策略以供选择。同时，将动态人才管理系统按照“动态人才供应链建设”“动态人才交流策略”“动态人才盘点策略”“动态人才发展策略”“动态人才池（梯队）建设”五大维度做了典型切分，让人才像活水一样流动起来。为了使大家更好地理解人才战略的“减法”与“加法”，我们对“降本增效”与“人力资本增值”这两大热词进行了全面解读，归结为降本增效的十二大典型策略与人力资本增值的六大策略。顶层思维篇还提出了两个重要的战略基础：其一，天花板效应，即人才战略的天花板是管理者承诺，而不是人力资源部的专业性；其二，同频效应，即人才战略必须做到和业务战略同频，并牵引组织能力的发展。

第二篇：人才绝学，包含第三章和第四章。承接顶层思维篇，从管理者视角，提出了管理者作为首席人才官的八项用人关注点。同时，从“布局思路”角度探讨管理者在人才战略中的用人之道、识人之法与管理者偏好，从“组织平台”角度探讨了组织执行力、组织资源与组织活力建设。在任何时候，战略、文化、人才，这三样都是“一把手工程”。在组织当中，“一把手”及管理团队对人才战略的关注与布局思路，决定了一个组织智慧的上限，这些人是一家公司真正的首席人才官。

表 0–1 首席人才官的八项用人关注点

八项关注点	原则释义
先向内看，再向外看	用人的时候，优先给予内部优秀人才机会，再引进“新鲜血液”
战时用才，常时用德	攻坚克难时必须用专业高手，日常则以价值观、忠诚度为先
猛将必遣戍边	项目强势地区培养出的优秀人才，应优先派遣至新弱业务单元
看护成本	一个人才越优秀，企业对其付出的看护成本就应该越高
溢出性人力资源	离开企业的人才是外部人才，竞争对手就是我们的人力资源池
因地而异，因时而移	企业在不同发展阶段、不同业务地点的用人标准应有所不同
不可替代与组织能力	管理不是为打造不可替代人才，而是使组织作战能力均一
财聚人散，财散人聚	激励与保留制度是否有效取决于“一把手”是否有分享意识

第三篇：协同共生，包含第五章至第八章。从人力资源与业务管理者双向视角，探讨人力资源管理的战略定位与协同策略，打通人才战略的“内部生态圈”。我梳理了人力资源六大模块的关联关系与终极目标。从定位上来说，人力资源部在实施职能人才战略的时候，必须充分“向上看”“横向看”，从战略及业务视角建构人力资源工作，加强对上及平行的协同能力。从角色上来说，我提出了人力资源基于战略与业务的三种角色定位，即“教练”“政委”“合作者”，以及“懂业务”“懂组织”“懂人性”的三

项素质要求。同时，在《人才战略：人才战略规划、梯队、盘点及激活之道》中提出的“双 P 模型”的基础上，我进一步以人力资源模块工作中的“选手”与“平台”建设为出发点，为大家规划出了人力资源六大职能与业务单元之间的协同界面。

表 0–2　人力资源六大职能与业务单元之间的协同

六大职能	业务单元（选手）	人力资源（平台）
人才规划	在理解战略、厘清部门目标的基础上，提出人员数量、质量、激励、文化等需求	依据业务需求，明确并平衡各部门的人才规划，推动内外部资源整合，为业务管理者赋能
招聘甄选	• 身份：成为面试官介入面试 • 标准：提出清晰的人才标准 • 品牌：关注并参与雇主品牌建设	• 平台：打造 O2O（线上到线下）式灵活的面试平台 • 标准：梳理岗位说明书、标准化面试流程 • 渠道：梳理品牌输出，多元化招聘渠道建设
人才培养	• 赋能：按工作要求对员工工作进行指导 • 推荐：为新业务评估推荐人才 • 团建：建立融洽、高效的工作团队	• 体系：根据公司战略，搭建人才培养体系 • 计划：组织并实施人才培养计划 • 赋能：为业务团队人才培养赋能
绩效与执行	• 订立：制定本部门绩效目标并分解 • 辅导：实施员工日常绩效辅导 • 反馈：对绩效结果进行有效反馈	• 规则：建立完善的绩效管理制度与流程 • 过程：推动并配合业务团队绩效订立与辅导 • 平衡：确保绩效反馈结果的公平性与公正性

续表

六大职能	业务单元（选手）	人力资源（平台）
员工关系	• 氛围：遵守劳动合同，规避用工风险 • 参与：参与劳动关系谈判，确保沟通顺畅 • 关注：关注员工工作与生活需求	• 管理：劳动档案及劳动合同关系处理 • 建设：内部沟通渠道与满意度的建设 • 赋能：对一线经理赋能，规避用工风险
薪酬与激励	• 信息：提供岗位信息，辅助薪酬制定 • 形式：多样化地激励团队员工 • 建议：建议对员工的福利及激励形式	• 判断：实施评估，进行岗位价值判断 • 对比：开展薪资调查，对比行业水平 • 建议：向管理者提出薪酬建议并解读

第四篇：组织动能，包括第九章和第十章。从“后梯队时代”剖析人才梯队建设的五大陷阱，从有限资源下的三条分配原则、四维通道、平台创业等角度出发，将组织由“有限战场”转向“无限战场”，解决人才梯队建设后的机会不足与发展受限难题。人才经营的视角，是一个组织基于公司业务导向的人才供应链建设与组织能力提升的全盘视角。在这个过程当中，我们既需要规划及实施人才战略的“专业力”，也需要推动人才发展的“推动力”，即组织动能建设。

同时，作为数智化时代鲜明的特点，我还在本书中提出了新生代人才管理的十二大创新方式、后梯队时代员工的五大价值观、实施人力资源三支柱的组织诊断与五个基本问题，以及平台创业的“大平台、小前端、富生态”模式在组织动能建设当中的应用。“平台 + 个人”的组织形态，或将成为未来一段时期内，人力资本与组织共生的一个重要形态。

除了大量的人才管理实操工具、案例之外，本书还从商业管理、经济学角度出发提出了一些新观点，直击人才管理的本质，如招聘甄选时的“羊群效应”、人才内部交流的“飞虎队”、“人才毛利率”、组织与人才的“良性博弈”等。

表 0–3 “人才毛利率”在商品与人才动机中的体现

追求的方向	商品的动机	人才的动机
获取独特的定价权	提高稀缺性或垄断性	不可替代性越强，谈判筹码越高
缩短兑现流程时间	提高周转率或翻台率	尽快晋升或获取内外部发展机会

“治大国若烹小鲜。”本书中以新加坡的人才管理实践为例，从其人才战略布局角度出发，和大家分析了“社会培养策略”“人才赶超战略”“顶层保证”“引进来走出去”“培养双基地”等布局思路。

最后，让我们回到人才战略的成功公式：人才战略的成功 = 规划及实施人才战略的专业性 × 管理者承诺。

与大家共勉。

何欣

目 录

第一篇　顶层思维

第二篇　人才绝学

第三篇 协同共生

PART 1

第一篇

顶层思维

第一章　系统思维：

人才战略的“八个坚持”与动态管理系统

第二章　价值裂变：

降本增效与人力资本增值策略

第一章

系统思维：人才战略的“八个坚持”与动态管理系统

科学技术是第一生产力，但很多组织忽略了技术与人才的不可分割关系。从表面上看，组织缺的是技术，但技术是由人才掌握的。因此，技术的竞争，本质上就是人才的竞争。如果在人才上不能占据高地，那么技术上将始终处于低谷。招聘人才，是引进能力，是为了补充组织内部不具备的关键能力；培养人才，是内建能力，是为了打造能力强、忠诚度高的员工；借用人才，是整合能力，是为了把外部资源转化为内部资源的能力；而留住人才，是巩固能力，是为了以对应的筹码留住掌握独特技术、资源、人脉的关键人才。同时，人才战略也需要动态布局，市场环境、业务类型发生了变化，就必须同频考虑对应的人才管理策略。

人才与技术、组织对人才的管理是相辅相成的逻辑关系。**人才的第一本质就是发明力和创造力，不仅可以为组织带来新技术，还可以推动技术的进步与变革，组织需要引进人才带来技术，也需要为人才提供培养及发展的环境。**受人才的生命周期及其流动性影响，除了引进人才、推动人才能力提升之外，还需要尽快将优秀人才的经验复制出来，避免人才流失带来的损失；更需要考虑短期对人才收益、发展诉求的满足，长期对人才忠诚度、中长期激励的建设，即立足现在打造人才满意度，放眼未来绑定人才忠诚度。

表 1–1　人才在组织中的四个关键角色

角色	技术影响力	管理关注点
创造者	人才创造了关键技术、掌握了独特资源	引进优秀人才，为组织带来技术与资源
驱动者	人才驱动组织技术的每一次进步与变革	培养关键人才，推动组织能力的进化
传承者	人才传承上一批人才的技术，生生不息	推动“传帮带”，尽快复制优秀人才的经验
转移者	人才流失会引发关键技术与资源的流失	建设当下与未来的“满意度 + 忠诚度”

以目前大火的“元宇宙”来说，从市场上来看，与元宇宙相关的新项目或创业公司较多，且人才需求量较大，但国内真正做过元宇宙项目的人才较为稀缺，这类人才目前基本集中在脸书、微软等美国企业平台。《证券日报》曾报道：元宇宙人才需求主要涉及底层基础设施类、设备类、内容类、人工智能（AI）类以及其他待确定的基础技术等，而这类人才其实都已存在于国内其他成熟领域，如云计算、AI、游戏、金融等。[①] 其实，我们完全可以在引进外部优秀人才的同时，迁移跨行业的优秀人才至“元宇宙”这个新兴业态，通过引进及迁移的人才快速培养、复制组织所需要的能力。同时，除底层技术领域的专业人才外，兼顾科技

① 参见《元宇宙赛道以百万年薪“抢人” 未来五大类人才最紧俏》，载《证券日报》2021 年 12 月 3 日，第 B1 版。

与人文艺术的跨界型管理人才也会是未来的需求。大道至简，这就和几年前我们谈“互联网＋”是一个道理，元宇宙就像互联网，可以和任何现实行业去结合，如旅游、文创、教育、游戏等，这就需要这类跨界型人才既懂技术又懂艺术，兼顾理性与感性。“专业人才＋跨界管理人才”的对标引进、跨行业迁移、能力复制与关键技术沉淀、人才保留也许是我们在这个新兴赛道的人才战略中所要侧重考虑的几个方向。

什么是人才战略？在上一部书中，我曾提出人才战略的基本定义：企业管理者通过战略性的人才规划及前瞻性的管理，确保组织能力与工作流程能够在适当的地点、适当的时机可持续地提供适当的人才，以满足短期及长期的商业目标。**面对数智化时代的新挑战，人才战略工作要在人才供应链的“招培借留”、人力资本的高效运用、管理者承诺与前后台协同建设、组织动能与发展平台建设等方面做更多灵活、有效的工作，做与业务同频的“动态人才管理”。**

那么，管理者该如何从战略的高度、业务发展的动态角度来看待人才战略？

“八个坚持”：人才战略的顶层思维与重要管理基础

关键词：“一把手工程”；战略同频；人才“十字路口”；六种操盘策略

在2021年9月召开的中央人才工作会议中，习近平总书记提出：“深入实施新时代人才强国战略，全方位培养、引进、用好人才，加快建设世界重要人才中心和创新高地，为2035年基本实现社会主义现代化提供人才支撑，为2050年全面建成社会主义现代化强国打好人才基础”，同时提出了“八个坚持”，是对我国人才事业发展规律性认识的深化。我将这“八个坚持”与企业的人才管理工作做一个对应，抽出人才战略的几个关键词。

表1–2 人才战略的“八个坚持”

“八个坚持”	对企业人才战略的启发	关键词
坚持党对人才工作的全面领导	坚持让“战略、文化、人才”成为“一把手工程”	管理者承诺
坚持人才引领发展的战略地位	坚持人才战略对组织能力发展的牵引作用	人才领航
坚持面向世界科技前沿、面向经济主战场、面向国家重大需求、面向人民生命健康	坚持关注业务战略的方向，做动态人才管理，让人才战略与业务战略同频共生	战略同频
坚持全方位培养用好人才	坚持使用多种手段全面、快速、系统地培养人才	人才培养
坚持深化人才发展体制机制改革	坚持使用“四个一批”（提拔一批、交流一批、培养一批、淘汰一批）手段打造人才发展机制	人才发展
坚持聚天下英才而用之	坚持拓宽人才引进渠道，打造吸引人才的机制	人才引进
坚持营造识才爱才敬才用才的环境	坚持打造组织内部的员工关怀、授权与激励体系	人才激励
坚持弘扬科学家精神	坚持“创新、求实、奋斗、协同、育人”的文化建设	文化建设

这些人才管理的关键要素，我们会在后续章节展开交流。为了确保企业人才战略的成功，首先需要奠定两个战略级的管理基础。

战略基础一：人才战略的天花板是管理者承诺，而不是人力资源部的专业性。

我曾提出过一个公式：人才战略的成功 = 规划及实施人才战略的专业性 × 管理者承诺。专业的不等于合适的，人才战略不是人力资源部的工作计划，而是支撑业务战略的一种职能战略。企业的管理者是真正的首席人才官，其自身的战略高度、思维意识决定了组织对人才的重视程度，决定了组织对人才战略的资源投放与协同力度。

600 多年前的明朝，朱元璋曾这样描述自己心中的理想国："朕初命官牧民，务在先王之教敷，使民复古，日出而作，日入而息，鼓腹而歌曰：'无官逼之忧，无盗厄之苦，是以作息自然。'朕尝慕此。"朱元璋想打造一个静态的理想国、一个农民家庭似的国家，而这样的组织和他自己的生活环境、思维高度是相匹配的。

今天，以电子商务起家的京东在 2020 年年会上提出，战略、组织、机制、人才、文化"五位一体"，保障了集团三大核心业务（零售、物流、数字科技）在 2019 年均取得了稳步的高质量增长。在京东的战略布局中，人才永远都是核心中的核心：提升关键人才及梯队能力建设，打造支撑未来的人才体系；通过面向人才个体和群体持续进行能力升级，以贡献者为本，汇聚英才；打造行业最具竞争力的薪酬水平，全力践行“能者上，庸者下”的人才任用机制，充分激发各类人才的创造活力；继续出台一系列的福利保障制度，让员工更有归属感、荣誉感和幸福感。这就是创始人提到的“我最大的心愿就是五湖四海的人才汇聚到京东，在这里施展才华、实现价值、收获幸福！”企业“一把手”在公司级会议上提出这样的思路，是将人才战略与业务战略提到同一高度的做法，有助于推动各级管理者提升本团队的人才管理。上行则下效，这就是“管理者承诺”的作用。

在实施层面，我将企业的战略落地环节划分为四个阶段，并提出对应阶段的管理者承诺及要解决的问题，供大家参考。

表 1–3　从战略落地环节看管理者承诺

<table>
<tr><th>关键环节</th><th>管理者承诺</th><th>要解决的问题</th></tr>
<tr><td>战略制定</td><td>“一把手”将人才战略列为企业主战略之一，组织并参与战略研讨</td><td rowspan="2">业务战略对人才战略的挑战（有没有人、人好不好用）；
此挑战对人才管理的要求（“招培借留”、组织赋能策略）</td></tr>
<tr><td>战略解码</td><td>各部门负责人思考并制定本部门的人才管理策略</td></tr>
<tr><td>组织绩效</td><td>各级管理者推动本团队人才管理工作，并与人力资源部协同管理</td><td>成为首席人才官，参与到人才选拔、培养、考核、评价、保留等一系列环节</td></tr>
<tr><td>个人绩效</td><td>管理者提升自我及团队的人才管理意识，并列为考核与激励项</td><td>关注个人能力与组织能力的提升；
打造组织的人才文化与激励机制</td></tr>
</table>

战略基础二：人才战略必须做到和业务战略同频，并牵引组织能力的发展。

一些企业在业务快速发展的同时，人才却走到了尴尬的“十字路口”：向上走机会有限，一个萝卜一个坑，堵在“瓶口”变成一股“人才压强”；向下走岗位“内卷”严重，要求不断提高，回报却没能增加；向外走带来企业经验、资源、人脉的流失；向内走缺乏人才交流机制，人才池如一潭死水。某奶茶品牌，凭借极致贴心的服务，赢得了“奶茶界海底捞”的名声，公司管理上以疯狂的开店速度、严苛的内审管控为特征，但日复一日辛苦的员工，似乎并没有获得和海底捞员工一样的待遇。在《人物》杂志的一次采访中，其员工告诉记者，有些部门的离职率甚至高达 90%，“×× 员工吐槽月薪不超过 3000 元”的话题引发广泛讨论。在人才的“十字路口”，我们看到了这样的景象。

表 1–4　人才的“十字路口”

十字路口	障碍	路口的“风景”
向上走	“人才压强”	内部机会有限，优秀人才缺乏发展的空间
向下走	人才“内卷”	岗位竞争激烈，“35 岁现象”愈加明显
向外走	人才流失	忽视内部关怀、外部挖角强劲，优秀人才流失严重
向内走	人才失衡	缺乏人才交流机制，内部人才要么扎堆、要么缺乏

制度、流程的建设对组织能力提升确实有帮助，但组织能力

的构成是人，而不是固定的看板或制度。不同类型、不同阶段的组织，在人才战略的操盘逻辑上有一定差别。我在商学院交流时接触过大量初创企业，由于培养新人成本较高，那么初期就侧重于追求质量、打造精英团队，一些生产制造、销售类板块尽量外包；为了吸引人才，需要拿出略高于同行的薪酬与激励；管理层忙着跑业务没时间培养新人，则可以通过工作场景带教、授权锻炼员工；从短期职业激励上看不一定能超过大公司，但为员工规划了面向未来的职业期许、打造事业平台，让员工用当下的努力交换未来的美好，也是一个不错的选择。

而前文的奶茶店，则属于典型的劳动密集型企业，并且处于快速规模化扩张阶段。那么他们明显在人才标准上属于"追求数量、弱化质量"，通过大量门店的标准化培训复制技术人才。为了支撑规模化扩张，组织本应该提供不低于同行的薪酬激励与福利保障。他们所对标的"海底捞"，是通过门店的扩张给优秀人才带来"职业 + 事业"的平台，通过健全的薪酬与保障给一般员工带来职业平台。这家奶茶店却在员工基本收益及激励、关怀等方面都欠火候，这就使其在业务扩张的同时令员工不满意。野心太大，组织能力跟不上，企业就很容易出现问题。

有的企业处于集中度很高的科技类、重资产类行业，如互联网、基因检测、金融企业等，正处于快速发展阶段。一方面企业的规模要保持住，另一方面要猎聘大量"牛人"加入公司，这就对数量与质量同时提出了挑战。集中度也带来了人才的竞争，为了吸引技术或专业大咖，其薪酬激励就必须领先于同行，短期与中长期结合，打造人才的“职业 + 事业”平台，同时提供健全的福利保障。

对于行业集中度不高的企业，往往在战略步伐上会相对稳健。这类企业保持适宜发展的人数与优秀人才即可，薪酬激励上不低于同行是为了避免优秀人才被挖角，健全人才培养体系，做好常态化的专业及梯队建设，同时为优秀人才打造事业平台、为一般员工打造职业平台，提供相对健全的福利保障。

而从 2020 年起，在新冠肺炎疫情及国内外市场环境的影响下，一些原先快速扩张的企业，如地产、餐饮、进出口贸易等企业选择了以“过冬”的姿态，蓄势保存实力，以保证企业未来的发展。在这种战略步伐下，以“人才共享”、外包、流程优化为代表的降本增效策略就成了众多企业的选择。有效留住优秀人才、适度淘汰一般人才、减少大型招聘，保持现有人才的薪酬水平以维稳团队，侧重于对关键人才进行培养与保留。这一系列策略有助于保持组织活力、蓄势待发，以待市场回暖之后的快速发展。

一些受到疫情、经济趋势、政策调控等多重影响而明显下行的企业，如教育培训、室内娱乐、旅游等行业，为了使企业能够生存下去而选择转产或收缩。此时受现金流、发展不确定性因素的影响，在人才数量、质量上会同步缩减，同时会选择减员增效、维持基础福利保障、降低薪酬等方式为企业获得生存空间，人才培养也会选择减少或暂停。

所有对人的管理，必须基于一种战略性思考。上述不同业务阶段、行业类型企业的人才战略操盘选择，体现了人才战略与业务的同频共振，对组织能力构成了明显的牵引体系。我将这些差异化的操盘选择梳理为六大策略，供大家参考。

表 1–5 人才战略的六种操盘策略选择

阶段	策略类型	人才标准	薪酬激励	培养与发展	保留与关怀
初创	精英型	追求质量、弱化数量	略高于同行	授权、实践成长	事业平台、未来期许
快速发展	掠夺型（技术密集）	同时追求数量与质量	全面领先	高投入、全面培养	职业 + 事业、健全福利
	规模型（劳动密集）	追求数量、弱化质量	不低于同行	标准化复制培养	职业平台、福利保障
中速发展	稳健型	适中的数量与质量	不低于同行	中投入、全面培养	职业 + 事业、健全福利
	蓄势型	弱化数量、保持质量	不低于同行	中投入、关键培养	降本增效、福利保障
下行	收缩型	弱化数量、质量	低于同行	减少投入或暂停	减员增效、基本保障

动态人才管理：紧贴业务，打造人才战略的动态管理

关键词：动态人才供应链；人才交流；人才盘点；人才发展；人才梯队建设

人才管理要解决的问题，就是在贴合业务战略的前提下，对人才的数量、质量实施针对性、系统性的管理行为，确保组织能力对战略的支撑。而战略是随市场、环境而变化的，因此，人才管理不能是一成不变的，其本质就是一种“动态管理”。**所谓“动态人才管理”，指的是在充分理解业务需求的基础上，通过动态的人才交流、调整、培养、发展等策略，充分利用人才能力，防止人才积压浪费，最大限度地实现人岗匹配，充分撬动和激发各类人才的内生动力，进一步增强企业发展活力和潜在竞争力。**

为了让大家系统地理解动态人才管理，我对五大主流策略做了一个详细解析。

动态人才管理策略一：动态人才供应链建设

我们来思考一个问题：某企业旗下有 A 和 B 两家分公司，分公司管理层结构是“一正五副”，A 公司总经理离职了，他的后备从哪里来？

首先，是从 A 公司总经理的五个下属中物色一个能力强、忠诚度高的，这符合“先向内看，再向外看”的用人原则，这个策略属于典型的“直线梯队建设”。梯队建设在于人才的标准以及日常培养的有效性，但由于人才培养的滞后效应，如果日常不提前启动储备式的人才培养，就很难在用时及时跟上。**招聘可以招来能力，但招不来忠诚度。一句话，“培”最大的优势是“忠诚度 + 能力”的均衡提升，而最大的劣势则是时间长。**

其次，如果我们平时没有做梯队培养，那么是不是此刻就只能靠招聘了呢？当然不是。公司内部不可能只有一个分公司或一个部门，如果有近似的业务单元，那么此刻可以启动人才交流策略，即从 B 公司借调一名优秀副总或直接将其总经理调任过来，这符合“猛将必成边”的用人原则。如果 B 公司正好“一个萝卜一个坑”，那么 A 公司总经理的缺口正好为 B 公司优秀的副总提供了曲线的发展机会。B 公司副总调任后，他的后备将由优秀的下属经理担任，经理的后备将由优秀员工担任，我们相当于做了一个“曲线梯队建设”。这个策略属于典型的“借”，其最大的优势是时间短，组织内部有成熟人才，一纸调令就可以解决问题；但最大的劣势则在于调出员工及组织的意愿问题，这需要在制度层面进行解决，会关系“动态人才交流”策略，我们在本节下文会进行详述。

再次，如果本企业规模小，没有分子单位，或实在无人可“借”，那么我们就必须将视角放到组织外部，采用“招”的策略。**人才招聘作为人才战略的重要组成部分，其主要出现在两大场景：**

1. 组织内部编制不足、缺人，或关键人才培养赶不上组织发展速度；

2. 组织内部不具备某项关键技术或能力，必须外购人才带来此项能力。

人才招聘最大的优势就是“新”，外部人才市场在供给量及行业对标角度远大于内部人才市场；但其最大的劣势则是忠诚度与员工关系。管理者型的“空降兵”掌握管理权，觉得旧部好用，容易贸然对原团队“动刀”，带来上下之间的对抗；同级之间容易因为职位被占而带来排斥，引发新老员工之间的对抗。而员工型的“空降兵”容易受老员工影响，若“老油条”居多，则新员工会很快成为“年轻的老油条”——组织文化是由上至下的，新人只能融入，无法改变，无法成为“鲶鱼”。

最后，我们的组织不能像个“破了洞的米袋子”，一头往里面装米，一头往外漏。所以，在做好内外供应链建设（培、借、招）的基础上，需要做好人才的保留。定期进行人才的盘点，留住“掌握独特技术、资源、人脉”的关键人才，保持部分非关键人才的流动。**人才保留需要集中火力在关键人才身上，不能眉毛胡子一把抓，要将有限的激励资源用在价值产出群体身上，认为“员工保留就是员工不能离职”的观点是错误的。**人才流动是个正常现象，要关注内在结构，杜绝关键人才流失带来的能力短板，前瞻性地复制优秀人才能力，以短、中、长期激励结合的方式降低关键人才流失率；同时，对于不能胜任岗位的员工，每年保持一定的流动率，向内换岗、向外淘汰。

表 1–6　动态人才供应链的建设思路

人才供应链工具	速度	成本	优势	劣势
招聘	高	高	大供给量、新视角	忠诚度与员工关系
培养	中	中	能力 + 忠诚度	培养时间太慢
借用	高	低	内部调用速度快	需要对应机制支撑
保留	中	中	关键人才的保留	试图保留全员

2020 年，某建筑开发企业项目总经理跟我聊天，说还有不到两个月了，项目公司还有 200 人没有招聘到位，她十分焦急。我问她：难道就只能考虑招聘这一种方式吗？她说，我们拓宽了很

多招聘渠道，但是招聘进展迟缓，可能是薪酬低的原因。我说，你的思路还是静态的“招聘”这一条，如果按照“招培借留”的动态人才供应链思路，这 200 人当中，异地公司支援调动 50 人、外部人才代理公司临时用工 50 人、专业壁垒不高的基础操作岗位由内部其他岗位临时顶岗 50 人，那么你最多只需要招聘 50 人。同时，抓紧人才培养，虽然管理能力上手慢，但一些专业技术岗位通过“师带徒”的方式可以相对较快地胜任，推动 AB 岗位制、业务带教制，在两个月之内，上手快的人还可以再顶上一些。同时，注意维稳一些关键岗位人才，让一些关键管理人才通过“兼岗”的方式，减少短期内管理岗位需求；一些技术岗位人才，通过合理的任务增加、激励提升方式，做到“能者多劳、多劳多得”，这样还可以继续缓解缺人的压力。如果我们进一步开阔思维，说不定还可以找到更多的人才补充方式，这就是“动态人才供应链”的作用。

动态人才管理策略二：动态人才交流策略

2021 年，某企业在广西南宁开了第一家本地分公司，南宁公司总经理希望能够新老结合地组建团队，打算从临近的广州、中山等内部公司调几个关键岗位人才过来，复制公司的标准化及企业文化。这个行为符合一条用人原则：新团队的组建应该是“混编军团”，这样可以避免出现“战略末端失效”现象。为了吸引广州公司的一位财务副经理过来，南宁公司总经理找到该员工表达了诚意，并开出了“筹码”：来南宁公司，升财务经理。员工本人同意了，但广州公司总经理不放人。有意思的是，过了一个多月，该员工从广州公司办理了离职，从南宁公司办理了入职。企业总裁开大会时痛批了广州公司总经理："公司的员工不是你的私有财产，员工交流是挡不住的，你不给他内部机会，他迟早也会跑到外面去。做管理者的不能太自私，要鼓励人才交流，这也是一种人才发展的手段。"但广州公司总经理很委屈："我辛辛苦苦培养的人，就因为公司新开了分公司就要调走，那以后的业务如何开展？"企业内部人才交流的障碍，从这个场景中可见一斑。下面我们来梳理一下动态人才交流的形式与推动策略。

公司的业务单元由于业务差异性、发展的不同阶段、地理位置差异等因素，带来了人才的不同动态。**而人才交流的目的，正是打造内部的人才市场，推动人力资源的合理配置，避免组织内部老强业务单元人才扎堆，新弱业务单元人才缺乏——调结构、促平衡，确保人尽其用。**

表 1–7　业务单元的基本类型与人才动态

类型		人才动态
人才扎堆	成熟业务单元	业务成熟，人才驾轻就熟，缺乏危机感
	强势业务单元	业务类型、地点、环境处于优势，容易吸引人才
人才缺乏	新业务单元	新的挑战较多，亟待优秀人才加入承担挑战性任务
	快速发展业务单元	人才培养赶不上组织发展速度，亟待优秀人才加盟
	弱业务单元	业务类型、地点、环境处于优势，较难吸引人才

人才交流不是简单的相互调动。最常规的方式是将人才以"异地调动"的方式直接交流到新项目；如实在无法调动（离家远、

两地分居等)，且新项目需要支援，则可以做“短期派遣”。如果是以培养能力为目的，则可以做“轮岗锻炼”。在华润的时候，我们还以“飞虎队”的形式做过短期支援：新项目成立之后，从多个项目分别抽调不同岗位关键人才组成短期支援团队，驻点帮助新项目完成前期工作，待筹备结束之后，支援团队解体。

人才交流的障碍在于如何提升员工及组织的意愿，这就需要组织内部建立起相关的管理及激励机制，确保派出单位及交流人员的权益，并带来对应的激励。首先，从大盘来看，“内部人才市场化”应该成为公司层面的统一要求，由上到下进行推动。其次，对于派出单位的“一把手”，可以设置“人才输出率”考核指标，不少企业在对业务单元总经理的考核项目当中，都会设置明确的人才输出考核，所在业务单元达到相应人才输出率的，给予绩效奖励、优先培养、优先提拔等，甚至赋予更大的企业资源，推动其有更大的意愿参与人才交流；同时规定，凡人才交流指标完成优秀的总经理，其业务单元缺人的时候，人力资源中心应第一时间帮助其将人才补充到位。正应了那句话——“为众人抱薪者，不可使其冻毙于风雪”。最后，管理团队成员要以身作则，主动参与人才交流，分管条线领导要定期到一线参与交流，或者派自己团队的后备人才多到一线参与交流，既锻炼能力，又能了解业务，何乐而不为呢？

对于参与人才交流的员工，需要保障其自身权益，并为其未来发展助力，才会提升其交流的意愿。比如，某企业在成立海南公司时明确规定，支持海南区域的职业经历，将作为员工晋升的重要参考依据；同时，对于面试海南公司未成功的员工，当年内部门不得对其换岗、降职、降薪；公司为应聘内部岗位而受到不公正待遇的员工设置申诉通道，并视情况问责。这些制度的设定，是对员工个体参与人才交流极强的助力。

表 1-8　内部人才交流的推动机制

三个层面	关注点	实施动作
公司层面	统一要求	“内部人才市场化”，由上到下进行推动
	以身作则	管理团队带头参与交流，或者派团队成员参与交流
业务单元层面	考核激励	设置“人才输出率”考核项目，给予绩效激励、优先培养、优先提拔
	权益保障	人才优先补员、赋予更大的企业资源或权限
员工层面	发展激励	晋升、加薪、评优或参与后备培养优先权
	权益保障	参与面试者的岗位保护、申诉通道的权限

如果我们将思路进一步打开，则企业内外部人才均可以实现动态交流。比如，2020 年开始比较火热的“人才共享”，实现了人才在不同企业的用工峰值、低谷角度的交流，属于灵活用工的一种手段，合理地将人力资源以社会为单位进行配置；还有些国企、央企、民营、外企以项目合作的形式，以 A 公司牵头、B 公司参与部分项目的合作形式，实现了跨公司、跨业态的人才交流，既补充了组织能力，又能够相互学习——这也是企业未来成长所付出的“学费”。

整体来说，动态人才交流的策略可以分为两个方向、六种类型。

表 1-9　动态人才交流策略

方向	类型	操盘方式	组织关系
内部交流	异地调动	调动关系至异地或按项目周期返回	关系转移至新团队
	短期派遣	半年左右的短期调动或采取兼岗形式	关系暂时转移或双线考核
	轮岗培训	到新项目轮岗学习，锻炼个人能力	
	“飞虎队”	短期支援（如 1—3 个月），结束后队伍解散	
外部交流	人才共享	用工低谷将人才借出，用工峰值召回	关系在原组织，成本在新组织
	项目合作	以项目合作的形式，进行跨公司人才交流	属于本单位，相互合作交流

动态人才管理策略三：动态人才盘点策略

人才盘点是人力资源的一个过程整理工具，重点就是通过对组织与人才现状的梳理（数量、质量），向管理层传递信息，引发相应的管理动作。和商业管理角度的定期、不定期商品盘点、管理复盘一样，人才盘点也不是一个必须要在每年年末或年初才能固定进行的规划类动作，而是一个在企业不同管理场景、发展阶段下动态进行的管理动作；同时，从对象上来说，既可以盘点关键人才，也可以关注特定业务条线；既可以实施公司级的盘点，也可以针对特定区域、老强或新弱公司实施盘点，掌握对应的人才状况，输出人才管理建议。

1. 上升发展阶段：定期盘点组织与人才结构，掌握人才的能力、潜力、价值观、稳定度等要素，为企业发展所需的人才管理提出管理建议；

2. 战略转型时期：在了解战略转型对组织能力需求的基础上，对支撑战略转型所需的特定人才数量（人数、结构）、质量（能力、价值观等）进行盘点；

3. 人才分布不均：盘点企业内部人才的分布情况，为人才交流的方向、数量、供给渠道输出必要的建议，打造内部人才交流机制，避免强弱不均；

4. 人才流失严重：盘点人才流失的分布（部门、条线、业务单元等），以及人才流失的原因（主观、客观），以便采取有针对性的保留、激励策略；

5. 外部招聘量大：盘点组织内部对应人才的分布、培养、流失情况，在推动外部招聘的同时，通过“招培借留”等手段快速、有效打造内外结合的人才供应链。

同时，人才盘点的基本过程也是一个动态循环的过程。在定义盘点人才对象、标准，回顾基本信息、绩效，做潜力评估之后，最重要的是实施对应的发展、激活动作，同时根据实施情况及新阶段的组织变化，进行新一轮盘点。以下我将动态人才盘点的基本过程做一个梳理，供大家参考。

表 1–10　动态人才盘点的四部曲

盘点流程	操盘动作
1. 定义人才	对象（关键、普通或特定人才）、标准（岗位说明书、绩效考核、岗位胜任力等）

续表

盘点流程	操盘动作
2. 实施盘点（工具预评价）	基本信息：收集员工基本信息（人才信息库、数据库）
	绩效回顾：回顾绩效数据（业绩打分、排名、优劣势评价等）
	潜力评价：根据业务导向、文化价值观，评价人才潜力（360度评估）
3. 盘点会议（校准）	根据业绩、潜力信息，将人才分布于九宫格内，现场讨论确认各类人才发展信息
4. 盘点结果应用（发展、激活类手段）	盘点只是个过程，其体现的数据一定要在组织管理角度有所应用（举例）： （1）供应链：对人才数量、质量做出分析，思考对应的“招培借留”动作 （2）培养发展：为每位人才制订出人才发展计划、匹配相应的组织资源 （3）继任计划：用于人才的继任，找到直接继任的人才，“先向内看，再向外看” （4）优胜劣汰：对极其优秀人员破格提拔、维稳，对确实不胜任人员进行轮岗、淘汰
5. 新一轮盘点	根据上一阶段发展、激活类手段的应用情况及组织变化，实施新一轮盘点

动态人才管理策略四：动态人才发展策略

人才发展并不是简单地做培养、激励，而是根据人才的不同类别，实施对应的发展性动作；不是静态的单一方向（向上），而是包括了横向的交流、培养、调整，与向下的淘汰行为在内的一揽子动作，即“四个一批”——提拔一批、交流一批、培养一批、淘汰一批。

对于优秀人才，除了给予激励之外，一定要尽快复制其经验，避免人才流失带来的损失，同时安排新的工作挑战，让他不要那么快触及“天花板”。对于能力一般、潜力高的人才，可以给机会让他实践锻炼，参与人才交流或调动，也可以空出原岗位交给现有能力更强者。对于能力强、潜力一般的人，一方面尽快复制其经验，另一方面则可以考虑让他尝试新岗位、新的可能，或干脆走专业通道，作为技术专家。对于能力、潜力双低的人，为避免组织内部的主观评价带来的错误评估，可以考虑先调整工作内容，如事实证明确实不胜任岗位，则可以考虑淘汰，但也可以作为企业的一种外部人力资源使用。我将这类动态人才发展的思路结合人才的特征做一个整理，供大家参考。

表 1-11 “四个一批”——动态人才发展的四个方向

“四个一批”	对应评估建议	针对性的人才发展策略
提拔一批	能力强、潜力高	• 保留：付出激励成本，尽快给予明确的发展回报 • 复制：激励其担任“师傅”，将经验尽快复制出来 • 交流：安排新的工作挑战，避免其原地踏步
交流一批	能力一般、潜力高	• 交流：分配合适的项目及工作锻炼，并配以导师 • 支援：支援新项目或业务单元，同步锻炼能力 • 调动：调动至其他项目或业务单元，空出岗位
培养一批	能力强、潜力一般	• 复制：激励其担任“师傅”，将经验尽快复制出来 • 岗位：交叉岗位轮换，培养其新的业务能力 • 双通：鼓励其成为技术专家，走专业通道

续表

“四个一批”	对应评估建议	针对性的人才发展策略
淘汰一批	能力、潜力双低	• 调整：尝试着调整工作内容或领导，避免管理者的主观评价 • 补充：淘汰，同时注意动态补员、维稳 • 利用：定期保持交流，获取竞争对手或行业信息

动态人才管理策略五：动态人才梯队建设

一个组织的基业长青，是在战略上拥抱变化，在人才上主动孵化、代际传承，才能让组织能力有效地复制、延展下去，才能支撑组织的永续发展。从这一意义上来说，秦朝二世而亡的人才致命伤，在于秦始皇并没有将精力放在自己的继任者培养上，而盲目地追求自身的长生不老，“沙丘之变”终结了其长生不老的梦想，也断送了秦帝国的未来。反观《列子·汤问》中愚公的一句话：“虽我之死，有子存焉。子又生孙，孙又生子；子又有子，子又有孙；子子孙孙无穷匮也，而山不加增，何苦而不平？”则直接指向了一个组织生生不绝的人才梯队建设。**做企业、做管理不是一锤子买卖，管理者既要考虑关键人才当下的继任者，也要考虑面向未来的梯队建设。一句话：立足现在储备继任者，放眼未来建设人才梯队。**

为了使大家更好地理解继任者计划与梯队建设，我将两者的差异性做了对比，供大家参考。

表 1-12　动态人才梯队管理的基本思路

短期：继任者计划（同一批人）		长期：梯队建设（不同批次，以总经理梯队建设为例）	
能力强、忠诚度高	第一继任者（P0）	第一梯队	优秀副总：决策层潜才培养计划，1年内成为总经理
能力一般、忠诚度高	第二继任者（P1）	第二梯队	优秀总监：高层潜才培养计划，2年内成为总经理
能力强、忠诚度一般	第三继任者（P2）	第三梯队	优秀经理：中层潜才培养计划，3年内成为总经理
能力、忠诚度均一般	非继任者	第四梯队	优秀大学生：管培生计划，4年内成为总经理

举个形象的例子：张总马上要离职了，由谁来接替合适？正常情况下当然是张总的下属副职，而不是一个刚毕业的大学生。假设张总有5位下属，我们通过岗位竞聘或测评的方式对他们进行人才评价，按照能力、忠诚度做一个排序：能力强、忠诚度高的人为第一继任者，标识为“P0”，代表当下就可以继任；能力一般、忠诚度高的人为第二继任者，标识为“P1”，代表一个考核周期之内可以继任；能力强、忠诚度一般的人为第三继任者，标识为“P2”，代表两个考核周期之内可以继任；能力、忠诚度均一般的人则移出继任计划。这样，即便张总离职，我们也能找到合适的继任者，万一第一继任者被其他企业挖走了，我们还有第二、第三继任者作为储备。如果第一继任者不止一个，则可以再进行竞聘或民主评议选出最佳人选。如果张总只有一位下属，那么他

就是当之无愧的继任者，若他不合适则需要考虑人才交流或外招。**在这个计划当中，我们考虑的主要是同一批人，目的是避免张总离职或变动带来的当下人才断档，这就是“立足现在储备继任者”。**

当然，公司不止一个张总，业务要发展，就要面向未来储备更多的人才，这些人才也许不一定是当下的总经理人选，但经过一段时间的培养之后，优秀的年轻人、基层主管、中层干部也能打磨成未来的总经理，为组织分批次、源源不断地提供人才。这个时候我们面前展开了一张人才的蓝图：按照公司过去人才成长的时间、对比行业内同级别人才成长的速度，我们认为一个优秀的大学生通过初潜、中潜、高潜等一系列培养计划，平均在 4 年之内可以成为分公司总经理；而一个优秀的部门经理通过中层、高层、决策层培养计划，在 3 年内可以成为总经理；优秀总监、副总则分别为 2 年、1 年。这样，一批批人才逐级向上，滚动式地开发人才。**在这个计划中，我们考虑的是不同批次人才的阶梯式建设，确保人才阶梯在企业发展过程中永不断档，这就是“放眼未来建设人才梯队”。**

当然，如果一家公司是“总分式”的管理结构，我们还可以在当下考虑一级、二级人才池的建设。在分 / 子公司的人才培养活动中，将优秀的前 20% 人才推送至总部，由总部高管亲自带教、培养；其他人才则依然由分 / 子公司进行常态化培养。这时，分 / 子公司成为“二级人才池”，通过培养、选拔，源源不断地向总部输送“一级人才池”的人才；而总部“一级人才池”培养的人才，则遵循“猛将必成边”的用人原则，培养结束后再输送至一线发挥作用。如此上下滚动式开发，也是一种动态的人才管理思路。

上述是动态人才管理的五大主流策略，从“供应链”“交流”“盘点”“发展”“梯队”五个场景为大家做了详细解读，当然，“动态管理”思路本身就是匹配业务战略的，换句话说，人才管理本就该是动态的。“干部能上能下”是动态，“立足现在、放眼未来”也是动态。伟大的企业都有伟大组织，组织的衰败首先在于组织的僵化，而组织的僵化首先在于人才管理的僵化。我们也需要在人才管理中不断充实，完善更多场景的动态管理，如面向未来的新生代人才管理。

国家级人才战略：新加坡的人才战略经验

关键词：社会培养策略；人才赶超战略；顶层保证；“引进来、走出去”；培养双基地

新加坡是非常典型的“人才建国，人才立国”的国家。在欧洲工商管理学院和波图兰研究所发布的《2021年全球人才竞争力指数》报告中，新加坡位居第二。“治大国若烹小鲜”，新加坡的人才管理实践，可以给我们的组织带来有益的横向启发。

新加坡国土狭小，资源比较匮乏，主要工业原料、生活必需品需进口，这也构成了他们国民性中共同的生存危机意识——团结协作、勤俭高效。在这样的环境下，新加坡怎样才能获得成功？他们想到的最重要的一点就是人才——新加坡最好的资源应该是人才。

新加坡的人才战略，主要特征有如下几点。

第一，用社会培养管理人才，保证政府拥有一流的人才。

新加坡要发展，就要让最好的人才进政府，用优秀人才吸引优秀人才。因此，新加坡的管理人才来源很开放，管理者多半是由担任过大学教授、公司老板的人才构成，人才进来以后政府会不断考核、审计，同时引进新人才跟旧人才竞争。新加坡的政府扮演了一个“伯乐”的角色：只要你为新加坡服务，你有才干，我就选拔你。

在这一实践当中，新加坡的“社会培养策略”获得了较好的收益。首先，社会培养的人才在各个领域都已经做得很好了，如在管理大型公司、人才培养方面有较好的经验和影响力，获得了普遍认同；其次，这些人的社会名誉、经济状况较好，对防止腐败有一定意义；最后，他们认为干部必须是社会的一部分，来自民众、服务民众，因此很关注从底层打拼出来的人才。这一点类似于《韩非子・显学》中提到的“宰相必起于州部，猛将必发于卒伍”。在给予管理者较高收益及社会名望的同时，他们认为只用道德来约束自身是不够的，还要辅以严格的考核、审计与竞争制度。

第二，锁定关键人才，对标引进人才，形成“人才赶超战略”。

在关键人才对象上，为了促使新加坡成为亚洲先进的制造、设计、研发、教育和科技交流的中心，他们将“掌握先进技术的科技人才、工业和管理等方面的重点人才”界定为国家的关键人才。在专业分布上，新加坡引进的人才不一定要拥有博士学位，他们可以是拥有特定技能的人才，如飞机维修员等。为了引进优秀人才，他们开展了多渠道的人才引进策略。

首先是对标性引进。新加坡认为美国也是移民国家，成功的要素主要也是人才，因此仔细对标美国的人才标准。但在稳定度上，亚洲人的职业稳定度比较高，因此他们也开始注重对亚洲本土人才的引进与长线培养。

其次是开放性，打造“混编军团”。新加坡的专业人才引进面向全世界，产业研究依靠了很多的国际力量，产业升级依靠很多国际性的人才。在与这群专业人士的磨合中，新加坡管理人员的视野、专业性都得到了很大提升。

最后是打造以政府为主导的人才挖猎机构。为了进一步吸引国际人才到新加坡工作、投资和生活，新加坡经济发展局和新加坡人力部在 2008 年共同成立联盟——联系新加坡（Contact Singapore）。在很多国家都有它的身影，定期组织活动，猎聘人才。

在这一系列的人才引进策略中，新加坡逐渐形成了自己的“人才赶超战略”。

在人才引进速度方面。新加坡认为人才完全靠地方培养，则速度往往跟不上组织发展需求，而不少人才都是不可复制的，掌握了独一无二的技术。尤其是在科学技术领域，因此人才引进一定要尽早。

在人才引进方式方面。新加坡除了个体人才引进，还经常以“整体收购”的方式，将一家公司的多个人才一起“组团收购”进来，这样知识体系就整体进来了。

在人才引进成本方面。新加坡为引进的人才提供相对优厚的生活与研究条件。毕竟引进的人才是其他国家培养出来的，实际上引进成本反而是较低的。同时，由于自身市场比较小，他们需要提供更好的条件，外部人才才会加盟。因此，在新加坡，国际人才工资远高于地方人才工资；同时，由于其税率较低，外部人才最后拿到手的薪酬通常较高。此举在激励外部人才角度具有很大优势，但同时也造成了收入分配分化严重。为此，新加坡政府所建的公共房容纳了新加坡 80% 的人口，从福利保障角度保障民生，基本上缓解了社会矛盾，所以当地人才并不排斥国际人才。

第三，“引进来、走出去”，推动产业升级。

新加坡政府从很早就开始注重引进人才。他们在中学里就开始寻找成绩优异的学生，给予奖学金，引进至新加坡。一方面做高潜人才的提前储备，另一方面跟本地学生竞争，强化竞争意识。

人才引进的同时，新加坡为了推动产业升级，也进行了“走出去”的策略。在医药人才方面，挑选最好的学生，送往制药厂、研究所和学校进修，培养一段时间后再回来，为新加坡带来先进的产业经验。

第四，注重应用型人才培养，打造人才培养“双基地”。

新加坡的大学有两个类型，一种是以理论教学为主的大学，偏重书本理论；另一种是以技术实践为主的大学，偏重于研究应用；还有不少大学着力培养技术人才，想尽量避免低层次的理论重复研究。同时，培养导师也分为两种类型，一类为实践教授，类似企业中的“师带徒”机制，侧重于指导学员实践，技术能力强，而学术能力弱；另一类是研究类型的教授，类似企业中的内部讲师，以课程讲授为主。这种“双基地”“双导师”的思路，是参考了德国和日本的经验。新加坡认为教育研究一定要与工业化、产业化、城市化相配合，注重应用，才能确保投入产出。

当然，在新加坡人才战略成功的同时，其未来也面对着一系列挑战。由新加坡政府公布的《人口白皮书》中曾提出，为应对人口老龄化、生育率下降带来的挑战以及保持劳动竞争力，新加坡将继续引进外来人口，并计划在2030年将人口规模增加到690万。这一方案的最大焦点就是引进国外人才。同时，由于面积有限，要解决未来690万人的安居问题，还要面对引进人才带来的贫富差距问题，从人才福利保障、激励角度如何打造，这也是摆在执政者及人力资源管理团队面前的一个新挑战。

第二章

价值裂变：

降本增效与人力资本增值策略

美国古典管理学家泰罗说，管理的第一目标是使较高的工资与较低的劳动成本结合起来。人工成本是企业在生产、经营和提供劳务活动中所发生的各项直接和间接人工费用的总和。从狭义上说，包括岗位工资、技能工资、绩效工资、津贴、加班费、年终奖、社保等；而广义上还包括招聘费、培训费、员工管理的配套支出（宿舍、餐厅、休闲健身设施、体检等）。在“疫情期间公司面临的主要支出压力”的一项调查中，数据显示，人工成本（员工工资及五险一金）占比为 62.78%、偿还贷款占比为 13.98%、租金占比为 13.68%，难怪 2020 年很多企业受到疫情影响之后，拿出了“减员、减租、减息”的三减策略。而按照对营收的影响，加强人工成本管理将有效提高企业的经济效益。因此，有效控制成本、提质增效，是未来组织管理工作的大方向。

遗憾的是，不少中高层管理者，尤其是一线管理者，往往片面地认为人工成本就是公司给员工开的工资，进而大大低估了人工成本对组织的影响。有人认为：人越多越好，劳动力即生产力。甚至有人曲解了“大而不能倒”（“Too Big To Fail”）这句话的意思，认为只要公司人多、组织足够庞大，效能就一定足够高，所以应该铆足了劲加人——如此“提质增效”，就像一万头牛拉一架飞机，累死都飞不起来。这样的观点，奔着对组织好的想法去，迟早会拖垮组织。

以下我列出关于人工成本的四大认知误区，供大家参考。

表 2–1　关于人工成本的四大认知误区

涉及方向	认知误区	问题所在
组织能力	“大而不能倒”，人多效能高	关键核心能力建设，比人多更重要
人才保留	人才之所以走，就是钱没给够	给钱是保留人才的必要不充分条件
激励问题	员工激励就是给钱，很简单	加薪不能解决根本问题
业绩问题	业绩没完成是因为人不够	只找客观理由，忽略主观能力建设

“Too Big To Fail”源自经济学，是指当一些规模极大或在特定产业中具有关键地位的企业濒临破产时，政府不能等闲视之，甚至要不惜投入公共资源相救，以避免其倒闭后所掀起的巨大连锁反应，造成社会整体更严重的伤害。也就是说，掌握了核心资源或影响力、控制力极大的组织对国民生产会带来“绑定效应”，成为“不可替代型组织”。而这句话却被一些人解读为“只要组织大了就倒不了”，因此认为拼命加人是对的。这样的观点在忽略了人工成本的同时，也让“提质增效”变得何其滑稽。我认为“控制力”才是真正的“Big”。**企业或团队让自己具有不可替代的核心能力，做强对外市场以及对内组织的影响力，这才是“大”的真正意义，强大的大。**

某企业家曾讲过，“员工离职无非就两点原因：钱没给够、伤心了”，这句话很容易让人认为“只要钱给够就必然能留住人”。站在业务管理者视角来看，首先，薪酬的自由度没有那么大，一针见血地说，即“加钱你说了不算”，把一件事情的解决方案放到不可控的领域，无非让自己徒增烦恼；其次，今年你给他加了，明年他再提要求你加不了，他一样会走。给钱是保留人才的必要不充分条件，有网友在网上列了几十条员工离职的理由，包括家庭、个人、公司、其他等，这其中既有主观因素，也有不可抗力因素（如两地分居、个人创业）。因此，是否了解员工的真实需求，同时是否尝试着拿出薪酬之外的“交易成本”，这也是值得考虑的问题。

某民营企业老板，深信一条“真理”：激励就是给钱，只要钱到位了，员工就会奋斗效力；而如果谁不奋斗、不努力就要处罚，一定能起到威慑作用。所谓“奖到心动、罚到心痛”，这都反映了管理者的一种“捷径求快”的心态。企业在生存初期这么操作情有可原，但一旦走上正轨，这种毫无忠诚度、毫无核心能力建设的“杀伐决断式”管理，并不能让组织走得更远。纯粹靠钱能解决的问题，都不是最大的问题，最大的问题是，你即便是给钱，也要会给、给得艺术。比如，华为 5 年 TUP（Time Unit Plan，时间单位计划）的奖励期权计划、永辉超市的门店合伙人机制，以及“大平台、小前端”式的平台创业激励计划，都能有效地将短、中、长期激励结合。关于“薪”与“酬”的结构问题，大家也可以在“双 P 模型——人力资源工作新起点（下篇：薪酬与激励）”一章详细阅读。

业绩没完成的原因也有很多，从组织能力上来说，“有没有人、人好不好用”；从市场上来说，产品定位是否清晰、客户需求是否了解；从战略上来说，战投方向是否合理；甚至还有政府关系、银行融资、部门协同等问题，再小一点还有管理者自身的管理方式问题。如果业绩一差就说人不够，那么人给够了估计又要说市场不行。靠人海战术是无用的，归根到底还是要靠自身管理与核心能力。换个角度来说，人不够可以做人才共享、外部代理，不一定要增加编制，因为“养人是很贵的”。

疫情颠覆和改变着社会的商业模式、工作方式及生活方式。当不确定变成常态，“降本增效”与“人力资本增值”这两个人才战略中的“减法”与“加法”，将成为未来组织能力建设的两大关键驱动力。

降本增效：十二大典型策略，提高人工成本利用率

关键词：工作饱和度；灵活办公；精简流程；业务聚焦；全民营销

对于企业来说，要对资金有一个合理的计划，在保证低成本的同时提高工作效率——这就是“降本增效”的重要关注点。

我曾在一个商学院的课堂上，提出过一个很多业务管理者都曾遇到的问题：“假设我的团队原先有9个人，现在离职1人变成8人，但公司领导为了控制成本不允许再外招，那么如何用现在的8人完成原来9人的工作量？”这是一个典型的“降本增效”问题，有管理者提出要将任务做合理分配，即将9人的工作量切分给8人，这个方法适合于团队工作类型相近的场景。例如，我有9个销售人员，现在变成8个销售人员，把离职的那1个人的销售任务分摊给剩下的人即可；还有人提到把任务分给最能干的

那个人，但不要忘记激励，所谓“能者多劳、多劳多得”；还有人提到将工作外包出去——直接给外包费用而不用养人；还有人提到将工作流程合并，在流程上做减法。当然，我们还可以适当使用加班的方法，在用工峰值时，让 8 个员工每人每天多工作 1 个小时，那么多出的 8 个小时相当于一个人工，这看起来是一种“加法”，实际上是对“剩余价值”的进一步利用。

那么，管理者应该如何合法合规地实施“降本增效”呢？结合大量的企业管理实践，我梳理出了“降本增效”的十二大策略，下面整体进行分析。

策略 1：增加工作饱和度

比如，上文提到的“8 个员工每人每天多工作 1 个小时”，这样的方法的确可以在短期内用低成本解决用人短板问题。从本质上说，付出加班费比招第 9 个人要便宜，因为人工成本是员工工资的 1.5 倍以上。当然，也可以增加现有员工的工作量，推动每个人充分利用单位时间，但同时要注意激励策略。“2 个人干 4 个人的活，拿 3 个人的工资”在这里相当有道理，因为你付出的只是第三个人的工资，而不会增加 1.5 倍以上的人工成本，但绝不能“既让马儿跑，又不让马儿吃草”。

策略 2：强化能力的复制

比如，小刘达成了一千万元的销售业绩，成为销冠，那么就要尽快将小刘的经验复制给大家，推动“师带徒”，且为其带人的行为提供发展、佣金、绩效方面的激励，小刘很优秀，大家应该跟小刘一样优秀，通过快速地复制更多独当一面的人才，提高整体组织效能。组织管理不是为了打造不可替代的人才，而是复制高手的经验，使团队作战能力均一。

策略 3：聘用高潜力人才

除非组织遇到了全新的业务、全新的管理挑战，不然最好不要动辄就招那种所谓的“顶尖人才”。我们前面说过，人才也具有商品属性，符合“价高者得”的特性，你请来了，就得付出对应的“看护成本”，不然可能有人才流失的风险。你的公司不可能永远是创业公司，永远在做没做过的事情。聘用高潜力人才，通过公司的培养手段，让员工快速胜任岗位工作。常态化之下，寻找那种专注于做事、学习力强的员工，远比找到一些能力非常强但无法驾驭的员工要划算得多。一句话形容：针对完全陌生的业务，招聘顶尖人才；面对常规化工作，雇用高潜力人才。

策略 4：人才的合理共享

人才共享理念诞生于人才租赁，目前已赢得了良好的声誉，这一机制近年来正式登陆中国。在互联网时代下，不仅知识可以共享，人才也可以共享，有利于降低组织用工成本。阿里巴巴、京东、西贝、云海肴等企业，都在 2020 年实行过人才共享的方式：用工低谷时将人才借出，减少了工资、培训及日常管理成本；用工峰值时将人才召回，及时补员，且不浪费之前的人才管理及培养成本。这也是国家鼓励的一种“灵活用工模式”。表 2-2 为常见的三种人才共享形式。

表 2–2　人才共享的三种常见形式

常见形式	操作策略
委托共享	将任务外包给外部人才处理
借用共享	在用工峰值时向外部借人，在用工低谷时将人才借出
项目共享	通过项目合作，实现人才共享交流

策略 5：灵活的办公模式

远程办公已成为吸引人才的新方式。从岗位上来说，一些职能管控型、技术研发型人才比较适合远程办公，如让技术人员在自己家里工作，限定时间按工作成果提交，弱化过程监控、强化结果考核，过程会议、跨部门研讨也可以通过远程手段实现。这种办公模式可以省下交通费及不必要的办公成本，同时缩短现场人员召集时“人等人”的场景，节约时间成本，对于一些追求工作灵活度的员工而言也是一种嘉奖的方式。2008 年，罗致恒富（Robert Half）的国际金融聘用指数的一项调查及更早的调查显示，33% 的人认为远程办公是最好的招聘激励，50% 的人认为是第二好的方法，甚至 1400 名由公司招聘的首席财务执行官中有 13% 的人认为远程工作对于会计职业是最好的招聘激励。

远程办公的方式，还能促进一些特殊群体的就业，如子女 3 周岁内的职工、残障人士和生活地点偏远的人群。在一些服务和业务国际化的行业，为了保证 24 小时无缝对接工作，员工也可以自行安排、约定工作时间，以确保成果考核。有不少难以实现远程办公的岗位，如生产类、商务接待类岗位等可以灵活地运用

“O2O”（线上到线下）式办公，将一些必须与生产线、硬件或与人现场接触的工作事项放到现场，其他如报表、文字类的工作放到远程。**不过需要提示的是，单纯的远程办公并不能解决所有问题，“O2O”式办公才是完全体，这才叫灵活办公。**同时，在远程办公的时候，必须弱化过程监控、强化结果考核，否则相当于剥夺了员工的自觉性，让远程变成了被监控布局的“办公室”。

策略6：工序流程的精简

对同一工作链条进行合并，减少中间环节。过去是一串流程，每个岗位都设置了人手；现在可以将一些环节合并，由一个人或一类人负责。在企业资源非常匮乏的特殊情况下，最少可以直接合并为一人，其他功能外包或暂停。比如，“销售”“派单”“跟踪”“送货”是一个人，“收款”“客服”是另一个人，在资源紧张的时候，可以直接安排一个员工从头跟到尾，做好必要的培训保障。某公司人力资源部原先有两个员工，一个负责“招聘”“培训”，另一个负责“薪酬”“绩效”“员工发展”，现在任务量下降，可以直接合并为一个岗位，将“选用育留”直接打通，另一个员工可以做“业务支援”“新公司人才筹备”等。

降本有两个方面，一个是降资金成本，另一个是降时间成本。工序流程的精简就是让工作在一级层面解决，减少二、三级工序，进而节约时间成本。一些企业内部的审批流程复杂，一件事情“张总批完刘总批，刘总批完王总批”，这种环境不利于企业管理效率的提高。适度的扁平化，减少审批流程，精简办事单位，有助于员工更好地推动工作。某民营企业每两年自9月开始，从总裁到副总裁，再到各个部门等历时3个月进行制度梳理优化，只准减字、只准精炼、只准清晰，确保在员工容易犯错的地方设置相应的制度；2014年在启动制度修订会时，更是力争达到85%的制度信息化，文字总数相对2012年版减少20%。这就是优化制度的过程。

策略7：业务板块的聚焦

砍掉不必要的业务板块，主抓高产出的核心业务板块。这在于管理者对市场的判断，首先需要思考自身的战略导向、想清楚"初心"，也就是在《人才战略：人才战略规划、梯队、盘点及激活之道》中提到的，我们需要思考"选跑道"。我们看到很多企业因赛道选择问题影响了组织的存续，如某企业跨房地产主业，大举进入金融、汽车、互联网业务，所谓"买买买、大大大、好好好"，以为不管什么样的方向，人和组织能力都是可以通过购买来完成的。须知，一旦战略选择错误，组织能力再强，也只是消耗大量的组织资源。**选择是一种人性的斗争，恐惧与贪婪都映照在组织能力上，蚂蚁吃大象，不如统帅蚁群。对于企业经营者来说，最重要的就是找准定位。**长城汽车曾提出自身经营战略是"聚焦，聚焦，再聚焦"，以聚焦创建品牌。聚焦的作用，就在于把有限的资源用在集中的领域。对于中国汽车的自主品牌企业来说，如果相对外部品牌还不够强大，没有太多资源，那就要把好钢用在刀刃上，专注于某一个细分市场做精做细，做细致的市场调研和产品策划。只有通过聚焦，抢占品类的心智资源，成为某一品类的专家品牌，才可能使组织能力得以充分发挥。杰克·韦尔奇和苏茜·韦尔奇出版的《赢》一书中，提到的通用电气的"数一数二"

策略，也是一种典型的业务聚焦。下面我列出对应的思维模式，供大家参考。

表 2-3　业务聚焦式投入的思维模式

	经济价值高	经济价值低
战略匹配度高	加速投入	保证下限投入
战略匹配度低	重点监控	停止投入

轻资产化的转型也是业务模式的聚焦。比如，万达曾经完成过一次“由重到轻”的资产转型，所谓重资产就是万达投资建设项目、自己经营管理、租金归万达所有。而转型后对于新建项目，只负责选址、设计、建造、招商和管理，使用自有的品牌和信息化系统管理，所产生的租金收益则由万达与投资方按一定比例分成。这在于万达对房地产高利润时代褪去的判断，想要降本增效，继续保持迅速扩大的步伐，转型“轻资产”势在必行。而从收入上来看，轻资产也有着很好的利润回报，两个轻资产店的利润相当于一个重资产店。

策略 8：高效的开源节流

砍掉不必要的支出，保持业务稳健增长的同时杜绝浪费。从大方向上来说，优化企业内部资源配置，缩减无增值活动的开支；从小方向上来说，“勿以善小而不为”，如提倡双面打印、夏天空调 26℃、随手关灯等。2021 年 11 月 16 日，万科在内部发出了一份倡议，提出要转变黄金时代的惯性思维，将经营理念贯穿始终，对不产生价值的动作和开支做减法、花小钱办大事等工作要求。

文件要求管理层以身作则，勤俭节约，杜绝浪费，如按“费用最优原则”合理规划差旅出行。同时，避免内部交往过度接待，拒绝不必要的接送、宴请或伴手礼等，杜绝一线单位逢年过节给总部馈赠礼品或特产。文件要求员工“眼睛向下、身子下沉”，了解业务痛点和难点，助力一线解决问题，不能只关注“我做了”的执行层面，更要聚焦“做的结果如何”，对质量成果负责。这种策略，无疑是为了降本增效，熬过行业阵痛期，以迎接未来的春天。可以说，“降本增效”策略是考验每一个管理者管理品质的真正难点。

策略 9：业务的合理外包

如有合作伙伴或上下游单位，可以将部分非主干功能转移至外部合作，或考虑减员至合作伙伴，或将部分功能独立出去，让减掉的成员成为供应链生态中的一环，降低用人开支。提升生产力用自动化，改变生产关系用外包。管理者要把握住自身组织能力的优势，考虑哪些可以自动化、哪些可以外包——要么改变生产力，要么改变生产关系。某机械厂老板就在 2020 年初大胆地对企业进行了一番改革，除了生产技术研发岗位保留高薪聘用核心人才之外，砍掉了每月开支巨大的售后维修团队。半年后，机械厂的运转非但没有受到任何影响，订单反而在全国分布范围越来越广。低成本、高效率的售后维修服务模式，让厂子半年节省了 20 多万元的支出，这让周边几家同行很是羡慕。这家企业的做法实际上就是将“忙时忙死、闲时闲死”的团队合理外包，甚至鼓励内部售后团队独立出去创业或采用阿米巴经营模式，重构企业优势资源，聚焦核心能力、节省资金成本。

但需注意的是，外包的业务应该是非核心业务，如后台、机械性业务，同时注意知识成本的保护，生产、销售、研发外包、人力资源等外包无所谓对错，企业要根据不同类型、阶段差异化进行考虑，始终把关键组织能力把握在自己手中。如果企业极度轻资产，将业务整体外包，则必须强调长期合作，以抑制机会主义行为的产生，降低外部组织不受控所带来的欺诈与人才流失的可能。

策略 10：全民营销的推广

在新媒体时代，面对面、点对点的传统营销模式称之为“步兵”，而点对面、面对面的社会化营销模式可以称之为“空军”。每个人都能成为产品及品牌的传播者，这注定了社会化营销成为一种趋势。有人从家族、邻里、学校、工作、老年等方面进行分析，认为一个普通个体一生结识的人在 2000 名左右。但一个人的微信好友上限为 5000 人，打对折 2500 人也高于 2000 人，这还只是第一次传播。**大众传播的力量，有助于增强组织的营销能力**。特别是在一些实体行业面临“酒香巷子深”或“营销人数不足”“营销成本过高”的压力时，基于人际关系连接的全民营销就显得尤为重要。套用一句营销用语：当今时代，无论你以何种方式谋生，都是在销售。

当然，企业在推动全民营销的时候，还是需要注意对原有老客户的深度挖掘，不能“捡了芝麻丢了西瓜”；同时，可以考虑循序渐进，先由本公司的员工开始，由“全员营销”过渡到“全民营销”；更不要忽略自身销售渠道、销售队伍的建设，即便“外场”

能力再强大，而导流到“内场”后一旦在技能、态度方面跟不上，一样没办法完成有效的营销能力建设。

策略 11：收益的降短增长

降低员工的短期收益，提高面向未来的中长期激励建设。这相当于员工用时间成本来交换未来的高收益，首先会出现在一些企业现金流吃紧的时候，但必须要做好员工未来的权益维护。某企业一副总月薪 5 万元，在微信群里号召员工群体降薪 50%，还要搞接龙，硬拉着全员一起上，结果响应者寥寥无几，最后被总裁约谈警告，这就叫一厢情愿。某陶瓷企业 2020 年遇到订单危机，公司业务大幅下滑，不少老员工主动提出降薪或延迟工资发放，有的甚至打算借钱给公司，表示愿意和公司共渡难关，公司管理团队主动提出由高管带头，对自愿员工延迟发放的工资计息，同时增强员工培训，在困难时推动传帮带、苦练内功、帮助员工成长，这就是一种双赢的行为。

其次，在绑定公司核心人才、收益较高的中高层管理干部方面，这个策略也较为适用，可以通过期权和股权激励的策略，做长远捆绑式发展。比如，华为分五年期兑现的 TUP 计划、万科的高管股权回购计划等。**管理是有交易成本的，这必须是一种对等的利益交换，一定要在行动前清楚地告诉员工放弃当下所换来的未来利益。**

某网络公司就弄出了一出闹剧，公司当年收益良好，但领导年底突然发信息至工作群，说允许员工自愿降低待遇 10%，且只有工作超过 2 年的人才有资格申请。员工不明就里，极少数员工选择了愿意，大部分员工选择了沉默。后来员工发现，这似乎是一个测试忠诚度的“鱿鱼游戏”。公司领导后来刻意强调：“实际是不降薪的，但刚才自愿申请降薪的，最后会有额外的年终奖。”公司领导的动机是想选出“无论公司做什么都会跟从”的这种“忠诚者”，而这种做法，选出的不是忠诚者，而是“工具人”。

策略 12：数字化转型落地

数字化转型，推动业务流程 O2O 式运转，是企业降本增效的一大利器。比如，一些传统企业的 AR（增强现实）、VR（虚拟现实）远程营销系统，可以大量节约销售现场的人工，同时推动更多意向客户来到现场，大大提高成交转化率。一些金融、电信企业的远程客户服务系统，引入智能语音，用 AI（人工智能）代替人工座席，可以省去大量人工成本。三维家创始人、CEO（首席执行官）蔡志森用三维家服务的某家居企业的案例形象阐释了数字化转型对企业降本增效产生的影响：数字化转型前，该企业在 1 亿元营收的情况下需要 40 名拆单人员，而在数字化转型后，该企业仅需 9 名拆单人员，就实现了 6 亿元的营收，拆单人力成本降低了 75%，拆单效率则提升了 50%。某房企也曾提出：我们的希望是每天早晨，公司管理层可以通过手机系统看见前一天本企业产生的所有数据，如各地投资、售房、收款情况等，上百位地方项目总经理乃至垂直条线人员，可以根据实时数据，知道自己与考核指标还差多远——这些数据是对公司各项业务的梳理与净化。

数字化转型涉及企业对自身业务情况、财务成本、人员组织、创新研发等各方面的规划和需求，由专业管理者评估现有数字化基础，包括现有 IT 架构、硬件软件、数据存储、IT（互联网技术）人才储备等方面，进而判断是在关键流程开展还是全盘开展数字化转型。面向未来，该花的信息化成本还是要花，“老牛拉破车”迟早会被客户淘汰；同时还要关注对 IT 人才的培养。**换句话说，降本增效不是降 IT 的本、增 IT 的效，是通过 IT 降整个公司的本、增整个公司的效。**信息化是一家企业的软实力，这是由其战略、业务、组织的发展决定的。做各类信息的梳理和净化，既能让公司产能进一步翻倍，也能让老板看清企业的成长性。这是老板力图让企业大规模裂变时，要提前去做的准备动作。

我将上述降本增效的十二大策略做了一个系统的整理，供大家参考。

表 2–4　企业降本增效的十二大策略

策略方向	打法逻辑
1. 增加工作饱和度	用增加工时或工作量的方式，短期内低成本解决用人短板
2. 强化能力的复制	快速复制高手的能力，并辅以激励手段，使团队整体效能提升
3. 聘用高潜力人才	雇用高潜力人才，降低看护成本，通过培养手段快速胜任岗位
4. 人才的合理共享	通过人才合理的借入借出，降低组织固定成本，灵活用工
5. 灵活的办公模式	通过远程办公、O2O 式办公等模式，保持效率、节约办公成本
6. 工序流程的精简	同一工作链条进行合并，减少中间环节，降低时间成本
7. 业务板块的聚焦	砍掉不必要的业务板块，抓高产出业务板块，充分发挥组织能力

续表

策略方向	打法逻辑
8. 高效的开源节流	砍掉不必要的支出，保持业务稳健增长的同时杜绝浪费
9. 业务的合理外包	将非主干功能转移至外部合作，灵活打造业务合作生态链
10. 全民营销的推广	充分利用员工、社会资源，打造点对面、面对面的社会化营销模式
11. 收益的降短增长	降低短期收益，提高面向未来的中长期激励，用当下交换未来
12. 数字化转型落地	数字化转型，推动业务流程O2O式运转，优化人员结构、降低成本

人力资本增值：六大增值策略，以人才存量打造增量的价值裂变

关键词：人力资本结构；合作投资；创造性潜力；六大增值策略；投资风险

从字面意思上来说，“资本”是可用于投资得到利润的本金或财产，是人类创造物质和精神财富的各种社会经济资源的总称。简言之，资本本身就是一种可用于投资、可创造价值的资源。而**“人力资本”，则是指凝结在人体内，能够创造商业价值的，人的体力、智力、知识、技能等因素的总和。一个企业的人力资本的基本结构，主要涉及以下三类：**

1. 人员数量类：反映报告期内人员总量的指标，如期初人数、

期末人数、统计期平均人数、特定部门人数等；

2. 人员结构类：对现有员工结构、状态的分析，如人员岗位分布、学历、年龄、技术职称等；

3. 人员动态类：反映企业内部由于员工的入转升离所发生的人力资源变动，如员工流动率、调动转岗率、主动被动离职率、新进员工率、干部晋升率、试用期合格率等。

但人力资本管理的目的，并不是简单的数据呈现，那无异于某种“仓管”类工作。举例来说，你有 100 万元存放在银行，如果活期利息跑不赢通胀，相当于资产在贬值；而考虑投资房产、股票、证券、黄金等策略，相当于是希望存量资产能够保值增值。通俗来说，“钱”是要花的，人力资本不在于简单的存量管理，而在于如何通过投资行为，增强人才的综合素质，提升人才为组织所带来的价值，这才是人力资本管理真正的意义。

形象地做个比喻：我们定期做人才盘点，就是在盘活我们的人力资本；我们打造人才梯队，就是在发展我们的人力资本；而淘汰不胜任的员工，则是在优化人力资本结构。我将常见的人才管理行为与人力资本做了一个连接，如表 2-5 所示。

表 2-5 人才管理行为与人力资本的连接

人才管理行为	与人力资本的连接
人才盘点	反映人力资本现状，体现人才结构（数量、质量）
人才引进	引进可用于投资、增值的人力资本，增强组织能力
人才培养	提升人才的能力，促进可用于投资的人力资本素质

续表

人才管理行为	与人力资本的连接
绩效考核	评价人力资本使用的效能，有助于进一步投资、优化资本结构
薪酬与激励	在保障层面维持人力资本，在激励层面提升人力资本创造价值的意愿
员工关系	维护人才与组织合作出资的意愿，有助于提升、引进更多优质人力资本
优胜劣汰	优化人力资本结构，确保组织掌握升值潜力更高的人力资本

从管理的角度来说，人力资本的管理主要侧重于如下几点。

1. 平等互利：**企业与员工是人力资本的合作投资关系，视员工为“人力资本出资人”，企业为“人力资本引进方”，本质上是一种“招商引资”行为。**企业为员工提供人力资本的基础岗位薪酬，以及增值所对应的激励，即“能者多劳、多劳多得”。在参与感上鼓励员工平等参与，让员工为企业建言献策，体现其主人翁意识；在体验感上为员工创造适宜的办公环境、软件及流程支持。同时，对员工进行必要的培训及关怀，以增强其作战能力、作战意愿。良好的雇主品牌会让企业具有更强的人力资本“招商引资”能力，而良好的个人品牌则有助于员工个人成为优质人力资本。

2. 利益绑定：综合考虑企业利益与员工利益，形成利益共同体。在激励策略上，以中长期激励为主，同步打造事业平台。

高管持股计划、期权激励计划、全员持股计划等均是中长期股权激励的方式。一些企业采用事业合伙人、项目跟投等方式，如永辉超市的门店合伙人计划、碧桂园的项目跟投计划等，让员工与企业风险共担、利益共享。海底捞等企业快速提拔店长、快速展业的策略，在业务高速发展期也支撑了不少员工的事业梦想。还有一些企业以鼓励员工内部创业的方式，在内部打造创业平台，如海尔的海立方计划、芬尼的裂变式创业、中兴通讯的创客学院等，都是采用“大平台、小前端”的方式，将企业由职业平台改造为事业平台。上述林林总总，都是人才利益绑定的一系列尝试。

3. 主动出击：注重战略性管理和决策。面向未来的人力资本投资行为，是和公司长远战略相匹配的、非短视的行为。例如，我们前面提到的动态梯队建设，由基层到高层多个梯级的长线培养，虽然很难在短期内取得立竿见影的效果，但迎合了组织未来的人才需求。一些企业成立了“人才管理委员会”，定期对组织内的人才任用、评价、激励与保留行为进行公平、公正、公开的研讨与决策。而不少企业的“一把手”亲自作为“首席人才官”“首席面试官”，在人才甄选、任用与培养方面肯花时间、躬身入局。

4. 核心职能：人力资本的管理是企业管理的核心职能。对存量人力资本的增值（质量）、对增量人力资本的引进（数量），是人才战略的重要关注点。**是否将人力资本管理提升到一种战略高度，是否将人才战略界定为公司级的战略而不是人力资源部的年度工作规划，这是从工作起点上人力资本管理与人力资源管理最**

大的分界点。

传统的人力资源管理侧重于提高劳动生产率，其首要目的是满足企业自身的业务目标，而人力资本管理则是为了获取与员工的双赢，达到“成就共享”。因此，人力资源是一种重要的生产资料，而人力资本则是以“出资者”的身份加盟；前者侧重于企业单向管理、控制，以“选用育留”作为基本动作，而后者则侧重于共同出资、参与管理，提倡协同作战、价值双享。

可以说，从人力资源管理转变为人力资本管理，是一个公司级的行为，而不是换一个人力资源部的牌子。管理团队成员必须成为“首席人才官”，才能进行此项资产的有效管理，将员工从“雇员”变为“合作者”，将职业平台（为老板工作）转化为事业平台（为自己工作）。**因此，“一把手”的首席人才官意识，人力资源部的战略定位及与业务单位的协同意识，将会成为此项工作成功的关键。**不然，在权力、影响力、资源获取能力极为有限的情况下，人力资源作为一个部门，是无法驱动整个公司的人力资本的，更无法布局整家企业的人才战略。

我将人力资本管理与传统人力资源管理在侧重点上做了一个系统的梳理，供大家参考。

表 2-6 人力资本管理与传统人力资源管理的区别

侧重点	传统人力资源管理	人力资本管理
管理目的	提高劳动生产率，实现企业目标	综合考虑企业利益与员工利益，形成利益共同体

续表

侧重点	传统人力资源管理	人力资本管理
对象假设	视员工为组织的重要生产资料	视员工为“人力资本出资人”
管理深度	注重“选用育留”，将员工视为开发对象	注重战略性管理和决策，注重员工参与及协同性
重要程度	企业管理重要职能，主要由人力资源部负责	企业管理的核心职能，主要由管理团队负责
员工与企业关系	雇主与雇员的聘用关系	合作投资关系
员工角色	人性化的资源	人力资本投资者
激励方式	短、中、长期激励结合，以物质激励为主	以中长期激励为主，物质激励的同时打造事业平台

人力资本管理的终极目的，是通过一揽子人才投资行为，让人才资本本身增值，进而为组织创造更大的价值。简单来说，存入多少钱不是重点，重点是能创造多少价值。**人力资本的价值不取决于生产性耗费，而取决于其创造性潜力的大小和发挥程度。**

跟大家分享一个案例。在隋唐推行科举制之前，选拔官员主要是依靠世袭与举荐两种方式。这就导致一些皇室贵族到了一定年龄就可以为官，这些人中虽然有个别人才，但大部分是纨绔子弟；另一部分人由于道德水平较高，被人举荐为官。这两类人出任中央或地方官员，负责诸如军事、刑法、财税、户口、建造、水利等职能管理。由于其自身缺少行政能力，且没有一线实践经验，导致大小工作都只能靠手下的小吏去完成。久而久之，这些官员渐渐成了手下小吏的傀儡，一旦小吏告假，衙门的大小事宜就可能全部瘫痪。

虽然有这么多“官”，但实际发挥的效应比较差，这就相当于人力资本的贬值。目前一些企业管理者不了解业务、盲目放权，以“三不原则”（不跟进、不指导、不负责）来管理团队，这实际上是给自身无能找的借口。这些人就是在“贬值”，背离了人力资本管理的方向。人才任用不当、管理不当，是贬值的根本原因，管理团队为此应该负主要责任。

什么是人力资本增值？我们用一句话来描述：**组织的管理行为，应当确保人才的能力与潜力，作为一种可支配、可被利用的资本，在一定时间内，为组织战略（长期）与指标达成（短期）创造更大的价值。**

确保人才增值的管理行为，可以分为六大策略。

策略一——精进：高效人才供给

在补充人才缺口时，首先，要利用前面提到的“动态人才供应链”思路，通过“招培借留”一揽子手段，先向内看，再向外看，高效补员，合理地提高人才利用率；其次，把好人才绩效关，在面试时选拔过往绩优的人才，可以提高现有组织的能力，为未来价值创造打下基础。

策略二——善出：人才合理流动

不胜任的员工对组织内部的人力资本影响极大，相当于银行的负资产，不仅难以发挥增值作用，还有可能影响既有员工的发挥，因此定期以绩效为主要抓手进行不胜任员工的淘汰，确保优秀人才的引进，可以优化人力资本结构；同时，在组织面对新老项目强弱不均的时候，使用前面提到的“动态人才交流策略”，使猛将得以“戍边”，让组织能力强弱均衡，更好地提升人力资本的价值。

策略三——技能：提升人的能力

在短期以“传帮带”或岗位实践的方式，尽快锻炼人才；在中长期培养梯队，确保未来“德才兼备”的优质人力资本。短期投资少、收益快，长期投资大、收益大，人才的能力培养，作为增值当中一种“快慢结合”的策略，需要做好短期能力提升与长期人才供给的动态平衡。

策略四——动能：激发人的潜能

人力资本在短期内受到竞争性刺激，所带来的动力是极强的。管理者要在短期内创造差异化的物质激励，如保底任务、挑战任务、尖叫任务、嚎叫任务等，对应不同的奖励系数；或短期内的精神激励，如“每月一星”“周周榜单”“文化标兵”等，确保人才在短期内可见明确的差异化激励，“与其羡慕嫉妒，不如成为优秀”，激发人才奋进的潜能。从长期而言，则要考虑中长期的物质激励，如股权激励、任职期激励、项目管理奖等，以及发展性激励，如连续两年绩效 A 档，或完成公司级的创新任务得以晋升等，充分调动人才长远的动力。

策略五——通道：创造发展空间

组织内部发展通道的单一性会阻碍优秀人才的发展，尤其是

“肉眼可见的天花板”。因此，可以在职位通道上做灵活设计，如双通道、多通道设计，可以让管理线、专业线人才找到自己的发展路径；AB岗位制可以推动人才互补，为A岗提供助手、施加压力的同时，锻炼B岗的能力，并为其带来未来发展的希望。在平台方面，项目跟投、绩效对赌，大平台、小前端等内部事业合伙、企业平台化的模式，可以为有创业野心的员工提供内部消化的机会，也可以达到利益捆绑的目的。

策略六——健康：强化人的健康

人力资本增值需要员工能力的发挥，但如果员工健康状况下降，则会明显影响价值创造的效率与效果。比如，公司有两个员工，A员工身体素质较差，一周要请三天假；B员工身体素质较好，加班2小时也能很快恢复，那么明显组织对于B员工的人力资本利用效率更高。又如，某些管理人员开会时间一长就脑袋发晕，而有的人则能始终保持注意力集中，这也和健康状况有关系。我在万达时，有位高管讲了一句话：“从古到今，所有的帝王和将帅，当他领导力下降的时候，极有可能是身体不好的时候。”这句话是有道理的。因此，组织需要在员工健康教育、制度保障、工作环境及压力疏导、心理关怀方面，确保员工的身心健康，使得人力资本在客观、主观上保持较好的品质。

我将上述六大人力资本增值策略从操盘建议上做一个整理，供大家参考。

表 2–7 人力资本增值的六大策略

两个维度	六大策略	操盘建议
直接要素	精进：高效人才供给	1. 动态人才供应链，提高组织人才利用率 2. 引进绩优人才，提高未来组织能力
	善出：人才合理流动	1. 淘汰不胜任员工，优化人力资本结构 2. 推动内部人才交流，实施帮强扶弱
	技能：提升人的能力	1. 推动“传帮带”或轮岗实践，快速复制人才经验 2. 建设人才梯队，确保未来德才兼备的人才
	动能：激发人的潜能	1. 短期差异化激励，提升人才竞争意识 2. 中长期股权及发展激励，绑定人才意愿
支持平台	通道：创造发展空间	1. 灵活的空间：多通道、AB 岗位、宽带职位序列 2. 事业的平台：事业合伙人、内部创业平台
	健康：强化人的健康	1. 引导：对员工进行健康知识教育，树立正确的健康理念 2. 制度：制定健康管理制度，建立完善健康医疗保险体系 3. 环境：建立并维护有利于员工健康的环境设施 4. 疏压：通过岗位轮换、工作多样化、丰富化的工作设计及弹性工作制等方式，帮助员工克服工作压力和职业倦怠

当然，作为一种典型的投资行为，人力资本投资也会存在一些风险。比如，做长线人才培养，结果培养一半人就走了；单方面引进绩优人才，结果发现其价值观有问题；认为加薪就可以提升员工动力，结果加了薪酬员工还是走了，甚至带走了组织的资源，变成了竞争对手；推动师带徒，结果师傅担心“教会徒弟，饿死师傅”；淘汰“不胜任”的员工，结果发生了劳动仲裁、企业赔钱等情况。这里面有不少问题属于人才引进、人才培养、薪酬

与激励、员工关系等方面的问题，我们会在“双P模型——人力资源工作新起点”这部分跟大家详细探讨。

从整体上来说，人力资本投资的风险有如下四种。

1. 人力资本的能动性。人力资本所有者在受到激励的时候，会不断释放能量，创造佳绩；而在受到挫折时，则会将其人力资本部分地“关闭起来”。从这个角度来说，管理者需要关注：无论正负向激励，都是为了使团队充满斗志，是一种“提气”的激励手段，而不是打击手段，要关注激励与绩效的引导作用，以及文化的正能量激发。业务团队选取的“每周之星”、挑战任务奖励，目的是激发大家正向的对标学习与竞争意识；如果无论业绩好坏，每个人都有，则意味着“大锅饭”，而非正向激励。对表现较差员工的批评，则是为了激起其内心的斗志——负向激励也是激励，而非打击。

2. 投资回收期相对较长。人力资本投资，涉及每个人本身的素质与能力，由于大家的起点、心态、接受能力不同，所以很难像物质资本那样在短期内即可见到效益。通俗地说，你把钱存在银行，哪怕是不动，也会产生若干利息；但你把人才引进来，如果不做合理的工作安排、培养、激励等动作，其很难产生默认的价值。因此，人才的管理涉及短期与长期并行的动作：短期内快速引进“拿来就用”的人才，长期防范其流失的可能性；短期花钱培养人才的能力，长期则需要考虑价值提升之后的发展空间；短期对人才进行物质性激励，长期则要考虑物质与精神激励并存、职业发展与事业平台建设并存；短期要解决问题直接找绩效优秀的高手，长期则要考虑高手的忠诚度与企业文化建设。更夸张一点，人力资本的投资，如果过于急功近利，还不如直接将工作外包、代理合作，反正人又不是自己的，无论“升值、贬值”，都与我无关。

3. 人力资本的不可转让性。物质资本可以交换、买卖、抵押，人力资本则具有不可转让性。我们前面说过，应当确保人才的“能力与潜力”，作为一种“可支配、可被利用”的资本而存在。当员工受到不公正的对待，或受到超出期望的外部诱惑而流失的时候；当“空降兵”引进10个走了8个的时候，该人力资本就不受你支配了。或者，当员工健康状况下降，工作时“躺平”的时候；当员工编制太多，导致单位时间内人浮于事、相互推诿的时候，该人力资本的利用率就在下降。因此，我们前面提到人力资本管理侧重点中的“综合考虑企业利益与员工利益，形成利益共同体”的一系列策略，就有助于该风险的防范，提升人才绑定的效果。

4. 人力资本的异质性。同样的人力资本投资，其结果往往差异很大，这与物质资本投资结果的同质性有着根本的不同。因此，“选对人”很重要，“人岗匹配”也很重要。我一直提倡“一把手”要成为首席人才官，关注人才的选拔以及日常管理，原因也正是如此。掌握独特技术、资源、人脉的关键人才，可以为组织能力“导流”；而反之，选错人才则只能让组织单方面被“抽水”。人力资源部门也要为公司的管理人员赋能，提升其对人才的选拔及任用、评价能力；日常用人的是业务部门管理者，而非人力资源。因此，在本书接下来的章节中，我们会对于“一把手”作为首席人才官的人才战略天花板效应，以及业务管理者与人力资源协同的人才管理逻辑，做全面深入的操盘探讨，这也是人才战略成功的关键。

PART 2

第二篇

人才绝学

第四章　首席人才官：打造『一把手』的『组织行为学』

第三章　首席人才官：打造人才战略的『一把手工程』

第三章

首席人才官：
打造人才战略的“一把手工程”

据说曾国藩小时候读书的天赋并不高，曾经有一个贼夜间潜伏在他家窗下，等待他入睡后入室行窃。听得曾国藩在背一篇文章，于是贼耐心等待。结果曾国藩背了几十遍之久，直到深夜也还没背会。贼实在等不及了，气急败坏地跳出来，愤怒地对曾国藩说："就你这种水平还读什么书？"然后把那篇文章从头到尾背诵了一遍，扬长而去。

小偷虽然很聪明，但是做了贼；而贼口中愚钝的曾国藩，却是晚清四大名臣之首。

作为一个"以儒生治兵"的"一把手"，曾国藩选将时注重某些内在特性——"忠义血性，廉明为用，简默朴实，智略才识和坚忍耐劳"。

冯唐在《冯唐成事心法》一书中提出，创业公司"一把手"最重要的事情就是"找人、找钱、定战略"。在很多企业创业初期，"一把手"自己就是首席战略官、首席品牌官、首席营销官、首席人才官。有多少"一把手"在忙业务的同时，在某个街角的咖啡连锁店里见合伙人、在某个论坛的讲台上宣传着公司产品，又在短视频平台上做着公司的产品直播。而企业文化，其本身也是"一把手"文化。一个组织的文化，是在组织领导者的影响下，在长期实践当中不断形成的。这些场景都提到了"一把手"对人才与组织的关注。

在任何时候，战略、文化、人才，这三样都是"一把手工程"。

作为战国时期盛产人才的两大老牌强国，魏国、赵国可谓"人才济济”。魏国的吴起、孙膑、商鞅、张仪、范雎、魏无忌，这些奇才不是被君王逼走就是被夺权。赵国的武将赵奢、廉颇、李牧，其中两位位列战国四大名将，成为与秦国分庭抗礼的一支重要力量，大大延迟了赵国灭亡的速度，但却遭受国君的排挤。而秦国，虽然地点偏僻，却能惜才如命、唯才是举，在宗亲之外大量引进“职业经理人”，商鞅、张仪和范雎这三位并不完美的顶级管理人才，被奉为秦国宰相，为秦国从一个强国走向一统天下的帝国打下了坚实的基础。

“灭六国者六国也，非秦也。”如果说，魏国、赵国是“人才济济”，那么秦国就应该是“群贤毕至”。**如何让优秀的人才成就更优秀的组织？在组织当中，“一把手”及管理团队对人才战略的关注与布局思路，决定了一个组织智慧的上限。**

我更愿意把“一把手”概括为公司董事长、总经理在内的各条线“一把手”、管理团队成员，这些人是一家公司真正的首席人才官，他们的用人之道与识人之法，以及在管理当中所体现的偏好，是一家公司人才战略的天花板。本章及下一章我们就探讨一下这些首席人才官的人才战略心法。

用人之道：“一把手”如何使用组织中的人才资源

关键词：外引与内建；底线原则；溢出性人力资源；人才备份；动态博弈

汉朝开国皇帝刘邦在夺取天下后，总结了自己战胜项羽的根本原因，他说：“夫运筹策帷帐之中，决胜于千里之外，吾不如子房。镇国家，抚百姓，给馈饷，不绝粮道，吾不如萧何。连百万之军，战必胜，攻必取，吾不如韩信。此三者，皆人杰也，吾能用之，此吾所以取天下也。项羽有一范增而不能用，此其所以为我擒也。”刘邦作为帝王，难能可贵的是有敢于承认“吾不如人”的勇气和胸怀。一个领导者，只有看到“吾不如人”的地方，才能发现人才，取人之长，补己之短，才能调动大家的积极性，优势互补，形成强大的领导团队。

得人才者得天下，失人才者失天下。“一把手”的用人之道，关键是用人之长，避人之短。既要有知人之明，更要有自知之明。只有具有自知之明的人，才可能做到有知人之明。

从 2002 年到现在，我每年要参加不少总经理、总裁储备干部选拔、培养及评审工作；转型学者身份之后，每年要和大量企业管理者、创业者进行交流。在此基础上，我将大量“一把手”在战略管理、业务运营中容易忽略的八项用人关注点做了一个系统整理，供大家参考。

表 3-1　首席人才官的八项用人关注点

八项关注点	原则释义
先向内看，再向外看	用人的时候，优先给予内部优秀人才机会，再引进“新鲜血液”
战时用才，常时用德	攻坚克难时必须用专业高手，日常则以价值观、忠诚度为先

续表

八项关注点	原则释义
猛将必遣戍边	项目强势地区培养出的优秀人才，应优先派遣至新弱业务单元
看护成本	一个人才越优秀，企业对其付出的看护成本就应该越高
溢出性人力资源	离开企业的人才是外部人才，竞争对手就是我们的人力资源池
因地而异，因时而移	企业在不同发展阶段、不同业务地点的用人标准应有所不同
不可替代与组织能力	管理不是为打造不可替代人才，而是使组织作战能力均一
财聚人散，财散人聚	激励与保留制度是否有效取决于“一把手”是否有分享意识

第一，“先向内看，再向外看”是组织内外的用人方向。

在考虑用人的时候，内外人才选择是一个问题。我们在第一章提到了招聘适合的两大场景，一是“组织内部编制不足、缺人，或关键人才培养赶不上组织发展速度”，二是“组织内部不具备某项关键技术或能力，必须外购人才带来此项能力”。当人才成长或关键能力与组织发展速度产生矛盾的时候，应该以外聘为主；但当组织内部有人才储备且有发展机会的时候，应当优先考虑内部人才（培养或交流）。**除了刚成立不久的初创型企业，企业中层以上管理人员，应该是60%以上由内部培养，40%以下由外部挖猎，即“以内部培养为主，外部挖猎为辅”。**

如果用人方向错误，“先向外看，再向内看”，会带来如下潜在风险。

1. 内外冲突。若内部明明有发展空间，管理者却一定要引进“新鲜血液”，就会人为地造成“新老对抗”。当“空降兵”进入公司的时候，于公而言，老员工应该配合新管理者的工作；于私而言，老员工越配合工作，越没有发展空间——这就造成了一场人性的博弈。而这场有关生存空间的博弈，则会让新老员工之间的协同关系更加微妙，这也是“空降兵”阵亡率高的一个原因。即便有管理团队的无条件支持，难度依然不低，这一点就像太阳照射地球，有阳光的一面，也有背阴的一面——“一把手”无法永远罩住一个新人，从时间管理上来说亦会耗费过多的精力。

2. 薪酬矛盾。外部企业的薪酬，由于其企业性质、规模、发展阶段与本企业的差异，不少外来人才的工资会高于内部人才，因此这很容易带来内部老员工的不满，认为“同工不同酬”，进而降低其自身工作意愿，以及和外来人才的工作协同意愿。

3. 人才流失。管理人员需要意识到：“培养与使用”是一体的，如果人才培养后没有得到发展机会，那么培养本身无异于“给他人作嫁衣裳”。有不少企业辛辛苦苦培养的人才，就是因为不给机会，造成了人才外流，甚至带走原公司的经验、资源、人脉，生生培养出了竞争对手。

4. 错误导向。既然内部人才机会少于外部，那么内部的人才梯队建设对员工就毫无吸引力。人才与发展完全脱节的恶果，就是让内部人才放弃在公司内的培养或成长机会，一门心思向外发展，或干脆彻底“躺平”，提前进入“养老”状态。这对于组织动能的建设，是一个摧毁性的打击。

5. 内部矛盾。如果大力从标杆企业挖人，固然可以短期复制其标准化等优秀经验，但如果单一渠道加入人才过多，会很快在组织内部形成特定“帮派”。新人抱团取暖，带来日常管理、决策时的冲突，久而久之，内部矛盾将越来越严重，降低组织管理效能。

6. 文化稀释。大量新员工涌入团队，带来文化融入与忠诚度的矛盾。公司要花费很大的精力强化入职培训、降低试用期离职率、推动业务管理者对新人的关注度，但这三项工作的难度都不低，新人越多，错综复杂的影响要素就越多。且大家本身就忙着做业务，不少人自顾不暇，何况要兼顾大量新人，这就进一步提高了文化建设的难度。

总体来说，在没有一个强大的内部人才供应链支撑的情况下，企业短期人才供给可以靠外引，但长期必须靠内建。

第二，“战时用才，常时用德”指的是对人才能力与价值观、资历的选择。

不少“一把手”在用人时纠结于才与德的选择：A 员工才华出众，攻坚克难需要靠他，但其个性比较叛逆；B 员工资历深厚，深得我心，但能力较为平庸。如此，到底用谁？

某大型央企曾提出：“业绩不向辛苦低头，价值观不向业绩低头。”这两句话实际上阐明了在“常态化”下用人、评价人的标准：价值观是企业文化的根基、员工的行为准则，违反价值观则无法与企业同行；而业绩代表结果，虽过程很重要，但结果更关键，所谓 KPI（关键绩效指标）指的也是对于关键结果的考量；但业绩与价值观相冲突时，企业应该优选价值观一致者。

而《宋史·丁度传》中则记载了这么一个场景："帝尝问：'用人以资与才孰先？'度对曰：'承平时用资，边事未平宜用才。'"翻译成现代语义就是，皇帝曾问丁度，任用人才时资历与才能哪一样优先考虑？丁度回答说："天下太平时任用资历深的人，国家边境未安定时应任用有才能的人。"

上面两个场景，是从不同角度对人才选择标准的思考。我们综合起来看，企业在用人的时候，忠诚度、价值观之类的德行标准，确实是人才判断的基础。因为招聘是招不来忠诚度的，忠诚度只能在与组织、领导的磨合中形成，因此但凡有对组织忠诚度高、价值观笃定之人，当然值得重点关注。但企业当下是需要解决问题、创造利润的，如果一件事情，组织目前的能力尚不具备，那就一定要找能力强的人来，以才为先。比如，企业过去一直做线下的研发生产销售，接下来需要转电商，那么电商的运营能力就是企业当下最大的短板，亟须从优秀的电商企业挖猎人才。缺乏这类人才，企业的电商转型战略就无法成功，而只要这个人才没有大是大非的原则性问题，那么就都是当下可用的，而"业务能力强且价值观完全吻合"的人才，都是可遇而不可求的。

一个很好的处理方法是在"战时用才"的场景下，管理者需要适当降低"道德洁癖"，坚持价值观的"底线原则"。大家可以仔细观察一下每家公司的企业文化及员工价值观，并不是每一条都属于

“底线原则”，如最常见的“诚信、务实、奉献、奋斗”这四条原则中，只有“诚信”才属于“一票否决”原则。如果一个员工特别能干，正常八个小时的工作，他四个小时就能做完，经常一下班就走了，或许显得比较懒散，甚至开会时偶尔跟领导顶两句嘴，这都属于可以容忍的范围之内。管理者要容人，容的就是那些能力强，但个性或习惯上有一定瑕疵的人。但如果该员工产生了贪污腐败、泄露商业机密等行为，则无论业绩高低，一律“一票否决”。

公元 210 年，随着军事节节胜利，政权步步扩大，曹操愈发意识到人才缺乏和人才可贵。于是，作为“一把手”的他在七年内亲自下达了三条“寻才令”：

公元 210 年，下达《求贤令》，责成左右僚属发现和举荐地位低下的被埋没的人才。公元 214 年，颁布《敕有司取士毋废偏短令》，指出“夫有行之士，未必能进取；进取之士，未必能有行也”，所以用人要用其才，不要拘泥于小节。公元 217 年，再发《举贤勿拘品行令》，认为不仁不孝而有治国用兵之术的人也能任用。

综合以上三令，可以发现曹操敢于破陈规、去陋习，富有魄力和创造性。**用现代视野完全可以看出，曹操既是一个“一把手”，也是一个非常称职的首席人才官。**

曾国藩曾说，选拔人才时要不拘一格，评论事情时不可过于苛求。金无足赤，人无完人。只要道德堪称楷模，文章足为人师，韬略可用以战阵，资材能补于当前者，均在曾国藩延揽之列。

当然，同心者才能同路。即便是“战时用才”，也要考虑由于优秀人才与企业的“非底线”价值观或领导的个性可能不一致所带来的日常冲突。但所谓“饮鸩止渴”，饮之稍后毒死，不饮当下渴死。我们的建议是，饮之，但要找到“解药”。**我们付给优秀人才的工资，其实就是我们的“学费”。**战时引进优秀人才之后，如果企业不能确保其与企业同心同路，最起码要尽可能快地将其所带来的经验留在组织，哪怕是新加入者，也可以当师傅、分享经验、复制优秀流程；或聚焦于问题解决，只要其能够解决当下的棘手问题，短期内依然可用，长期则需要考虑后备人才培养。一句话：若生存都没有了，又何谈今后的尊严？

第三，“猛将必遣戍边”指的是人才与项目之间的搭配原则。

这一句话可以表述为两个方向。第一个方向是：“强势猛将，必遣戍边。”我们用“边关”比作新弱项目，用“猛将”比作总部或业务强势区域孵化出来的优秀人才。新弱项目所需的组织能力，除了专业技术之外，还有总部的标准化及文化，更需要总部及各职能线的支持。而经过总部或成熟单元培养出来的人才，除了专业过关之外，在标准化、文化、内外资源（包括人脉）等方面也具有相当的优势，将其调配至新弱项目攻坚克难，是对该项目最好的“赋能”，也可以尽可能地避免“战略末端失效”。

汉武帝时期，抗击匈奴镇守边关的大将，如李广、卫青、霍去病等人，都是当时中原地区首屈一指的将军，正是因为“边疆苦寒”，才需要优秀人才出去发光发热，如果外招新人去新项目，那么“战略末端失效”的概率就很高，导致总部要求一套、新公司打一套。组织培养出来的优秀人才、能力强者一定要承担扩展业务的重任，这才是“养兵千日用兵一时”。

这句话的第二个方向是将“猛”字表述为动词，“若猛其将，必遣戍边”。若要修炼猛将，必须让他去一线基层、边疆苦寒地区好好锻炼，方能打造出“金刚不坏之身”，也能更了解一线业务工作的特征，未来能够更好地指导一线的工作。

《韩非子·显学》中有这么一句话，“宰相必起于州部，猛将必发于卒伍”，这是韩非子关于选拔官员的思想。这两句用于强调国家的文臣武将，特别是选拔高层的官员和将领，一定要从有基层实际工作经验的人中选拔，否则处理政务、领兵作战就可能是纸上谈兵，耽误国家大事。我们现在的干部遴选机制也是如此，干部有了丰富的基层经历，就能更好地树立群众观念，知道人民需要什么，在实践中不断积累各方面经验和专业知识，增强工作能力和才干。这是做好工作的基本条件。

表 3-2 “猛将必遣戍边”的两个策略

两个策略	动作目的
强势猛将，必遣戍边	为一线赋能：技能、文化、标准化、内外资源
若猛其将，必遣戍边	在一线锻炼：从一线夯实能力、了解“民生”与“民声”

第四，“看护成本”指的是优秀人才与组织对其的保留、绑定行为之间的关系。

请大家做一道选择题：以下关于人才补充的观点，你觉得哪一个是正确的？

A. 我们的人才来源只能靠招聘

B. 人才招聘到了之后，就可以发挥其作用

C. 内部人才交流也是补充人才的一种方式

D. 我们一定要招行业内最顶尖的人才

对于一个组织而言，“招、培、借、留”都是补充人才的方式。从招聘本身来看，你招来的都是新人，需要标准化学习、文化融入及“传帮带”才能发挥作用，因此并不是招来就能发挥作用的。而人才越优秀，看护成本就越高。因此，选项 A、B、D 都是错误的。对于选项 C，你缺的人可以外招，也可以内补，内部人才梯队、交流机制建设也很重要，这是正确的。更重要的是，在这四个选项当中，隐藏着人才管理中的一个重要关注点——“看护成本”。

看护成本是人力资源价值链中流动着的“魔鬼”：一个人才越优秀，人才市场对他就越透明，流失的概率就越高，组织所付出的看护成本就越大。看护成本是人力资源“选用育留”价值链中，用以留住人才的现金等价物。举例来说，组织要引进一个顶尖人才，首先在招聘端需要付出较高的薪酬、发展等交易成本；招聘进来之后，如果日常使用上没有足够的授权、情感或激励，或只有短期兑现而没有长期共享，那么该人才很有可能在很短的时间里从组织流失，使得这个看护成本重新转移到招聘端。

为此，我们从人力资源价值链角度，对看护成本提出三条建议。

建议 1：在甄选端，不要随意引进顶尖人才。有的人才能招进来，但你留不住。杰克·韦尔奇《赢》一书中有一句话：雇用高潜力人才。在常态化之下，组织雇用人才应当以高潜力为主，“外引 + 内培”成就绩效，不一定要动辄引进顶尖人才；而当组织能力不足的时候，才涉及顶尖人才的引进及高看护成本。

建议2：在使用端，日常使用的所有优秀人才都需要付出应有的看护成本。几年前，某电商企业进行异地扩张，派遣了很多总部培养的优秀管理者驻外地开拓市场。而这些年轻人才大部分刚成家不久，小孩比较小，而异地派驻短则一两年，长则常驻，很可能有亲属随行。为了稳定人心，公司除了提高异地津贴之外，还战略投资了一些国际教育机构，在营利之外还能为异地人才的小孩解决入学问题。这些成本的付出，都属于看护成本。

除此之外，看护成本在人才使用端，还意味着组织需要设计一套人才绑定策略。这一点在《人才战略：人才战略规划、梯队、盘点及激活之道》一书中已有提及，此处做一个简要整理。

比如，某企业做的股权激励，属于递延兑现计划（5年期），第一年兑现5%，第二年兑现10%，越往后兑现比例越高。当一个人工作两年准备跳槽的时候，他会发现大头还没有拿到——这就构成了一个沉没成本的考量，起到留住人才的作用；而有的企业会发现每年2月员工跳槽特别频繁，原因是2月刚发完年终奖——说到底年终奖依然是一种“一年一发”的短期激励。

又如，一些企业实施的项目跟投机制，当员工把真金白银投入项目的时候，那么项目本身的好坏就和员工的收益产生了关联，以利益为根基的“主人翁意识”建设是最长远的，远胜于简单的文化培训。一些企业安排关键人才进修，签署对应的保留协议，如参与进修项目后在约定时间内离职，将带来较高的离职成本；或者给优秀人才设定3年以上的梯队培养计划，如一些餐饮、零售行业的“店长培养计划”等，横跨数年，让人才可以稳定地在公司朝着长远的目标前进，若中途离职，则很有可能又需要从头开始——这些行为让企业培训也成为一种绑定策略。

再如，一些民营企业家的女儿嫁给优秀人才，将其纳入家族团队，实现家族人才的壮大，这是典型的姻亲关系结成的绑定。人才绑定属于组织激励的顶层设计，“一把手”需要拿出智慧、拿出分享意识，从“激励”“发展”“关系”等角度出发，对优秀人才设定一套有效的绑定策略，以实打实地付出看护成本。

表 3–3 人才绑定的常见方式和策略建议

方向	常见方式	策略建议
激励	股权激励	以中长期激励为主、短期激励为辅
	事业合伙	投资参股（项目跟投）、技术参股、创业合伙等
发展	外部进修	与机构、商学院委托培养，签署保留协议
	人才梯队	持续性人才培养，稳定、长期、不断档
关系	姻亲关系	以姻亲绑定关键人才，多适合民营、家族企业

建议 3：在培育与保留角度，要能“用人之长，容人之短”。一流的人雇一流人才，二流的人雇三流人才。这体现了“一把手”对于人才的关注度，希望通过人才来拔高组织。这要求“一把手”的自信心要足，要敢用人，要有不怕某方面被人超越的胸怀。如果“一把手”认为“我能找到自己的比较优势，也许他智商高，但我经验比他丰富、技术比他强”，那么就自然有足够的自信雇用很棒的人才。一流的人往往因为自信，会雇一流的人才；而非一流且内心不够强大的人更喜欢雇一些自己管得住的人、不如自己

的人、非常听话的人，但就是这样的人才会让公司开始走下坡路。**敢用人、敢赋权，拿得出、收得回，是“一把手”重要的管理智慧。**

第五，“溢出性人力资源”指的是企业如何看待曾经从组织离开的外部人才。

问大家一个开放式问题：一个员工从A公司跳槽去B公司，干了两个月后被A公司返聘回来，然后A公司很“神奇”地在很短的时间里挖了很多B公司的人。这期间发生了什么？

我想，答案大家都应该猜得出来。

企业现有的人才管理思路，主要聚焦于在职员工的“选用育留”工作，把员工的离职当作本企业人才管理的终点。**但在数智化时代，年轻员工的快速异动、顶尖人才屡屡被挖猎、企业业务变化带来的人员离开比比皆是。那么，离开企业之后的人是否依然可以作为本企业的人力资源所使用呢？**

阿里巴巴对待离职员工的态度，值得参考。阿里的离职群叫“前橙”，寓意前程。阿里将每一位离职员工的工号都予以保留，定期举办“阿里校友会”，重聚前员工。同时，离开公司的员工们仍然可以跟阿里倾诉他们工作方面的诉求，阿里会评估双方是否有机会合作，采取对应的协同行动。这些人有的离职创业，有的去了竞争对手公司。但无论怎样，与他们保持良好的关系，对于阿里都是有利的。阿里离职者创业的成果算是比较丰硕的，主要集中在电商领域、生活出行领域、互联网金融领域。据称这些离职的阿里员工所创办的创业公司，总估值高达5000亿元。而这些，就是“阿里后援会”。

建立与离职人员的联系机制，真正将离职人员群体视为一个人才库，必要的时候也可以吃“回头草”。从“群贤毕至”的观点来看，我的人才来自社会，那么当他回归社会的时候，还是我的人才，只不过换了一种方式为我所用。这就是“溢出性人力资源”。**很多企业都有自己内部员工的信息库，可有哪家企业建立过离职员工的信息库呢？**

早在阿里提出“毕业”之前，麦肯锡就将员工的离职视为“毕业”，毕业之后麦肯锡的前员工都是“麦肯锡校友”。这些校友在毕业之后无论去世界上哪一处麦肯锡的办公室，都会受到热情的招待。从麦肯锡走出去的这些人中，有一些甚至成为世界五百强公司的高级管理人员。而且，麦肯锡将离职的人视为潜在的客户，而非竞争对手。

一个人才从公司离开的那一刻，就变成了“溢出性人力资源”。放眼未来，优秀人才可以返聘，既能补充人才，又能巧妙地获取该人才所在企业的必要资源；对标对方企业时也可以由他们牵线，或安排参访交流；当我们挖猎对方企业其他人才的时候，他们还有可能帮我们做背景调查，如此等等。总体来说，我们至少可以从五个角度操作“溢出性人力资源”：

表 3–4 “溢出性人力资源”操作的五大方式

五大方式	操作要点
返聘计划	不存在严重价值观冲突，在专业匹配的情况下返聘
挖猎人才	通过“溢出性人力资源”介绍或挖猎对方企业人才

续表

五大方式	操作要点
标杆对标	由外部人才牵头和标杆企业进行针对性的对标学习
背景调查	由外部人才牵头，对其所在企业人才进行背景调查
商业合作	与外部人才的公司进行商业合作，创造新商业机会

“溢出性人力资源”的操作前提，是企业如何看待自己的离职人员，是否建立起“离职文化”。海底捞将工作一年以上的人员离职当作“嫁女儿”，一个店长离职，给8万元的“嫁妆”，就算是这个人被竞争对手挖走了也给。海底捞老板张勇解释，因为在海底捞工作太累，能干到店长以上的，都对海底捞有贡献，应该补偿。不过有意思的是，海底捞发展至今，店长以上干部上百，真正从海底捞拿走“嫁妆”的，却只有寥寥数人，这一方面说明海底捞员工的忠诚度之高——真正属于你的人，是挖不走的。另一方面说明挖走了也是我的“溢出性人力资源”。

第六，“因地而异，因时而移”指的是根据自身的特征、阶段决定对人才的管理行为。

深圳某企业，对标B企业三年，苦不得其法，一心“打造狼性团队”，其结果是三年里大量员工离职。问及原因，该企业的“一把手”回答：希望企业能够提高执行力，全员具有狼性精神，错了么？我答：错了，因为B企业的“狼性管理”是个系统，是一套管理与激励机制，也跟其业务类型有关，不是谁上来就要复制的——你物业公司的一个清洁工，需要具备什么狼性，是应该跳起来打扫，还是喊着口号打扫？前台一个行政人员，一个月需要为公司办 3 场会议，她正常实施、不出问题就可以了，难道还要“狼性”地跳起来说“3 场不够，我一定要办 5 场？”何况你半年也舍不得给他们涨 100 元工资，“狼性”从何而来？

沃尔玛强调管理者的“服务型领导力”，他们认为领导者服务好员工，员工有了好的状态自然可以给客户带来更多的惊喜。万达强调管理者的“强执行力”，从上到下以执行为先，领导者的重心是控制、执行、复盘，做事情先完成、再完美，屡次逾越节点、出现安全问题是要亮红灯的。这两家公司的业态不同、客户对象不同，对管理者要求的差别也很大，就不存在谁对谁错、谁应该复制谁的问题。

海底捞的“传帮带”做得非常成功，每个店长业绩达标后，必须带出一定数量的后备店长才能晋升，把经验传承下去。出师后，徒店长的奖金抽出 3.1% 给师店长带来激励，徒孙店长的奖金抽出 3.1% 给徒店长、师店长带来激励。这种梯队式的人才激励，在海底捞的一线门店生生不息。但此举真的适合所有餐饮行业吗？也有学海底捞但失败的企业，因为大多都只学了一个动作、一些皮毛，但复制不了人家的“系统”。

系统，是个很微妙的词。它可能是一系列管理动作的组合，也有可能是内部和外部的生态圈，还有可能是特定产品属性所对应的管理行为。因此，单纯地看人家什么好就拿来直接用，不管自己企业的特征、阶段，那就是刻舟求剑、东施效颦。

据媒体报道，耐克为了让 CEO 马克 · 帕克继续留任五年，授予他价值3000万美元的股票奖励，这比帕克以往的年度奖励高了10倍。于是有企业说，耐克拿出重金直接砸到CEO身上，让其保持忠心，正所谓“无利不起早”。实际情况是，这个奖励是有条件的，帕克需要留任五年，中途离开是要赔付的；同时奖励是与相当高的销售业绩挂钩的，五年内只有完成了特定任务才能得到奖励，不然只是“看起来很美”而已。哪怕对于薪酬来说，每个公司都有每个公司的情况，既要考虑大的市场环境，也要考虑公司自身的情况。薪酬的激励是自己用的，不是拿出来给别人看的。如果你有钱，薪酬对标没意义，你可以重金砸人；如果你没钱，对标更没意义，因为对了标你也给不起。

企业在做管理对标之前，一定要研究自己的系统，想明白了再看什么该学、什么该用。独立思考是一个“一把手”最重要的能力。上面我们提到了几家企业的“狼性管理”“执行力”“传帮带”“薪酬激励”等人才管理现象，如果放到其他地点，就不一定行得通——所谓“因地而异”。

在企业内部，这个“地”还可以指不同专业、不同部门的人。比如，在用人上，销售重“利”，多以直接的利益驱动，而且是以短期可见为主；研发重“技”，你给他加1000元薪酬，和他获得某个重要奖项比起来，他可能更重视后者。人力资源除了专业技术外，应该还有一些人际敏感，要“会来事”“会推动人”；财务除了专业技术之外，还要对数据敏感，看到数据能够反应出发生的事情；做审计的就不要太圆滑了，过高的情商和人际敏感对于需要坚守原则、铁面无私的审计工作来说，反倒是个负累。

除了“因地而异”之外，“一把手”用人还需要“因时而移”，根据企业发展的不同阶段考虑用人的特征。有的初创企业从大型企业重金挖管理人才，岂料干了没几天就走了，美其名曰“价值观不合适”，实际上主要的原因是发展阶段问题。一些成熟的大型企业在授权体系、人员编制上较为充裕，所以管理者只需要放权，处理好方向性问题；但初创企业往往在标准化、人员编制上较为薄弱，管理者既是管理角色，也是操作角色，甚至连发个通知、打印个材料都得自己亲自动手。而有的企业发展阶段极为成熟，就需要管理者对市场有一定的预判能力，能够有创造力，不要循规蹈矩，能够发现新的商业机会；在这种情况下，在初始发展阶段那种“沙僧型”的任劳任怨、执行力超强的人才就不一定适用，善于独立思考、“不要那么听话”的管理者反而更加合适。以下以选“将”为例，对“因时而移”做一个整理。

表 3–5　企业不同发展阶段用人的差异（以“将”为例）

发展阶段	主要任务	组织气质	负责人状态	负责人角色	核心特质
0—1	站稳脚跟	拓荒开路	苦干	操作者 + 管理者	抗压与适应
1—100	争夺市场	敢打敢拼	猛干	管理者 + 操作者	进取与激励
100—1000	引领市场	自我颠覆	巧干	领导者 + 管理者	大局观与资源整合

最后，“一把手”还要根据时代特征用人。在过去的线下生产制造时代，和现在数智化网络生产时代，人才的能力是有明显差

别的。PDCA（计划、实施、检查、行动）所带来的计划管理是基础，但数智化时代的 VUCA（易变性、不确定性、复杂性、模糊性）、“计划赶不上变化”则是常态。同时，对于时代所带来的年龄变化而言，管理“70 后”“80 后”与“90 后”，甚至是“00 后”，策略上应该是有细微差别的，这种“代际管理”的差异，我们在第一章已有描述。

我将“因地而异，因时而移”的用人策略做一个整理，供大家全景思考。总结起来就是一句话：弄清自己，正视差异；因地而异，因时而移。

表 3–6 “因地而异、因时而移”的用人策略

方向	关注点	策略释义
因地而异	地点	不同类型企业、同一企业不同地点，人才管理策略是有差别的
	专业	不同业态、不同专业的人才，对管理的需求点是有差别的
因时而移	阶段	企业发展不同阶段，用人的策略、人才的标准是有明显差异的
	时代	过去与现在的业务差异、代际差异带来的用人策略是不同的

第七，“不可替代与组织能力”是对个体能力与组织能力之间的取舍。

法国思想家圣西门讲过一段精彩的话，他说：“假如法国突然损失了 50 名优秀的物理学家、50 名优秀的化学家、50 名优秀的数学家、50 名优秀的音乐家、50 名优秀的作家、50 名优秀的工程师，将使法国变成一具没有灵魂的僵尸……”因为这些人对国家最有用处，而要重新培养这样一批人，则至少需要整整一代的

时间。圣西门的这段名言，站在很高的层面上，既说明这些“不可替代人才”的极端重要性，同时也蕴含着忽视“人才备份”“组织共好”行为所带来的巨大危害性。

“不可替代人才”指的是组织当中掌握了独特技术、资源、人脉的人才。某些关键问题必须依靠此类人才解决，而这样的人才流失又会带走对应的技术、资源与人脉。按照前面的分析，每一个不可替代人才，都拥有很高的议价筹码，都需要较高的看护成本。

从数智化时代的企业特征来看，大量企业都属于“短平快”的企业，好像“冬天里的一把火”，来得快去得也快。所以现在大量人才都注重自身不可替代性的提升，并不依靠其在企业内的“捆绑价值”，而关注于自身的“裸价值”。很多公司宁可任用跳槽频繁的优秀人才，也不用从不跳槽的庸才。

从我的观点来看，办企业并不是“一锤子买卖”，我们可以短期救急使用跳槽频繁的优秀人才，但长期来看还是必须“同心者同路”，一盘散沙的企业难以长久。但我们必须看到，企业内部人才流动是有不可抗力性的：**一个人越优秀，人才市场对他就越透明，单位时间之内诱惑就越多，流失的概率就越大。**即便不是因为外部诱惑而流失，两地分居的问题、小孩教育的问题、身体健康的问题等也都有可能带来不可替代人才的离开。一个组织内部的不可替代人才越多，风险就越大。有的企业招来行业大咖，不料还未有所作为就被竞争对手挖走；有的企业将资源倾斜于一个人，着力培养不可替代人才，结果某天这个人突然离开，导致人才断档、青黄不接。

随着数智化时代人才流动速度的加快，越是“不可替代”越要未雨绸缪，抓好“人才备份”工作已成为不可回避的话题。**管理的目的不是打造一堆不可替代员工，而是使团队作战能力均一。**“老张”很优秀，就应该想办法让大家跟他一样优秀，尽可能削弱这种“不可替代性”，这是另一种形态的“共好”。

在“一把手”的关注点上，首先，要强化人才的储备和技术培训，使得一些关键技术不会被一两个人所独占；其次，对尖端技术，至少要有两个至三个小组同时攻关，即使个别人才流失，也不会造成太大损失；最后，设立后备人才培养计划、AB 岗位计划，让这些后备人才、B 岗提前熟悉所要做的工作，而不至于“临时抱佛脚”。**这种力求相互替代、注重梯次配备的做法，有助于企业推动团队“作战能力均一”。**当然，在推动这种共好计划的时候，一定要注意对不可替代人才的激励，同时要保障不可替代人才的发展与培养，解决其“教会徒弟，饿死师傅”的担忧。

表 3-7 “人才备份”打造策略

思考方向	操作思路	关注风险
专业技术培训	安排技术“大牛”定期分享经验	需要拿出激励资源作为交换，提升动力
多小组攻关制	多工作组共同攻坚克难	合理的分工，避免资源在一个小组
后备人才培养	选拔后备人才，安排培养计划	长期持续，不做“一锤子买卖”
AB 岗位制	特定岗位 AB 岗并行，相互替代	未及时安排 B 岗，导致无人替代

第八，“财聚人散，财散人聚”指的是管理者用人时必须要有分享意识。

朋友所在的一家企业，打算实施事业合伙人，找我详细咨询了某标杆企业实施股权激励的过程。过了半年，他反馈效果不佳，问及原因，答曰：老板赞同了合伙的形式，但最终只愿意拿出股权的 3% 用于激励。

很多企业激励制度的失败原因，在于“一把手”没有分享意识。公司里的每一个员工，都是带着自己的诉求在你手下工作的，“分享不均”或压根“不愿分享”，则问题很严重。

蒙牛的创始人认为：世界上 80% 的喜剧跟钱没关系，而 80% 的悲剧全跟钱有关系。他在谈及“品牌的‘三大死穴’”时曾经表示，第二个死穴就是只重自我利益，不重生态平衡。因此蒙牛成立的第一天，就确立了自己的创业纲领：“股东投资求回报，银行注入图利息，员工参与为收入，合作伙伴需赚钱，父老乡亲盼税收。”牛根生把企业比作一个生态圈，这个生态圈里方方面面的利益你都得照顾到。如果你忽略或损害了其中的某个环节，就算这次你占到了便宜，下次它肯定就不会再到位，这时你的链条就断了，生态圈就没法再循环下去了。创立蒙牛的几年，创始人有 80% 的收入都花在了“大家”的身上，他更是在企业里有“五个不如”：住房不如副手的阔，坐骑不如副手的贵，办公室不如副手的大，工资不如副手的高，股份不如副手的多，因为都捐了。

有些“一把手”不放过一点点的利益，却错失了更大的利益。因为他们太专注于一点点的利益，太专注于眼前的蝇头小利，而没有时间去考虑更大的获利方向，也没有时间去为获得更大的利益储备资源、能力和素质。他们永远只能在小利的陷阱中挣扎，最终迷失自己。

很多老板在用人方面都有一个定式，就是“你干多少活我给你多少钱”，而下属则会“你给多少钱我干多少活”。**这种“动态博弈”的结果，只能让企业管理永远停留在“得失平衡”上。**如激励资源有限，老板可以先聚焦“精英战场”，选择奋斗者、奉献者成为榜样、标兵，给他们超出期望的激励，“六分人才，八分使用，十分待遇”，让大家羡慕他们、向他们学习，潜移默化地影响大家；在文化宣导上，除了树立标兵、自身倡导之外，鼓励员工“用价值来交换激励条件”，而不是先谈条件后干活；或给员工设置激励目标，保底任务之上还有挑战，挑战之上还有“尖叫”，尖叫之上还有“嚎叫”，用“目标悬赏”来交换员工的投入；再不济，现在没有钱，还可以给未来的期权预期，或用职业发展机会、培养学习机会作为“交易成本”等。这些方法都是可以去想的，与其陷入“动态博弈”，不如跳出来重新思考。

哲学上有这么一句话：幸福就像细沙，你抓得越紧，失去得越快。世界上的事情就是这样奇怪，你拼命想抓住一件东西，却必须首先放弃它，而你拼命抓住的东西，却往往消失得更快——这就是辩证法和对立统一。

当然，其他的分享都还是可控的，而技术类的分享可能就会有些障碍。这涉及技术专利的申请、保密协议、配方专利等手段，分享的是技术操作的“标准化流程”，但不一定是“顶层源代码”，企业的技术机密还是要有的。

我将“一把手”的分享意识与胸怀做了一个整理，便于各位管理者全盘思考、反求诸己。

表 3–8 “一把手”的分享意识与胸怀

分享方向	分享内容	“一把手”的胸怀
物质层面	分享现金、股权等	人旺是财旺的前提，财旺是人旺的自然结果
事业平台	将公司做成合伙平台	企业是我的，也是大家的、社会的
成败经验	复盘自己成败的经验	我是带头人，应该分享我的感悟
技术知识	指导必要技术或流程	分享技术知识，帮助自己的企业进行标准化建设
价值观	宣导企业文化至每个人	企业价值观是我的管理意志，需要我亲自宣贯

识人之法：让业务管理者成为金牌面试官

关键词：参与选人的四种策略；两个方向与六个维度；个性化与场景化；价值获取

2013 年，某电视求职节目曾经举办过一期求职者“权利反转”活动，让求职者坐上老板椅向老板进行自由提问，而老板则走上求职台对十位学子进行“群面”。某电商企业的老板刚上台介绍完其所提供的职位，就被求职者犀利地指出企业在招聘时设定的“只招名牌大学学生，且只看第一学历”的门槛不公平。面对质疑，这位老板事后坦言自己当时被“骂”得很惨，但比较无奈的是，在现实的企业招聘中，往往是人力资源部去面见大量的求职者，作为老板往往不会直接去跟求职者见面。但如果是像这一节目这样的招聘形式，他可以跟求职者直接交流，能够发现求职者除了学历之外的优势，也就不会存在什么门槛的限制了。

这一问题存在于大量企业高管的工作现场。如果我是一线执行人员，那么当然是有时间去面试人才的；但我现在是“一把手”，平时要么忙着业务工作，要么长期在外，哪有时间去面试？但一个人跟企业、跟“一把手”之间的匹配度，除了工作能力（硬性）之外，还有性格、气场、办事风格（软性）等方面。而软性方面，如果不亲自见见人，是很难找到感觉的。不要认为“我已经是董事长、我是总裁、我是合伙人，而他只是一个普通员工”。如果把公司与人才的关系看作人力资源部与人才的关系，把人才工作丢给他们，那可以肯定的是，漏掉“璞玉”或“请神容易送神难”的遗憾将会频发。

在《重新定义公司》一书中记录了这样一个场景：谷歌的CEO要亲自审阅每一个战略性的关键岗位，当时间冲突时，他甚至可以减少参加战略并购方案讨论，而宁愿详细看看关键人才的简历。CEO通过这个行为向管理团队传递一个信息：雇人不是这么容易的，最好的公司要用最好的人才。

作为对组织中的一项战略性资源的关注，“一把手”既需要通过多种可行的形式参与到选拔人才的环节中，也需要建立起明确的用人标准，体现企业文化、战略、“一把手”本人对人才素质，尤其是对“德”的方面的关注。

表 3–9 “一把手”参与选人的四种策略

参与形式	参与细节（根据实际情况进行选择）
现场参与	与人力资源部协同面试、亲自面试关键人才、参与最终面试、与新人岗前座谈
远程参与	审阅关键人才简历、参与视频面试、定期与关键人才保持联系（关注）
人才标准	向人力资源部提出人才价值标准、战略导向、员工能力要求、关键人才能力要求
拍板定案	确认关键人才匹配度、定期听取人力资源部招聘汇报、关键人才试用评价

2016 年，正和岛曾采访过钉钉团队负责人陈航。谈到钉钉的团队特征，陈航说目前钉钉 180 人的团队就是一群“神经病”，甚至是“疯人院”，其核心的意思是“热爱”：我们做的事情是我们相信这个事情能够帮助中国企业产生真正的价值，去帮助这个国家和民族腾飞。此外，是说为了同样的使命走在一起，大家都很聚焦，温度非常高，自由而又快乐，而且这里面的每个人，都有他自己的特点。钉钉每进一个新人，无论任何职位（包括客服），陈航都会亲自面试。在面试时，陈航问的主要问题包括：你装了钉钉吗？你用了钉钉吗？跟谁在用？你能体会到钉钉在工作当中使用的真实场景吗？陈航认为，如果连钉钉的这几个问题你都不知道，你为什么加入钉钉？我们要找的，是真正爱钉钉的人、真正了

解钉钉的人、真正认同这个平台能对社会带来最大化价值的人。

对于陈航的团队来说，推动钉钉往前走的精气神，就是我们经常听到的那句话：不是因为看见而相信，而是因为相信而看见。而陈航作为团队负责人亲自选人的目的，也就是要选到真正热爱的人——坚持很痛苦，热爱很愉悦。

李开复说过，任何一个好的管理者至少要把 20% 的时间放在招聘上，要尽量找一些非常优秀的，最好是在某些方面比你优秀的人；每雇一个新人，就试着把团队的平均水平提高，而不是下降；要让你的中、高层管理者不再有任何机会隐藏他们团队的人才，公司最优秀的人才是属于公司的。

为了从判断人才的综合能力角度向各位“一把手”给出实践建议，虽然各个企业在价值观、专业能力的内容上千差万别，但我们依然可将甄选人才时的基本判断逻辑分为“两个方向、六个维度”。

表 3–10　人才甄选时的基本判断逻辑

方向	维度	询问或了解的重点
能力三问（硬性）	行业	大：对方是否了解我所在的行业与对手，并对行业趋势有判断
	企业	中：对方是否了解我所在的企业与产品，并有自己的见解
	部门	小：对方是否了解所要从事的工作，并有开展工作的思路

续表

方向	维度	询问或了解的重点
品行三问（软性）	文化素质	判断对方的一些软性的素质能力（沟通、诚信、奋斗心等）
	忠诚度	判断对方在公司（前任或现任）任职的时间、稳定的可能性
	匹配度	判断对方和你的个性、管理风格方面的匹配程度

这里面有以下几个重要提示。

提示1——个性化：独立的判断与分析能力，是高手的最大特征。

对于“能力三问”里的专业类问题，不能只做制式化的询问。与其问“你觉得一个营销总监应该具有什么能力”，不如问“在你了解了公司营销架构及授权体系之后，打算如何开展接下来的工作”；与其问“你对我们公司有什么了解”，不如问“你觉得我们公司的产品和你之前公司的产品有什么区别”。有确定答案的问题、标准化流程的问题要少问，需要独立判断、对比分析后才能输出答案的问题要多问，这样才能有效区分出初出茅庐的新人和经验丰富的高手。很多管理者花了一下午时间在办公室、咖啡厅和几个候选人交流，结果却感觉好像大家都差不多，很可能是因为问了太多制式化的问题，而没有通过判断与分析问题的能力甄别出高手。

提示2——场景化：决定人才是否优秀的，不是性格本身，而是管理意识。

对于“品行三问”里的软性问题，同样少用制式化的问题，尽量多从场景的角度去判断人才的管理意识。与其问“你觉得你是否诚信”，不如问“当你遇到直属领导违反公司价值观要求的时候，你的处理方式是什么”；与其问“你的性格是否开朗”，不如问“你假期时一般喜欢什么活动”。AB 选项式的素质选择类问题要少问，在一个具体场景中描述具体行为方式的开放式问题要多问，这样才能找到人才本身的管理意识——意识是一种身处特定场景当中的灵动选择。

提示 3——成功＝能力 × 资源：不要忽略人才本身所掌握的社会资源。

除了能力、品行之外，作为重要补充的资源也需要被问及，甚至对某些关键岗位要通过其履历、背调等形式去确认其所掌握的社会资源，如战略投资、财务融资、公共关系、市场营销等岗位。举例来说，当两个人能力、品行都差不多的时候，社会资源就成为比较优势。大量“一把手”本人的成功，都和能力、资源是分不开的，那么关键人才也需要符合这类特征，不能只看其专业能力本身。

提示 4——品牌营销：选人的环节，“一把手”除了是人才官之外，也是企业的品牌官。

可以利用选人的环节去建立品牌效应，如借势宣传公司的产品、送给候选人一些印有公司产品信息的纪念品、通过候选人向其社会资源传递品牌信息等，尤其是面对一些高端人才的时候，这种“面试品牌营销”自带互动属性，且由于甲方优势能够对候选人建立起足够的影响力，起到了“一石二鸟”的作用。

提示 5——价值获取：资本的本性是获取剩余价值，选人的环节也可以获取人才甄选之外的“剩余价值”。

不管你是否能够成功聘用到面前这位“准员工”，最起码你的甄选和面试时间是值得回“票价”的。比如，问对方“如果你不来我公司，会去哪家公司，为什么？”这样的问题，可以通过候选人搜集市场竞争对手的情况，足不出户而知四方；或者带着企业的真实问题询问对方思路，在考量对方能力的同时，也可以给自己带来新的启发；再或者让候选人成为“编外产品小组”，给自己公司的产品提出建议，或通过其了解产品的市场口碑。商业无界，你甚至可以把候选人发展为公司未来的客户。这些行为既考验了对方，又扩展了管理者的视野，还增加了企业资源，可谓“一石多鸟”。

表 3–11　人才甄选环节中的价值获取策略

四个维度	作用	典型问题举例
对手	通过候选人了解市场及竞争对手的情况	如果你不来我公司，会去哪家公司？
		主要竞品对比我们的优劣势在哪里？
策略	将组织面临的真实问题交给候选人，获取组织之外的智慧	我们最近刚刚进入某市场，你有什么思路？
		我们的项目地点偏僻，人难招，你有什么建议？
产品	通过提问、现场试用、观摩等方式，让准客户对公司产品提出建议	你用过我们的产品吗，有什么建议？
		你觉得市场对于我们产品的评价如何？
营销	将候选人本人发展成圈层营销对象，扩展市场人脉	你愿意推荐朋友使用我们的产品吗？
		除了你自己，还有认识的朋友推荐吗？

管理者偏好："一把手"对组织用人的巨大引导作用

关键词：管理权与评价权；行为牵引；羊群效应；避免"捧杀"；行为显化

我们上面谈到了首席人才官的用人之道、识人之法，而这些一言一行，都会体现出一个巨大的引导作用，这就是"管理者偏好"。我们在此处重点谈管理者偏好对组织用人的牵引作用。

跟大家分享多年前我遇到的一件事情，以及我的思考。

我在某金融企业做管理的时候，由于团队人数较多（百人以上），所以过了一段时间，有些人的名字我都还叫不全。有一天我走在办公区域的走廊里，迎面走来了两个员工，A君我叫得出名字，而B君我只是看着眼熟。于是我下意识地先和A君打了招呼，询问其近期的工作进展，对B君只是礼貌性地点了点头。回到办公室后，我无意间想起一件事：在我跟A君谈他工作的时候，A君面带笑容频频点头，B君同样面带笑容点头；A君笑出声的时候，B君好像声音比他还大。这类场景我之前经常遇到，但为什么B君面对和他不相关的话题也表现出如此状态呢？套用一句互联网用语，B君在"刷存在感"——刷在领导面前的"存在感"。管理权本身就是一种评价权，而管理者对特定人员或事物的关注，体现出其自身的偏好——进取心越强的下属，越会努力获取管理者的关注。

后来，我碰巧在走廊中遇到了五位员工，其中有一位还是A君，我还是首先跟A君打了招呼，站着聊了1分钟的工作。此时我发现，其他四位也和 A 君露出了一样的笑容、频频点头。于是我就想，如果我今后不仅是在走廊碰到 A 君时主动和他打招呼，而且在团建时也主动找他碰杯、开会时让他坐得离我更近，这类小细节一旦发生多了，就必然在团队面前表达了我对 A 君的某种“偏好”。那么自然会有员工私下去了解，到底 A 君做了什么让领导如此偏好？进取心越强的员工，就模仿得越快。

管理者在用人上的某种偏好，可以直接体现为对人才能力与价值观发展方向的牵引。

《战国策·楚一·威王问于莫敖子华》中，记录了楚威王和大臣莫敖子华的一段对话。威王听了莫敖子华对过去五位楚国名臣光辉事迹的介绍，羡慕不已，慨叹现今人才断层，哪里能找得到这样的杰出人物呢？莫敖子华回答：“昔者先君灵王好小要，楚士约食，冯而能立，式而能起，食之可欲。忍而不入；死之可恶，然而不避。章闻之，其君好发者，其臣抉拾。君王直不好，若君王诚好贤，此五臣者，皆可得而致之。”

这句话的意思是，从前楚灵王喜欢腰身纤细的人，楚国的士大夫们为了细腰都节食减肥，饿得头昏眼花，站都站不起来。坐在席子上的人要站起来，非要扶着墙壁不可，坐在马车上的人要站起来，一定要借力于车轼。谁都想吃美好的食物，但人们都忍住了不吃，为了腰身纤细，即使饿死了也心甘情愿。臣子们总是希望得到君王的青睐，如果大王真心诚意喜欢贤人，引导大家都争当贤人，楚国不难再出现像五位前贤一样的能臣。

在这个古代场景中，楚王并没有在宫里宣布任何一条法令，告知大家必须减肥瘦腰，但“只是因为在人群中多看了你一眼”，群臣却开始纷纷瘦腰。“一把手”的这种偏好行为本身，对团队起到了比语言宣贯更大的引导作用。

从本质上来说，管理者偏好是“一把手”的行为选择。是人就会有情感、有偏好。就像你家里如果有两个以上的小孩，你可能会不自觉地表现出对其中一个的偏爱。既然这种“偏好”一定会出现，为何不把它作为引导团队正能量、渗透组织文化的一种工具，并有意识地使用呢？

试想，如果我在公众面前表现出的对A君的偏好，是由于私人关系近、帮助解决个人问题等，那么团队中的其他人必然纷纷效仿，我的团队就会变得关系导向、拉帮结派。而如果我对A君的偏好行为，是由于其工作业绩好、正能量，且工作风格深得我心，那么也必然会有人效仿——**这正是我希望引导团队的效果，一种正向的“羊群效应”**。在“一把手”身上，这种偏好的影响力会比一般管理者更为明显。从本质上来说，这是最好的、最容易操作的“榜样的力量”。

那么有人会问，既然是“榜样的力量”，何必一定要通过行为体现偏好，直接开个会，号召大家向A君学习，不是更为直接？**殊不知，这种方式很容易带来“捧杀效应”**。单纯地做公开的语言号召，当“一把手”在的时候，大家一定鼓掌表态“我们一定向A君学习”；但当“一把手”出差或外出一段时间呢？很有可能，A君正在被团队孤立——这是一种典型的“捧杀效应”。在职场中，下属都希望尽可能在短时间里获取组织给自己的价值或认可，而管理者的语言号召，可能在组织内部将优秀人才分裂出去，风险大于收益。

行胜于言，管理者偏好是一种行为趋向，而不只是语言。不会有员工去问你："领导，你在走廊遇到我们三个，为什么先跟A君打招呼"，或者"领导你为什么那么快回A君的微信"这类细微的问题，但员工会自发地去观察、模仿，进而逐渐成就你所希望的组织行为。管理者偏好所体现的行为引导，比单纯的语言号召更为有力。

同时，当管理者使用偏好行为的时候，这种行为要足够明显，要能被团队观察到。

《战国策》中记载，秦国将军白起率领逾10万大军与赵国交战，在某次行军路上看到自己军中有位腿被打残的老兵，一瘸一拐，走路极为艰难，白起主动跳下战马，扶老兵上马。周围的士兵以这匹战马为圆心，纷纷跪下痛哭高喊，愿意用生命效忠白将军。我突然掩卷沉思：战事无常，白起带着10万大军，而被打断腿的士兵何止这一个，而他只有一匹战马，为何要当众把战马独独让给这个老兵？我想，若白起私下让马给这位老兵，则此等偏好行为的效用就比较低。白起当众让马，当然是表达自己爱兵之意，如此公开激励，同时收了上万"兄弟"的军心。

这其实就是一种明显的管理者偏好。通过公开展示这种偏好，表达激励行为，达到让其他成员感同身受的效果，"一动而收众心"。尤其是在激励资源有限的情况下，通过这种偏好的示范效应，更能够无形地传递这种激励效用。

除了管理者对他人的偏好之外，管理者自身的自律也是一种

行为偏好，在成员面前的正向行为导向，也能有效引导团队。

一位优秀的营销总向团队分享了他的一些工作笔记，其中有几段很好地体现了管理者自律行为对组织的牵引：

“无论加班到多晚，班子成员第二天一定准时上班。皆因，管理不只是发号施令，更重要的是以身作则。”

“扁平化管控体系的好处是，即使在总部，依然可以清晰地听到前沿阵地的‘炮声’。因此，总部高管们每周的行程，不是在前线，就是在去前线的路上。在听得到‘炮声’的地方指挥战斗，是每一场胜利的成功经验。”

“当一群以副总裁、总裁助理为首的领导班子都在拼命工作的时候，你就可以想象这个团队每个员工是有多努力。”

“战斗永远不会孤独。离目标靠近的每一步，都会收到来自微信群中副总裁及总部各领导、后方同事、兄弟公司的关注、鼓励和喝彩。”

“不好的公司：你可以多干，也可以少干，甚至可以不干。好公司：你必须多干，还得带动团队多干，甚至监督和帮助别的部门多干。”

“我们要具备以下两种能力：第一，自燃。无论有多疲惫，遇到多大的困难和挑战，只要一出现在公众面前立马激情四射，光芒万丈。活成一种达到沸点的状态，无形中影响别人。第二，自愈。大成就者都是大磨难者，必须有愈合自己伤口的能力，才有机会面对更大的挑战，变得更加卓越。”

管理者偏好是一种重要的力量，劣用之，则必然误导团队；善用之，则能有效牵引团队行为。有人存在的地方，就会有偏好；

用好管理者偏好，是“一把手”的一门人才管理必修课。

下面我将管理者偏好从对组织的牵引角度做一个梳理，供大家参考。

表 3–12　管理者偏好对组织的牵引策略

牵引策略	行为解读
行胜于言	不要老是说，要做出来，很多行为本身不需要解释，却可以唤起员工行为趋向
避免“捧杀”	少用空洞语言，多通过行为体现管理偏好，让大家观察效仿，避免“捧杀”现象
选正能量	偏好就像开车的方向盘，不能歪，要选择正能量者，通过有效的偏好引导团队
行为显化	人为地创造偏好，且行为足够明显，引起团队足够的注意，才能引发主动效仿
严格自律	管理者公开的自律及体现出正能量的言行，为团队正向行为提供了最好的示范

第四章

首席人才官：打造“一把手”的“组织行为学”

2020 年 9 月，某民营企业分公司一线员工在公司内网上感谢公司为其举办了生日会，称赞公司“有温度”，并将公司比作“家”。谁知很快遭到了老板的“炮轰”，质问该分公司业绩如何、员工为何把公司当作了家，是否职能团队对员工有过多的包容和温情，而忽略了业绩导向与工作方向。而后，关于“公司到底是什么”的话题，在网上激起了大量讨论。不少人认为，公司应该是一个家，但一些企业“减员增效”的时候却缺少温情；而有人认为，把公司当家本来就是一个伪命题，员工努力工作给公司创造效益，公司支付其应得的报酬，跟老板是“最熟悉的陌生人”，工作认真不出纰漏、休息独立互不打扰，这样的工作方能长久。

在我的眼里，我会这样解构一家公司：公司首先是个营利机构，要盈利确保生存；其次是个军队，强调执行力；再次是个学校，在执行力与忠诚度的基础上培养人才；最后才是一个家。如果不能盈利，公司解体，那么这个“家”还有什么意义呢？

表 4–1　对公司特征的基本意义解构

排序	释义
营利机构	公司的存在首先要盈利，才能给员工和社会带来利益回报
军队	要想盈利，员工要有强大的执行力，使命必达、团结协作
学校	在价值观吻合、执行力高的基础上，公司还要着力培养人才
家庭	公司能持续创造利润，员工执行力强、价值观正，才是家庭

组织最好的活力来源就是“打胜仗”，这是最好的团建；组织最明显的价值观就是“一把手”以身作则的引导，这是最务实的企业文化。组织的执行力与“一把手”息息相关，这也是我们上文提到的“管理者偏好”。

雍正在位十三年，其管理上“以一人治天下”，不断鼓励臣下密折奏事。在此关注点之下，大量官员的命运都来自密折留给雍正的印象，其个人喜好成为官员每次汇报工作最关注的事情，大量“问候”“谢恩”的奏折正是官员迎合其喜好的行为表现。相比之下，康熙在位六十一年，现存的朱批密折为上千件；而雍正现存的朱批奏折则有上万件。由于工作过于劳累，雍正不断责备下属不体恤皇帝的辛苦，不断给自己送垃圾奏折，殊不知，自己才是垃圾奏折产生的核心原因。雍正要“以一人治天下”，大臣们也只好“以天下奉一人”。雍正在位的十三年，堪称批阅奏折的十三年，批复奏折平均每天八千字，将自己丢进了如山的奏折当中。这并不是大臣们“愚钝”，事事搞不定，而是管理者的导向问题，使组织丧失了活力、执行方向出现了偏差。

组织战略确定之后，首要问题就是员工的能力问题。**管理者在明确组织管理导向的基础上，对于执行力的判断，应该有什么样的“选才标准”？**结合大量的企业管理与交流经验，我们来做一个特征梳理。

表 4-2　选才模型——高执行力人才的七大特征

七大特征	特征分析
积极主动	主动争取机会

续表

七大特征	特征分析
关注细节	执行方向、细节清晰
简单务实	提出具体的想法、数据
灵活应变	根据环境、领导的想法及时调整步调
乐于学习	不断在动态中学习，充实能力及意识
抗压力强	遇到挫折不轻言放弃
进取心强	有“野心”，不“佛系”，不“躺平”

面向未来，打造一个执行力与灵活度高的组织平台，是每一个首席人才官在人才战略上的关键能力。在提高执行力的同时，如何整合内外部资源、保持组织的持续创新能力，也是面向未来的组织能力建设的重点。

组织执行力：打造组织执行力的“密码图”

关键词：战略主题；绩效能力；执行文化；激励制度；战略目标

2020年8月，我去一家民企进行交流。待我坐定，前台为我倒茶，估计是开水有点烫，她随手拿出5个纸杯套在了一起。我接过这杯茶的那一刻，正好抬头看到他们会议室墙面上贴的一句话“今年是××的成本管理年”，我忍不住皱起了眉头：成本管理年，一个前台的文员用5个纸杯招待一位陌生拜访客户，这恰恰是违背成本管理的行为。固然她是出于好心，怕我被烫到，但如果我是她的行政经理或总监，我应该会采购几个塑料茶托，客人喝完茶之后，茶杯丢掉，茶托可以再收回。显然，这家公司的管理层并没有把老板提出的成本战略转化为员工的执行力——哪怕是一个前台、一个基层操作岗位，都在体现着公司战略执行力的漏洞。

无巧不成书。一周后我去一座大厦给物业公司讲课，9 点上课，8 点 50 分我去了趟洗手间，发现男厕所很罕见地在排队。从队伍后面探头望去，我发现排队的原因很简单：清洁工在门口摆了一个“正在打扫”的三脚架。进去后我又发现：厕所里一半的设备还被木板封住，上书“正在维修”。让我不理解的是，一个物业公司的清洁工，为什么一定要在 9 点左右，大家使用厕所的高峰期打扫、维修洗手间？一个合格的服务人员，应该在客人使用之前将设备准备好，提高使用效率，而这家物业公司却反其道而行之，与客人“抢时间”。每个职业经理人去卫生间耽误 5 分钟，那么整体工作的时间、效率必然因此受到影响。离开卫生间前我看到后面排起的长队，再回想起大堂上挂着的“提质增效”四个字，不禁摇了摇头。这位清洁工可能只负责执行，而他上面的物业经理有没有清楚地向他输出管理要求、做出时间安排，这才是背后的问题。

组织的执行力，是“一把手”战略管理中的落地部分。“战略、目标、计划、执行”是一个系统，我们可以把战略下的执行落地称之为战略执行力。如果管理团队根据市场制定了战略，却疏忽了员工执行战略的意识与能力，那么战略可能仅仅是一纸空文。

在“一把手”的人才管理策略中，打造团队的执行力，是一

件重要的工作。而管理者就是组织执行力的直接负责人，最起码要做好如下五件事情。

第一，战略主题的宣贯。上面讲的两个故事，表面上问题发生在员工层，但实质上问题的核心在于——员工是否清楚地知道企业战略对于其自身能力的要求？虽然员工不是战略的制定者，但其是战略的执行者。制定是根、宣贯是枝、执行是果，只有统合综效，才能开枝散叶。如果员工不清楚战略方向，那么其执行力就会构成对组织绩效最大的伤害，也会构成精益管理上最大的浪费。这就好比某些企业的员工每天忙忙碌碌，每件事都做得精益求精，但企业依然难逃倒闭的命运——不能用战术上的勤奋来掩盖战略上的懒惰。因此，“一把手”要让员工清楚战略主题是什么、通过什么渠道可以了解、战略和员工的关系是什么，这就是战略主题的宣贯。

表 4–3　战略主题宣贯策略及能力要求

三个方向	达到目的	对应能力
战略主题是什么	战略是怎么来的，我们要达到什么目的，为员工执行提供有效的依据	管理团队能够清晰地制定战略，使战略足够形象、具体
了解战略的渠道	创造全体员工了解战略的渠道，而不是仅限于董事会内部	通过会议、培训、OA（办公自动化）、内刊、看板等形式让员工了解战略
战略和员工的关系	要在战略和员工所得、发展利益之间建立关联	建立与战略相关的考核体系、奖罚制度、晋升体系

第二，绩效能力的培养，尤其是日常的绩效沟通。“一把手”在企业战略确认后与员工进行的绩效沟通，目的是让员工在执行过程中始终保持正确的方向与旺盛的战斗力。而这恰恰是很多“一把手”工作的短板，很多“一把手”能够清楚地将战略传递给员工，通过全员大会、誓师会议、企业文化视频等形式生动地传递，不少人甚至通过日常例会反复传递，但日常工作一忙起来就忽略了对员工的绩效沟通工作。这种情形就像一个农场主，年初热火朝天地向广袤天地撒下种子，然后一年时间不管不问，到年底才发现农场里已杂草丛生。

企业战略确定后的员工绩效沟通场景，实际上涵盖了从战略解码到绩效行为改善的全过程。我在美国质量管理专家戴明博士提出的“全面质量管理”PDCA 循环基础上加上 S 代表战略解码阶段，构成管理者绩效沟通的 SPDCA，便于管理者从“全面绩效管理”的场景中理解绩效沟通的操盘。

表 4–4　管理者绩效沟通的 SPDCA

四个阶段	绩效沟通的目的	绩效沟通的场景
S: 战略解码阶段	让员工了解公司战略、部门目标	做好战略主题的宣贯
P: 个人绩效阶段	让员工了解管理者对他的要求、了解工作成功的标准	提出方向：由管理者的目标分解出员工目标，并提出衡量标准
	鼓励员工制定个人的绩效目标，由管理者拍板定案	提出问题、提出挑战、提示风险

续表

四个阶段	绩效沟通的目的	绩效沟通的场景
D+C：绩效跟踪阶段	为员工提供必要的绩效监督	与员工进行工作的起点、过程、终点对接，防范风险并提供支持
	为员工提供必要的资源与支持	
A：复盘及行为改善	定期做工作复盘、经验分享	关键事项、关键阶段、结果复盘，推动经验分享及员工行为改善

第三，执行文化的输出。在一个执行力强的企业，没有理由，只有方法。但现实的悖论是，很多人在执行的时候被困在“理由”层面。比如，确认目标之后，没有及时行动，反而不断纠结目标合不合理，忽略了“目标博弈”是应该发生在战略解码前的行为。又如，执行过程中一碰壁就退缩，过于强调“脸面”，担心自己是“麻烦制造者”而忽略了成果导向。再如，执行时只会一条道走到黑，没有“B 计划”并行思考，只看手段本身而忽略了目的。这类行为的出现，造成了很多组织虽专业能力强，但执行能力弱。

C 企业某产品线副总曾跟我交流过这么一件事：“有一天上班，某产品线的设计师拿户型图纸找我，我一看就很不满意。由于头天晚上没睡好，我呵斥他不要再说。他第二天又敲门找我，说：‘我知道又会被批评，但还是想争取一下。’过后我还表扬了他，我最后想想，的确是我错了。我说：‘对不起了，我就是这样的人。如果你觉得你是对的，一定要争取。’”

组织内部执行文化的传导方向是，新员工看老员工，老员工看管理者，逐级向上对标执行力。因此，老板及管理层输出什么样的执行文化内涵，是一件“打地基”的事情。以下列出某世界五百强企业的执行力“十大心法”，以及对应的文化内涵，供大家参考。

表 4–5　某企业执行力“十大心法”及其文化内涵

四颗心	十大心法	文化内涵
鹰心	主动	人是流程的原动力，所有人都是我的资源；以我为主，让事情发生
	向前	目标只有一个，但方法有很多；永远给自己准备多个预案
	迅速	计划前置，工作并行；等待，就是等死
恒心	大无畏	不要怕麻烦，更不能怕麻烦别人；只有不怕死的人，才不会死
	听指挥	召之即来是基本立场，是职业操守；来之能战是技术能力，是实战经验；战之能胜是结果导向，是德才兼备
	要坚强	三军可夺帅，匹夫不可夺志也
耐心	关注细节	千里之堤溃于蚁穴；速度和严谨须并重，不关注细节的人做不了大事
	接受磨炼	严管厚爱；天将降大任于是人也；所有苦难都是成就自己的道具
	迎接挑战	千挑万选，千锤百炼；人的胸怀是委屈撑大的
诚心	不抱怨、想办法	逢山开路，遇水架桥；不是能力的比拼，而是心态的较量

第四，激励制度的导向。忠诚度 = 情怀 × 制度。组织管理是制度基础上的人性化管理，作为执行力基础的制度，其导向对员工起到了极其重要的作用。白起为老兵让马是情怀，而斩杀逃脱的士兵则是制度。“情怀”与“制度”，就像是打造高执行力组织当中的两面：文化、沟通、员工关怀等都是柔性面，而包含奖惩在内的激励制度则是一种重要的导向，是刚性面。一些制造型企业的“计划模块化管理”，将执行系统分成了严格的工作节点，节点前保质保量完成则重奖，逾越节点则可能面对重罚。游戏、制药、软件研发等科技类企业，以任务制、项目管理（PM）制的方式来激发员工活力，让员工以任务而不是纯工作量为导向，体现了“过程很重要，结果很关键”的管理导向。

那么，激励制度的导向特征是什么？

1. 要区别不同企业、不同岗位。以创新驱动的企业不同于以计划节点驱动的企业，以创意驱动的岗位不同于以工作量评价的岗位。一些科技类公司，如谷歌允许上班带宠物、玩游戏，是因为相较于过程他们更看重结果；但工厂的生产制造类岗位可能就需要极强的计划管控、过程的标准化动作，正所谓“失之毫厘，谬以千里”。“当一个公司开始强调考勤打卡的时候，可能是在走下坡路”这句话并非绝对。实际上，这也得区分公司或业务类型，如果是创造性极强的工作，强调打卡的确是“逆潮流”的行为，打卡打得再多、再准点，也无法掩盖一个创意匮乏的大脑；但如果是生产制造类的工作，到点工人必须齐聚在生产线上开工，那么就必须准点，差一分钟可能就会造成巨大的损失；或者是施工企业强调的“按图施工”，如果规划部门不能在节点时间内完成规划报批，那么工程管理部门将面临“无图可依”的窘境，最终使营销部门无法按期开盘售卖，体现为利润的亏损。

2.“勿以善小而不为”。不要认为激励总是要花很高的成本，一定要等到员工办了“大事”才给予激励，其实刚开始激励的标准也可以设低一点，逐级提高，从口头表扬制度至物质激励制度，逐级增加——“送你一朵小红花”也可以成为制度的一部分，“通报表扬”也是一种激励制度。

3.“一把手”的关注点在哪里，奖惩就应该在哪里。激励就像枪的准星，指到哪里，士兵们的眼光就在哪里。鼓励创新，就设创新奖；鼓励文化建设，就设文化标兵奖。关注过程，就侧重激励过程；关注结果，就侧重激励结果。久而久之，士兵们的作战习惯就会被养成。

4. 节点激励很重要。组织管理是没有形式就没有内容，当内容确定之后，形式比内容重要得多。一些销售团队经常开晨会，有的甚至还有夕会，其目的就是让团队成员保持很高的作战兴奋度，抵御外面那些“凄风冷雨”。有些销售被客户说一句就受不了，有些与客户发生争执，甚至还有些久而久之造成了自身抑郁，这些都很不利于销售。对于一线的销售人员来说，每天的晨会就是个典型的“节点激励”，从这个意义上来说，“打鸡血”还是有用的。你家小孩这次数学考试只考了68分，你期望他考到95分以上，虽然他难以一蹴而就，但我们可以按照75分以上、85分以上、95分以上三个节点分别进行节点激励，以使其维持“作战兴奋度”。

我跑了近10年马拉松，在赛事的举办方面，很多主办方也很关注节点激励。42公里的马拉松之路，一句鼓励的话可能会让选手为之一振，继续跑完剩下的里程。而一句温情或调侃的标语，也会给选手带来感动和轻松。比如，5公里的标语牌上写着“人生那么长，马拉松那么短，着什么急”，15公里处写着“跑得难受想哭，不如放松漫步”，25公里处写着“时刻保持微笑，因为你是花钱来跑步的”，38公里处写着“壮士加油啊，还有4公里就可以发朋友圈了”等字眼。当选手感到孤独绝望，马上就要放弃的时候，是这些节点激励推动着他们坚持下去。同理，管理者也应该多去一线走走，多给员工节点激励——哪怕你是坐办公室的职能管理者，从办公室走出来，经过员工工位时即时交流交流、打打气，也是一种节点激励。从这个意义上来说，对于很多“一把手”而言，组织团建、聚餐等活动，也应该是管理者工作的一部分。如果管理者在日常工作中不重视节点激励，一旦员工彻底丧失动力，要拾起来就困难了。

5. 榜样激励，人为地制造差异化。某公司年底评优，由每个部门推选一名优秀员工。在表彰大会现场，大屏幕出现该员工的相关事迹介绍，优秀员工不仅获得了掌声和鲜花，还能获得老板亲自颁发的奖状和1万元现金。而台下每一位员工在鼓掌时都充满了“羡慕”和“嫉妒”，而从经营者的视角来看，“我就要让你们羡慕和嫉妒台上的这位优秀员工，如果你们不能羡慕和嫉妒他，又怎么会愿意成为他呢？”有人说：“大家都很优秀，为什么不多评几个优秀员工，让激励范围更大一点呢？”但如果每个人都是优秀员工，那么“优秀员工”这四个字就失去了其榜样的激励示范意义。**管理的目的不是打造绝对公平，而是人为地打造差异化，进而维持组织内部的良性竞争态势。**如果你给我1万元让我分给5名员工，我可以平均分配，因为数额不大，可以“雨露均沾”；但若为了树立榜样，我也可以只给其中业绩最好的那个人，其他人都没有——如果你想跟他一样获得奖励，那就变得和他一样。

表4–6　激励制度的五个导向特征

五个导向	导向特征
差异化	区别不同类型的企业、岗位特征，实施差异化的管理及激励
细节化	“勿以善小而不为”，从口头、文字到物质的一揽子激励制度
准星化	“一把手”的关注点在哪里，奖惩就在哪里，激励制度是准星
节点化	除终点激励之外，节点激励也很重要，没有形式就没有内容
榜样化	塑造典型榜样，制造差异化，引导大家关注正向行为

第五，对战略目标的坚定。“一把手”是组织执行力的直接负责人，其对目标的坚定程度直接影响下属的执行意愿。为什么张良、韩信、萧何这三位优秀的战略、军事及内务管理专家愿意跟着刘邦这个小小亭长做事呢？除了因缘际会、英雄惜英雄之外，更重要的是刘邦让他们愿意“相信”，敢于“看见”未来。如何相信？刘邦为了这份事业，押上了自己及吕氏家族全部身家性命、财富、名望，一旦失败，他的下场会比所有人更加惨烈。换句话

说，刘邦为了这件事情投入了自己最大的成本，扛下了最大的责任，他不做老大，谁做老大？**在任何历史年代、商业环境下，在周遭环境不明朗、快速变化的情况下，“一把手”对于未来的坚定，是团队坚持执行的巨大能量来源，也是对人才的巨大吸引力。**

在创业案例中，我经常看到这个现象：张三有 100 万元，李四也有 100 万元，为什么张三敢拿去创业，而李四只敢把钱放进银行？有人说，李四是因为担心风险，要确保万无一失。但商业环境下，如果有一个赚钱的机会是 100% 安全的，那么机会为什么会是你的呢？这不符合商业逻辑。“谋定而后动”的“定”并不是指 100%，而是自身可接受的成本范围。可以说，管理者在不确定的商业环境下对自己的目标保持几分坚定、勇敢，就能传递几分信心给团队，进而强化其执行力——不是因相信而看见，而是因为看见就会相信。

但遗憾的是，“坚定”或“勇气”这种能力是无法通过看书自学的，培训、“打鸡血”也没有用，必须通过实践进化。领袖的自信是通过打胜仗打出来的，而不是喊出来的。这也是“一把手”自身的人才战略。

组织资源：“内三外四”的组织资源建设

关键词：老板的精力；对人力资源关注的五大策略；“内三外四”

成功 = 能力 × 资源。管理者在管理组织的过程中，对内外部资源的整合是一件极其关键的事情。这关系“一把手”如何看待内部的人力资源、外部的政府资源等要素，以及如何良好地管理自身的精力与时间，为组织创造更多的价值。

请大家做一道选择题：管理者在组织内部需要管理什么资源？

A. 财务资源

B. 人力资源

C. 老板的精力

D. 政府关系

这道题的选择思路，体现了管理者对内外部资源的理解。按照传统的“人、财、物”的理解方式，A 选项和 B 选项是管理资源的必选项：财务资源决定了有没有钱，是否有良好的现金流；人力资源决定了有没有人（数量），以及人好不好用（质量）。而“物”（材料、设备）这项资源是由“财”带来的，其使用又与“人”有着密切关系，所以我们视 A 选项和 B 选项为隐藏了“物”这项资源。由于“政府关系”属于外部资源，故这道题的正确答案应是选项 A、B、C。而最容易被人忽略的，就是选项 C——老板的精力。

老板的精力由其自身所掌握的资源与时间管理能力来决定。很多“一把手”容易陷进自己的“舒适圈”，坐在自己的办公室里“指点江山”，而忽略了向上、平行及外部资源的管理。这个舒适圈的诱惑力在于，由于权力优势，自己的团队成员都听自己的，指挥与控制的快感很容易让人无法自拔。但如果推开门出去看看，自己的上级（或投资人、股东）很有可能拿出一堆数据挑战自己，平行部门很有可能不愿意跟自己协同，企业外部资源可能要不到——这种感觉令人如此的不舒服，以至于很多管理者都陷入了管理权的“舒适圈”，一天到晚显得很忙碌，但除了自己的团队之外，很难调动任何资源。

我的建议是，从管理者的时间分配角度来看，至少要花30%—40%的精力跟自己的老板、投资人或平行部门在一起，剩下的精力放回团队。一个管理者的职位越高，团队之外分配的比例就越大；中高层职业经理人要达到30%，而“一把手”就要达到50%。拿创业公司老板来说，其工作的重心是三项：找人、找钱、定方向，至于专业类工作，大部分都需要交给专业人士操盘，不然很容易陷入“舒适圈”，造成战术上的忙碌、战略上的失败。

“一把手”的精力是有限的，你的精力放在哪里，哪里的推动力就会增加。对于团队来说，除了赋予能力，还要赋予资源，而人力资源就是关键资源之一。我们前面说过，“一把手”就是企业的首席人才官，其对于人力资源的关注度，从业务视角对人力资源的重新定义，直接决定了人才战略能否成功。

2019年1月，某集团召开人力资源工作年会，董事长在现场对HR提出了六个方面的要求：1. 人力资源要与集团的战略调整相适应；2. 梳理用人标准，打造有高效组织架构；3. 加强领导力培养；4. 人力资源是“一把手工程”；5. 合伙人模式深化；6. 不断学习，加强自己的行业深度。这六条充分体现了一个首席人才官从面向未来的业务战略发展角度思考的人才战略需求，这是一个“一把手”眼中所关注的人力资源。

管理者都应该站在经营角度仔细思考人才战略：我们的人才战略是否能支撑业务战略？我有没有足够的人才？我的人才是否好用？人才的归属感是否足够强？这一系列问题需要根植于自身的企业战略，得出属于自己的答案。下面我们对于以上六个要求做一下内涵的拆解。

表 4–7　六项要求及其内涵拆解

对人力资源的六项要求	对要求内涵的拆解
人力资源要与集团的战略调整相适应	人才战略与业务战略是一体两翼、相互匹配的
梳理用人标准，打造有高效组织架构	人才标准是用人、考核人的先决条件； 组织架构要简单、务实、高效，避免人浮于事
加强领导力培养	战略确认后，干部能力和意识问题是首要关注点
人力资源是“一把手工程”	“一把手”是首席人才官，要和思考业务一样思考人才
合伙人模式深化	要推动组织内部创业，打造职业经理人事业平台
不断学习，加强自己的行业深度	专业的不等于合适的，人力资源自身要懂得业务

“一把手”应该如何提升对人力资源的关注度，如何推动人才战略的成功？从实践角度出发，最起码要做到如下五点。

第一，明确提出业务战略对人才战略的要求。人力资源的工作方向不是人力资源部拍脑袋定下来的，而是根据战略提出的。

但大部分公司里的人力资源部门并没有进入管理团队，所以天然带来站位高度不够、全局观不足的问题，这点不能去责怪某个部门，而是建议“一把手”将关注点由“人力资源部”提升到“人力资源”的角度。人力资源部并不等于人力资源，人力资源部门自身的工作规划也并不等于公司级的人才战略，因此建议“一把手”要关注公司的人才战略，从这个角度提出对人力资源工作的要求，将人力资源部门的终极价值界定为推动人才战略的成功，进而助推业务战略的成功。

人才战略的工作，需要管理团队、各级业务“一把手”参与进来，让各级业务“一把手”成为首席人才官。“人才官”是选手，提出想法、参与人才管理；而人力资源部则是“支持平台”，提供专业的策略及工具，推动想法落地。若各级业务“一把手”始终认为人力资源就是人力资源部的事，跟管理没关系，那人力资源部将很难成为人力资源的助推力量和人才战略的落地平台。

第二，为人力资源匹配相应的执行资源。首先是授权问题，A 公司规定“政委”在用人和企业文化问题上有“一票否决”权，客观上给了“政委”在人才管理上的权限。某企业成立了自己的培训中心，董事长亲任院长，这样就给执行团队带来了高层影响力。有些企业虽然执行人力资源工作的管理者层级低于业务管理者，但分管人力条线的“一把手”职位高于业务管理者。还有些企业在招聘端要求人力资源与业务管理者联合签字，才能批准人才入职。这些动作的设计，都给了人力资源一定的权限，便于其更好地推动工作。其次是定期参与人力资源条线的会议。能够既参与会议，也提出自己的想法，这样就能够在更高层面带动人力资源团队进入业务关注点；反向也可以安排人力资源管理者参与业务会议，从人才与组织的角度提一下对业务的关注点，推动职能与业务之间的协调，避免矛盾产生。

第三，对高管的考核要增加“组织建设”项。在管理团队及各级业务管理者的考核要素中增加“团队管理”或“组织能力建设”的考核项，从考核端提升管理者对人才管理工作的重视。表 4-8 为某集团企业对下属各分公司、项目负责人的“组织建设”考核项，供大家参考。

表 4-8 某企业对管理者的“组织建设”考核项

四个维度	考核要点
绩效管理	在所分管领域不断践行“永找不足”、追求高绩效的文化导向。所承担的组织绩效能在分管领域内 100% 被分解，绩效目标的分解围绕业绩任务达成，强化压力传导机制，自上而下落实到各部门及个人。务必做好员工目标制定工作和绩效评价工作；负责分管领域内绩效管理落地实施工作，员工绩效计划制订率达 100%，绩效面谈率达 100%，管理者与员工每季度至少面谈一次，并有书面记录，年度绩效淘汰率不低于 5%，C/D 类员工绩效改进计划制订率达 100%，按时间节点要求完成绩效管理工作；时间节点前，完成率达 100% 得 85 分，少完成 1 人，扣 5 分；每滞后 1 天，扣 1 分，延迟超过 15 天，此项不得分

续表

四个维度	考核要点
梯队建设	落实分配到分管领域内的人才储备培养计划，达标得75分，根据培养情况酌情加减分（1%）。分管领域内绩优员工（上年年度绩效为A或当年过程绩效均高于B且有至少一次为A）的主动离职率低于5%，达标得75分，无离职加10分，每主动离职1人扣5分（3%）
领导力发展	个人学习：设置个人学习目标，参加各类教育培训累计不低于60个学时（1%）。团队发展：所分管领域内员工平均学时不低于32个学时（1%），本人专题授课和分享不少于6个学时（1%）。达标得75分，每减少1课时扣1分；每提高1课时，加1分，加到85分为止
组织氛围	在班子层面，坦诚沟通、顾全大局、分工协作；在分管团队层面，根据在灵活性、授权、工作标准、激励、发展共识、团队合作等方面存在的问题进行重点改善，努力营造健康、正向的组织氛围。达标得75分，根据问卷调查、访谈等结果，酌情加减分

第四，"一把手"自身要有人力资源的意识。能否发现一个人的长处，把他放在合适的位置上，发挥最大的效用，这对企业能否健康成长有着至关重要的作用。识人、用人、信人，这是"一把手"的基本人力资源意识，可参见上一章的"首席人才官的八项用人关注点"。而关于"分享意识"，秦孝公曾说过："惜官吝爵，人君大患。"作为老板，如果认定了人才，就不要舍不得给予高的职位和激励机会。从"钱袋子"（股权、跟投等策略）来看，组织激励的上限就是老板的分享意识；但从人才的发展机会来看，组

织的“蛋糕做大”却不是老板一个人说了算的，还有市场、竞争对手等多个要素的影响。

第五，用一个懂业务的HR。专业的不等于合适的，合格的HR需要“懂业务、懂组织、懂人性”。招聘HR的时候，除了要求其必备的人力资源经验之外，还要关注其对所从事的行业、经历过的企业的了解，万金油式的HR是很难通过通用手段解决企业的个性化问题的。“宰相必发于州郡，猛士必起于卒伍”，有一线业务经验或轮岗经历的HR对业务的敏锐度会更高。“一把手”用对了一个HR，可以大大提高人才战略的落地性。

表4–9 “一把手”对人力资源关注的五大策略

五大策略	策略内涵
明确提出业务战略对人才战略的要求	人力资源不等于人力资源部，要从战略角度思考对人才的要求
为人力资源匹配相应的执行资源	授权、参与人才管理工作，并反向鼓励人力资源在人才管理上的权限
对高管的考核要增加“组织建设”项	对各级业务管理者增加“团队管理”或“组织能力建设”相关考核项
“一把手”自身要有人力资源的意识	“一把手”自身善于识人、用人、信人，善于打造激励资源
用一个懂业务的HR	要用善于根据行业、企业特征解决人才问题的HR，而不是万金油式的HR

上面提到的“人力资源、财务资源、老板的精力”，这三项资源是“一把手”的“贤内助”。再加上四项外部资源：政府关系、金融机构、合作伙伴、竞争对手，就构成了“内三外四”的资源整合思路。“一把手”至少应有50%的精力是在帮助组织争取资源，而对内外部资源的整合，我们可以称之为“左右逢源”的资源整合策略。

外部资源不属于人才战略的重点，但如果“一把手”运用得当，可以帮助企业更好地赢得市场竞争。获取更多外部资源，将“蛋糕做大”，自然会给企业内部人才带来更多、更好的发展平台；同时有助于做强雇主品牌，由于企业外部的人才猎聘行为及人力资源的社会影响力，进而带来内部的人力资源品质的提升。这是个“一把手工程”，恰恰是单纯的人力资源部门难以做到的。这里我们仅以政府资源为例，“一把手”在运用政府资源方面，通过公开、透明的方式让企业的行为与政府的某些政策、决策在发展方向上保持高度一致（利益协同），就会成功地为企业发展争取到优势资源。政府资源相当于企业重要的“外部人力资源”，这至少要求管理者做到以下几点。

1. 趋势：一些比较敏锐的企业管理者会考虑，政府在当下以及未来一个阶段内最需要解决的问题是什么，最想发展什么。只要进行深入、系统的城市研究和市场研究，就肯定能够找到。正确的政府公关包括两个层面，一个层面是判断政府决策或者潜在决策的可行性，另一个层面就是，企业投资方向与政府决策相一致，那就要在不违法的前提下，展开各种形式的竞标公关（企业自身实力是成功的前提）。

2. 人际：企业本身也是国家、政府的参与者，也是特殊身份的公民（企业公民），要主动与政府建立关系，及时补位，助力政府工作的成效。高层领导跟政府部门应建立比较良好的合作关系，有机会一起交流、座谈。有的总经理、董事长获得了人大代表、政协委员的身份，通过参加两会参政、议政，也在某种程度上影响了政府的决策方向。管理者参与商会等组织，从有利于行业发展的角度出发，以各种形式向政府提出合理化建议。

3. 自身：管理者要呈现出良好的企业形象、把握住底线，同时抓住一切机会宣传企业的产品及品牌优势（对政府的帮助与协同），如品牌形象、产品美誉度、社会贡献（税收、就业和土地增值）、社会捐助、老板的优良品质等，通过企业内刊、新闻报道、座谈会、公关活动等多种方式向政府传达企业的良性信息。同时对本地的政府生态圈要有一定的了解。

4. 责任："一把手"要建立起通道，让政府也有机会参与到企业的活动中来，并且能够主动出击，在关键时刻替政府分忧、获取信任，通过承担责任建立起与政府的互信关系。积极响应政府的号召，主动分担社会责任，并为此做出一系列书面或口头承诺，并以自己的实际行动来履行诺言，以真正赢得政府部门的信任，不要计较一时得失。

5. 日常：有些企业遇到问题时才会想到求助政府，但倘若他们在日常的发展过程中就注意与政府建立良好的关系，那么很多危机都能在政府的合法帮助下迎刃而解。"一把手"可以建立通道，如企业开放日、顾问专家研讨会、论坛等让政府有效参与企业活动；亦可善用组织，加入协会组织与政府日常联动；同时还要善用媒体，通过媒体连接与政府的关系，乐于参与媒体或政府组织的相关评奖活动。按照心理学的观点，这是保持“弱关系”的长期互动。

我将“左右逢源”的资源整合策略，按照“内三外四”的结构，帮大家做了一个整理。

表 4–10 “左右逢源”——管理者在组织内外需要管理的七项资源

七项资源		管理关注点
内部资源（三项）	人力资源	团队能力够不够、执行的人员有没有、清不清楚战略目标
	财务资源	财务预算及物资物料够不够、现金流是否充裕或存在风险
	老板的精力	关注团队的长短板，有效为团队赋能、争取内外部的资源
外部资源（四项）	政府关系	有效争取政府资源、获得配套利好，提升组织社会影响力
	金融机构	提升企业融资能力的同时关注财务杠杆，确保企业现金流
	合作伙伴	品牌、技术、人员的多项协同，成就自我、成就合作伙伴
	竞争对手	竞争对手就是我的人力资源池，对标、学习、挖猎、协同

组织活力：保持创业激情，打造生命型组织

关键词："左手业务，右手人才"；"生命型组织"与"机械型组织"；活力型组织的四个工作习惯

如何从"一把手"角度看待战略、组织与人力资源？我用一段话来形容：

组织是支持战略的，组织下有了部门（架构与编制）；部门有任务，有任务就有了岗位（标准与招聘）；岗位有工作要求，有工作要求就有了绩效考核与激励、培训与发展。

可以说，组织与人力资源是战略的重要支撑，"左手业务，右手人才"是"一把手"的重要关注点。组织存在久了，如何打造内部的活力，使大家永远保持"创业般的激情"？

2020年，我在成都交流过一家企业，老板在2015年做贸易起家，形成了一家集生产、销售于一体的公司，产品主要出口欧美及日本地区。老板在5年内陆续拉进来4位合伙人，分管人力行政、财务、生产、融资，而老板本人负责营销。5年间，公司得益于国际化营销战略的成功以及融资的优势，避开了国内市场的竞争，迅速发展，总资产达到10亿元，员工超1500人，实现销售收入8.5亿元，利润1.1亿元，生产能力升至行业第二，销售收入行业第一。但随着企业的发展，行业竞争加剧，企业内部面临着成长和管理的双重困惑。

老板认为4位合伙人年龄偏大，缺乏创业的激情；同时由于

企业的主要生产供应基地在国内，国外原料从产地到国内的运输成本不断增加，使得成本优势不再；加之老板长期忙于营销，根本无暇顾及人才管理，导致内部人才管理从机制、引进、培养等角度都极为匮乏，同时由于营销强调高执行力，所以公司内部依然保持着强命令型的管理风格，下属以服从管理命令为主，一旦老板决策失误就满盘皆输。按照老板自己的话说就是："现在公司内部，管与不管都不是，换与不换都不好，水面上一团和气，水下暗流涌动。"

在基本了解企业的内部情况之后，我从人才战略的角度给他提了如下几个建议。

1. 做实股权激励。对于公司的 4 位合伙人，老板本人并未与他们通过合伙人制度、跟投机制、股权激励等形成具体的契约合伙关系，这 4 人名为"合伙人"，实为工资高一点的职业经理人，天长日久，必然带来 4 人事业心的下降。同时，这 4 人也并未以任何现金、实物等进行实质性投入，关键人才并未与企业形成命运共同体，达到"风险共担、利益共享"。

2. 打造跨地经营的人才。该公司是做生产与国际贸易的，国内生产成本的优势让这家公司在前期占尽先机，但由于原材料基地和生产基地之间的运输成本，企业将很难再保持行业领先地位。因此，最好在发挥强大融资能力的同时，异地建厂，在产品原料主要产地进行战略布局、跨地经营，这就需要打造跨地经营的人才，尤其是本地人才的打造。

3. 高管团队既要努力学习，也要注入新鲜血液。管理团队的

5 位主要成员，年龄都在 40 岁以上。年龄最大的分管融资的老总 A 现今 45 岁、大专毕业，加入公司前曾就职于某国有企业，任总经理，其主要能力是资源整合与社会影响力。分管人力行政的老总 B 现今 43 岁，曾在一家文化企业任职总经理，和老板相当投缘，故而加入该公司，其本身对人力资源的理解还停留在“发薪、办入职离职”的层面。所谓“花无百日红”，管理团队如果不学习、不提升管理意识，始终以资源优势、行政命令来管理组织，这将会是这家公司最大的危机。同时，高管团队的忠诚度是有的，那么副职就要尽量引进新鲜血液，即专业的年轻人才，“舵手稳、水手活”，这是一个重要的搭配。老人是定海神针，但新人会带来新的管理理念，“教学相长”，更有助于组织活力。

4. 引进专业人力资源人才，优化人力资源系统。长期以来，公司重发展、轻管理，经历了五年多的成长，公司在各项管理上缺乏规范的规章制度，甚至连一套基本的薪酬制度都没有。在生产上，由于采购成本不断增加，产品质量问题不断，甚至出现了因质量问题被大客户降低供应商信任等级的事件。在融资建厂、扩大经营的压力下，财务成本压力越来越大。而企业原有的国际市场销售优势，也因产能不足、质量问题、行业竞争等面临着被竞争对手不断蚕食的压力。为此，在“优化质量、降低成本、强化竞争优势”这三个业务战略之下，需要引进专业的人力资源人才，在采购、生产、国际贸易等岗位引进优秀人才，打造企业创业合伙平台，同时建立短期薪酬保障与长期股权激励结合的机制，实施必要的减员增效、优胜劣汰。而这些工作方向的落地，单靠目前的团队是很困难的，因此，亟待引进一位专业的人力资源管理者，在充分了解公司业务的情况下，进行战术层面的实施。

5. 打造人才梯队。在人才梯队方面，公司面临着高管团队专业能力不足、行业人力资源供给缺乏、新人培养需要时间的困难，只能一边培养人才，一边应对成长。此时，每位高管都必须在短期内快速从优秀竞争对手中挖猎人才，在中期推动中高层的带教计划，在长期打造以事业合伙、项目跟投、股权激励为主的中长期人才绑定策略。“舍不得孩子套不着狼”，高管作为人才梯队的第一级，要从自身开始进行人才孵化，同时把握住“战时用才，常时用德”的原则，在梯队人才引进时不要求全责备，先关注“有没有”，再关注“好不好”。

6. 优化组织结构，做实授权体系。该公司为了支持战略目标的实现，如计划在原料生产地投资设厂，跨地生产、统一营销，那么必须形成集团性构架，其生产系统要分别成立独立法人结构的生产企业，形成独立采购、独立生产、统一销售的管理格局，给分公司总裁充分授权，由分管生产的副总裁统一管理。人力资源、财务等职能部门要形成对生产、营销这两大公司命脉级部门的全力支撑，打造“生产＋营销”的龙头牵引机制，定期以龙头部门牵头跨部门会议，将优势兵力、资源聚焦式地布局到龙头部门，给予其最灵活的授权。同时，老板本人每个月要抽出 10%—20% 的时间，参与龙头部门的关键人员面试、考核等工作，与人力资源部门一道做实关键组织能力。

7. 完善组织文化，提高容错机制，打造“创新、务实、激情、开放”式的组织环境。对公司的行政命令式、高工作低关系式的管理模式进行改革，鼓励优秀员工参与到公司的决策会议中来。管理团队定期参与新员工座谈，亲自进行战略及文化宣导。将组织人际模式由过去的“一有事就开会”变为“决策阶段才开会、平时网络多交流、定期团建加关系”的方针。多进行头脑风暴，倾听员工的心声，绝不打压团队彰显自己的高明。无论是不是互联网企业，简单、务实、高效的文化都是每家企业所必需的——每个企业都有互联网的基因，就看你的思维够不够活跃。

当然，人和管理模式都不能“一刀切”：没有最好，只有最适合自身的管理模式。组织特征必须与客户需求及市场环境相匹配，才能兼顾短期的利润与长期的组织能力建设。

聊完了上面这家传统企业，让我们再看两家具有互联网基因的企业。

2013 年，为了抓住移动游戏市场的机会，腾讯决定先开发五款精品手游。为了确保产品成功，公司整合了微信、手机 QQ 和应用宝的资源全力扶持，同时从上海分公司要了一支专门研究手游，但几乎没有产品经验的团队，点了经验丰富的姚晓光作为“一把手”，成立了一个新的手游工作室，取名“天美艺游”，开始了腾讯手游的开拓之路。

为了打造创业团队的活力、创造精品，姚晓光在组织管理上进行了如下尝试。

1. 向创业团队转型，精简组织结构，导入项目总负责制。由于此前团队存在管理上的经验缺失和结构臃肿的问题，姚晓光进行了第一轮的组织架构调整，核心思路是扁平结构、化整为零、导入创业文化。先是打掉团队内所有的管理层级，将整个团队分解为6个项目小组（5个产品小组、1个基础技术平台小组），并对每个项目小组负责人给予100%的授权，也承担100%的责任，自己制订计划并作出承诺（项目总负责制）。项目小组内的所有人都直接向项目负责人汇报工作，而不再向专业条线负责人汇报工作，各个项目负责人和专业条线负责人直接向姚晓光汇报。经过这次梳理，团队从混乱到有序，从超过5级管理变成只有3级管理，完全是创业团队的结构设计。

2. 建立绩效驱动型文化和人才梯队评价机制。不看关系、职级，只看结果、贡献，用绩效说话，只有出成绩才能获得更多的发展机会。对于不符合腾讯核心文化、混日子的员工，通过绩效进行淘汰。团队收入分配机制全凭专业能力，奖金、期权和绩效挂钩，福利和努力程度挂钩。工作室建立内部人才梯队机制，让每个员工都聚焦于各自专业能力的成长，而不一定都要成为管理者才能实现理想。

3. 快速验证，价值驱动，团队自组织。为了让团队成员随时都可以体验产品，确保开发效率，整个部门建立了“日稳定版本”的机制要求，每天到办公室的第一件事情是体验日稳定版本，快速验证，剔除漏洞（Bug）。每个项目都建立和运营一个微信群，用于随时交流日稳定版本机制。一开始团队成员都无法做到，常常延迟或质量不达标，于是又要求每天完成任务后才能下班。团队的每个成员都在不断尝试，每件事不做到最好就不罢休，创造了精品产生的可能性。

同时，在资源整合方面，由于游戏发布需要对接微信、手机QQ等几大平台，因此需要很多支持系统。而几大移动平台都没有移动游戏的运营经验，这是腾讯历史上最复杂的跨部门协作，横跨6大事业群中的5个。姚晓光为基础技术平台项目在跨部门协作上设定了以下四条基本原则。

1. 主动推动。天美艺游工作室要对最终的结果负责，必须主动推动事情的完成。对于相关协作部门，基础技术平台组成员一个个地去找，明确需求，尽量多地承担责任，用“以我为主”的方式推动合作，以此加速跨部门协作的效率。

2. 勇于吃亏。跨部门协作，在很大程度上意味着会出现“灰色地带”，这些“灰色地带”的工作谁做都可以。但凡遇到这样的“灰色地带”，天美艺游工作室的基本原则是主动去做，“怕吃亏什么事都做不成”。例如，在平台联调的过程中帮其他部门修改漏洞（Bug），推动其他部门更快更好地完成工作。

3. 不急不躁。遇到问题时，要等大家平静下来后，再讨论解决方案。例如，游戏需要在三周内重新做一套对接方案，否则会影响上线时间，不少人觉得这是不可能完成的任务，有强烈的负面情绪。最后，秉持着“对事不对人”的原则，在管理团队的亲自协调下，借调了4个人按时完成了任务。能力不够给方法、资源不够去整合，逢山开路、遇水架桥。

4. 换位思考。要求参与游戏开发的团队成员站在合作伙伴（平台方）的角度去思考问题，注重长期价值，不以损害对方利益来成就自己的短期价值。要求产品经理同时把自己当成游戏方和平台方的产品经理，重视合作过程的“用户体验”，保持服务心态，并以此立场去思考问题。

姚晓光在游戏行业有着多年经验，天美艺游工作室的成功，可以说是产品的成功、技术的累积，当然还有“一把手”对于人才管理的关注和组织活力的建设，他们打造了一个典型的“生命型组织”。

什么是“生命型组织”？它和传统的“机械型组织”的区别是什么？在上述案例的基础上，我将两者做了一个逻辑上的总结性对比。

表 4–11 “生命型组织”与“机械型组织”的区别

区别点	“机械型组织”	“生命型组织”
市场化	高控制程序、低多样化团队、低容错率	内部市场化、高多样化团队、高容错率
授权化	离客户远、行政命令式、低反馈进化	离客户近、问题导向式、高反馈进化
平台化	短期物质激励、低开放度、低平台化	长期激励与信念、高开放度、高平台化

再来看一家国外企业。亚马逊在业务上一直秉持着“占优策略（Dominant Strategy）”，无论竞争对手如何选择，亚马逊都使用它的最佳战略，从不考虑折中；同时提供无限的选择、顶级的购物者体验和最低的价格。

创始人贝索斯经常说，我们常被问一个问题：在接下来的 10

年里，会有什么样的变化？但我很少被问到在接下来的10年里，什么是不变的？我认为第二个问题比第一个问题更加重要，因为你需要将你的战略建立在不变的事物上。在亚马逊的零售业务中，我们知道消费者会想要更低价格的产品，10年后仍然如此。他们想要更快的物流、更多的选择。很难想象，会有顾客在10年后跑来和我说："我喜欢亚马逊，但你们的价格能不能贵一点，或者到货时间再慢一点？"

亚马逊成功地将小企业灵活的企业文化和大企业的资源相整合，这使得亚马逊可以解决很多公司不能解决的问题。**"一把手"贝索斯建立了四个充满活力的组织工作习惯。**

1.“两个比萨”原则：如果一个产品团队“开饭”时，两个大比萨还吃不饱，那就说明这个团队太臃肿了。一个新创公司取得成功的关键，是拥有一个精干的开发团队，理想的团队规模是10人到12人。如果一个项目或者问题需要更多员工来解决，那就必须将一个大问题分解成为更多的小问题。

2. 开会不用PPT：在亚马逊的内部会议中，PPT是被严令禁止的，开会时，与会者会拿到有关新产品、新创意的一份六页纸的文档，他们会集体默默阅读文档30分钟，之后再开会。创业者必须学会对某一个产品做出非常优秀的陈述和介绍，并学会寻找解决问题的方案。

3. 产品立项讨论：亚马逊的每个产品立项讨论，都从一个假想的产品发布时公布的新闻稿开始。新闻稿需要说明的重点是该项目为顾客创造了什么价值，而不是为公司创造了多少利润。立项讨论时，时常会放一张空着的椅子，提醒大家有一个最重要的人没在现场——消费者。

4. 全方位平台支持：基于大数据的电商开放平台，对顾客数据进行多方位挖掘，研究商家需求，提高精准营销能力。通过智能物流系统，记录线上销售情况，合理管理库存，对空间实施最优利用。卖家加入亚马逊的平台后，即可共享亚马逊提供的高标准物流服务。

在建立活力型工作习惯的基础上，为了落地亚马逊的“创新”文化，贝索斯通过“改善、用户、数据”三个层面实现紧贴客户的创新能力，对顾客信任有着近乎偏执的追求。

首先，在“改善”层面，亚马逊内部有一个“飞轮”的概念。所有人都要想，怎么能让“飞轮”转得更快，即如何提升效率、降低成本。在亚马逊凤凰城运营中心有一个半开放的“改善角”，员工以小组为单位去讨论遇到的业务问题，把改进建议与措施贴在“改善角”，供大家交流分享。对于提出最佳改善意见的员工，会颁发奖章、纪念品，身上的挂牌颜色也不一样。在亚马逊客户卓越运营系统中，精益管理与改善是重要的环节。

其次，在“用户”层面，“用户体验”是公司理念的第一条。如果亚马逊客服连续两次收到不同客户对同一种产品的投诉，不管何种原因，客服都有权立即将货品下架。通过用户体验倒推工作，亚马逊技术团队以公司向用户提供的各种服务来划分，每个团队 8 人到 10 人，用户在某一方面的需求和相关行为数据被反馈到各小组，技术团队想办法予以满足，所有创新都围绕着用户体验与需求进行，而不是为了技术而技术。

最后，在“数据”层面，测量与数据是公司里的真正“裁判”。亚马逊用大数据追踪所有环节，大部分决策都基于数据。公司里的每个团队每周几乎都要开总结会，讨论指标与数据。亚马逊网站一天进行几百次试验，如使用不同的算法来推荐商品，或改变购物车在屏幕上出现的位置等，以给用户更好的购物体验。

可以说，亚马逊在智能互联时代，能够建立起以“改善、用户、数据”为导向的创新运营思路，这和“一把手”贝索斯对组织活力与人才管理的建设是分不开的。数智化时代所要求的领导力需要避免“正确的废话”，通过有效的管理来建构组织能力与活力。我想，这就是数智化时代领导力的“新风向”。更多关于平台创新的思维，以及如何将组织的“有限战场”变为“无限战场”，我们会在后文进一步交流。

“左手业务，右手人才。”我们在本章提到了“一把手”对人力资源关注的五大策略，其中一个重点就是“用一个懂业务的HR”。如何使人力资源团队在战略高度上进行纵向工作定位，在工作执行上做到横向协同共生，成为“懂业务、懂组织、懂人性”的人才战略推动团队，这是从下一章开始我们要交流的重点。

PART 3

第三篇

协同共生

第五章　战略性思考：从战略及业务视角建构人力资源工作

第六章　双P模型——人力资源工作新起点（上篇：招聘甄选与人才培养）

第七章　双P模型——人力资源工作新起点（中篇：绩效与执行、员工关系）

第八章　双P模型——人力资源工作新起点（下篇：薪酬与激励）

第五章

战略性思考：从战略及业务视角建构人力资源工作

2020 年 2 月，云南某企业 CEO 在邮件里大骂人力资源总监（HRD），并在会议上提议裁掉人力资源部，引起人力资源圈的热议。无独有偶，过了一年多，2021 年 12 月，字节跳动裁撤人才发展部的消息继续翻腾在网友的热议中。从表面上说，云南某企业的 HR 是"只遵照制度而不顾企业生死"，字节跳动是"老板要求人效，HR 却只懂人事"，实际上则是人力资源工作定位与战略、业务严重脱节，没有做到"称心如意"——了解老板的想法（痛点），了解公司的战略意图。

怡安翰威特曾在 2007 年做了一个关于人力资源的调研，这项研究中所用的方法很简单，只问每位领导者 2 个问题：1. 告诉我们你和人力资源部门打交道过程中最好的经历；2. 告诉我们你和人力资源部门打交道过程中最糟糕的经历。他们得到了 100 多个有力的事实来描述亚太地区人力资源管理的成功与失败，希望透过这些企业领导者的眼睛来了解人力资源，更好地理解 HR 部门最重要的利益相关者的期望。

这个测评的结果显示：首席执行官（CEO）和业务管理者对 HR 部门缺乏业务敏锐度感到非常失望。通过"最糟糕经历"的分析表明，对于业务不够敏感占了原因的 56%，其比例是第二大原因——工作效率低下的 4 倍。也就是说，缺乏业务敏锐度（懂业务）比所有其他原因的总和还要高。甚至有位被调研者称，人力资源部门不仅没有理解业务，反而将其从工作重点中转移出去。他的原话是："这并不是特别现象——人力资源过度拘泥于流程和案头工作。他们有太多的表格、太多的细枝末节，这不仅影响了人力资源的效率，而且导致业务部门在此过程中也浪费了太多的时间，使得我们无法进行应该进行的工作，结果必然危害到了业务。"我想，这应该就是我们经常说的"专业的深井"。

"一把手"真的不重视人力资源吗？**按照"无利不起早"的原则，世界上没有真正不重视人力资源的老板，但一定有不重视人力资源部的老板**。杰克·韦尔奇曾说过："人力资源负责人在任何企业中都应该是第二号人物。"对于一家企业而言，最重要的两件事就是"钱"和"人"，没有钱无法经营，没有人无法做事。老板最重要的"左膀右臂"一定是首席财务官（CFO）和首席人力资源官（CHO）。小米创始人雷军曾说自己要花60%的时间用来找人，可见人力资源的重要性。

万达集团的人力资源负责人曾说过，没有最好的人力资源管理，只有最适合的人力资源：一家企业的人力资源管理要符合企业业务的实际需要，需要通过业务战略和企业文化的分析，确定企业人力资源管理的策略；人力资源管理的各方面需要与内在精神和企业文化保持一致，否则就是神经紊乱的人力资源管理。

首先，回归人力资源工作的本源视角，我以一种"隐喻"的方式，让大家更全面、透彻地理解人力资源的六大模块之间的相互关系，以及其要为企业所实现的终极目标。

表 5-1　人力资源六大模块的关联关系与终极目标

隐喻	模块功能	终极目标
“头脑”	绩效管理	将组织战略目标传导至个人行为目标，实施过程的必要监控、辅导与反馈行为，并根据结果推动员工发展（提拔、转岗、培养、淘汰），保持组织持续创造高绩效的能力
“躯干”	人力资源规划	基于对企业发展战略及未来变化中的人力资源供给与需求的分析，制定对应的获取、利用、保持和开发策略，在正确的时间和地点，提供符合数量与质量的人才，做强支撑战略的组织能力
“肉”	招聘配置	招到人，且招到合适的人，最终达到“三个匹配”：人与组织的匹配、人与岗位的匹配、人与人的匹配。其中，“人与组织的匹配”，其核心即个人价值观与组织价值观相符
“血液”	员工关系	建设组织与员工之间的良好沟通模式，促使组织与员工的行为能充分体现双方的共同利益、愿望和要求，对内让员工满意，最终让利益相关者（社会、顾客、投资人等）满意
“手”	培训开发	通过充分挖掘企业战略、文化及管理趋势对人才数量与质量的需求，为组织培养出一定数量的人才及提升对应的关键能力，进而最终支持绩效目标的实现与战略落地
“足”	薪酬福利	以按劳分配、效率优先、兼顾公平及可持续发展的原则，打造适合企业的多样化的员工价值回报体系，短期与中长期激励结合，公平与公正策略结合，起到吸引、保留、激励员工的作用

人力资源部并不等于人力资源，一个企业可以没有人力资源部，但不能没有人力资源。

HR 作为人才战略重要的实施者之一，在实施人才战略时，需要充分和老板、管理团队在作战意图上达成一致，并推动老板充分参与、授权，这是一个组织能否真正产生动能的基础条件。换言之，HR 在实施人才战略时，必须充分“向上看”“横向看”，从战略及业务视角建构人力资源工作，加强对上及平行部门的协同能力。无论是业务层还是职能层，战略都是由上至下协同推动的，“得道多助、失道寡助”。

如何跳出人力资源本位，从业务视角重新解读人力资源工作？首先，应厘清自身的角色定位。

三种角色：人力资源基于战略与业务的定位

关键词：教练、“政委”、合作者；“能量的生意”；人才牵引业务；数据意识

《礼记·中庸》中有这么一段话：“凡事豫（预）则立，不豫（预）则废。言前定则不跲，事前定则不困，行前定则不疚，道前定则不穷。”

没有事先的计划和准备，就不能获得胜利。近几年来，无论是试图转型的“人力资本部”，还是以华为、海尔、腾讯为代表的“三支柱”体系，甚至是升级版“政委”，还是以绿城中国为代表的“本体建设中心”，人力资源从业者在自身角色

定位上花费了大量的精力。事实上，我听到过大量的声音，除了一些明显的标杆企业之外，在相当多的企业中业务团队对人力资源部的认同不增反降，反而觉得之前人力资源部至少搞定过一些事务性工作，而现在打算甩手做更有业务价值的工作，但又不懂业务，“雷声更大，雨点更小”——不少人力资源部在扔掉了部分看起来“无价值”的行政工作之后，甚至会被认为是个无足轻重的职能部门，一个在公司只会消耗钱粮、占据编制而“大呼小叫”的“障碍性”部门。而有些人力资源部则仗着掌握了部分人事权，充当着“我就喜欢你看我不爽，又干不掉我的样子”。

结合大量企业的实践经验，我将人力资源基于战略与业务的角色定位做了一个梳理，按照职责及能力要求的不同，人力资源部所定义的“业务伙伴”至少有三种不同的角色定位。

表 5–2 HR 基于战略与业务的三种角色定位

角色定位	主要职责	能力要求
1. 教练	能够对业务部门的人才及组织管理事宜提出建设性的辅导建议，帮助业务管理者提升人才管理能力	丰富的阅历、管理经验及影响力（最好有业务管理或轮岗经历），以及成熟的情绪管理能力
2.“政委”	深入一线，既能协助业务管理者做出决策，又能对业务单元的人才管理事宜有独立的判断与（部分）决定权	需要授权，具有相当的专业度、对业务深刻理解及独立判断能力，内心强大

续表

角色定位	主要职责	能力要求
3. 合作者	抓人力资源制度建设和人力资源配置机制的构建，着重于“宏观调控”，以体现政策水平、公平程度和效率保证为目标	对战略、业务有相对全面的理解，能够从业务层面思考机制与流程的建设，能够换位思考

对于“教练”这个角色，属于HR担当的高端业务伙伴角色。我先摘录一段名词解释：

“企业教练是当今最新管理方式中的一种，是人力资源中最热门的形式之一。企业教练通过完善心智模式来发挥员工的潜能，提升企业效率。教练通过一系列有方向性、有策略性的过程，洞悉被教练者的心智模式，向内挖掘潜能，向外发现可能性，令被教练者自我超越、自我突破、有效达到目标。”

按照这段说明，如果一个HR想要成为业务部门的教练，那么至少要在人生阅历、管理或工作经验上有相当深厚的积累。“高僧的棒喝”，往往来自对世事练达通透的看法，如果自己还陷在一堆生活难题中，阅历尚浅，或对战略、业务的理解极为浅薄，那么是完全无法给对方带来真正启发的。**教练通过有效的对话、引导让对方看到问题、找到解决方案，但并不意味着，教练本人就可以看不到自己的问题、解决不了自己的问题。“讲自己做过的，做自己说过的”，应该是一条铁律。**同时，想要成为公司业务团队的“教练”，还必须在公司有一定影响力，不一定“如雷贯耳”，但一定是“言之成理，言之有物”。因此，阅历尚浅的HR不可能，专业能力很差的HR不可能，对业务不够了解的HR不可能，得不到老板信任的HR也不可能——上述都具备了，但情绪控制能力很差的HR更不可能。HR要想成为教练式的角色，本人最好具备丰富的阅历、管理经验及人格影响力，最好有业务管理或轮岗经历。在企业中工作一定年限，由业务岗位转型的HR；或在业务上做出成绩后，成为分管HR的高级领导，担任这样的角色，相对比较合适。不然，估计自己都不相信自己，又怎么能“教练”别人。

下面是2020年我在跟某科技企业交流的时候，一位“95后”的HR在微信上问我的一个问题：

“老师，有没有对德不配位的这类管理人员的解决方案呢？我特别想听到。能不能想办法去引导我们公司所有的管理者去思考哪些行为属于德不配位，让大家去反思自己的不足呢？有时候感觉有些从业务线提拔起来的管理干部，真的是自信到让人目瞪口呆，一些建议他们也不接受，认为自己不是那样的人。而能进入管理团队的人，我们作为HR也不愿意总是花精力去‘教练’他，而是希望他能去反思自己是不是胜任，缺乏的能力可以通过什么途径去补足。从顶层设计出发，他们的管理能力其实对员工能力、员工管理、员工意识都是有直接影响的。而这正好就是组织能力的三个方面。是否有办法让大家去想一下：自己已经是管理团队的成员了，处于战略上很重要的岗位，自己到底是否具备实现我们的战略目标的能力。”

说句老实话，看到这位HR的问题，我忍不住向她发出了“灵魂三问”：你毕业多久，是哪一年加入公司的？你自己做了多久的管理，团队有多少人？你了解那群“德不配位”的管理团队成员的业务情况吗？

一问才知道，她刚刚从某“211 大学”毕业一年多，大学主修管理学，通过校招加入公司，由于工作出色刚被提升为初级人事主管（专业岗），由于任职不到半年，暂时不带团队；而那群“德不配位”的管理团队成员仗着自己的业绩不错，老对她颐指气使，于是让她产生了动用自己所学的管理学知识来“教练”他们的念头。再通过其他同事了解一下，我发现这个 HR 平时跟业务管理者的接触也不多。在她的思维里，总觉得对方不理解人力资源，也不支持人力资源工作，但又喜欢给人力资源提要求。所谓“其身不正，虽令不从”，于是这位 HR 感觉也越来越不爽。

很明显，通过什么去证明“德不配位”，以及对应的解决手段，是一个人才评价角度的专业问题。但我认为这里面的首要问题是，一个阅历尚浅、不了解业务，且心高气傲的 HR，是否足以去“教练”那群资历深厚的业务管理者？

再说说“政委”这个角色。以电视剧《亮剑》中李云龙身边的政委赵刚为例。团长李云龙身边被安排了几任政委，都相处不愉快，后来旅长给他安排了燕大毕业的赵刚。李云龙起初很反感赵刚，认为他只是一介书生；随着剧情的发展，李云龙渐渐发现赵刚有很多过人的本领：不仅情商高、理解战略战术，在狙击方面也很优秀，并不是个花架子。随着互相了解的加深，他们的感情也渐渐深了起来。在独立团转移到赵家峪之前，李云龙被困在小庙里，是赵刚救了他；后来日军夜袭赵家裕，赵刚身负重伤，是李云龙把他救了出来。

通过上面这段剧情的分析，我们不难得出结论：赵刚作为一个优秀的政委，他的成功有以下三大关键要素。第一，具有业务战略、战术的理解力；第二，拥有个人的独立判断能力，内心强大，情商不低；第三，获得了旅长的授权，手上握有“管理者承诺”。这三个要素也是 HR 成为一个合格“政委”的关键要素——世上没有真正的“文弱书生”，只有远离业务、心高气傲、缺乏个人判断力的“赵括”。

以国家这个“大组织”来说，中国人民解放军在团级以上部队和相当于团级以上单位都会设立政委，用以保证党对军队的绝对领导。政委主要负责政治工作。在政委体系中，除了发挥专业、思想觉悟之外，得到明确的组织授权也是一件极为重要的事情。

2019 年，某民营企业在云南拿到一个项目，从当地招聘了一位分公司总经理；总部担心其在战略、文化、人才上打偏，带来“战略末端失效”的现象，故派遣总部一位 HR 负责人，以类似公司“政委”的身份，去到一线辅助分公司总经理，实施人力资源方面的支援。这中间产生了一个“致命的插曲”：分公司总经理想从原公司调动一些人过来，但 HR 负责人担心会产生“小团队”，故不予支持。但事实上，由于分公司总经理的权限远大于这位 HR 负责人，HR 负责人不仅挡不住这位分公司总经理用人，过了一段时间，连自己的职能都被该分公司总经理边缘化。这家企业原打算安排“政委”

发挥作用，但疏忽了一点：失去授权的“政委”，就像一只被夺去了翅膀的鸟。

在这一点上，A 公司的机制走得比较成熟，也做出了很好的示范。A 公司“政委体系”实际上是业务型 HR（人力资源业务合作伙伴，HRBP）的一种本土化变形，起源于 2004—2005 年。如何保证在企业层级增多、跨区域发展的情况下，在一线员工中保证价值观的传承，同时在业务和人力资源培养方面提供更快捷的支持，A 公司提出一个有特色的载体——“政委体系”。

A 公司的“政委”要求工作五年以上、精通人力资源专业、有管理经验的人才优先，其功能可以归结为四个词：懂业务、提效能、促人才、推文化。在这里我列出这个机制对“政委”的定位和工作要求，供大家参考：

- 关于人的问题的合作伙伴：
  - 理解业务模式和策略的逻辑，明确人的问题的着力方向。
  - 通过对人、团队、组织的梳理和日常判断，推进组织绩效。
- 人力资本的增值者：
  - 乐为伯乐，建立干部和骨干的梯队，确保业务不断发展。
- 公司和员工之间的桥梁：
  - 帮助建设团队信任，形成开放简单的氛围。
  - 敏锐“闻味”，有效“调味”。
- 文化的诠释者、倡导者、捍卫者：
  - 坚守底线，捍卫原则。
  - 结合业务策略和管理实践，通过招聘、选拔、激励等扎实环节，贯彻文化落地。

在授权体系上，A公司的“政委线”属总部垂直管理，不向业务线汇报。在业务区域，最基层为“小政委”，分布在城市区域，小城市之间会共享一个“政委”，“小政委”与一线业务经理搭档；上一层是“大政委”，与大区经理搭档。在事业部，最小的“政委”设在了部门级，小部门之间会共享一个“政委”，总监以上配一个“大政委”，覆盖总监的管辖范围。

从适用范围来说，“政委机制”目前在电商、互联网、O2O（线上到线下）等快速成长行业有比较好的应用。这类企业团队规模较大，一线基础员工较多，同时比较强调销售文化、员工执行力建设，在这种环境里，“政委”一手推人才、一手落文化，再匹配相应的授权，相对会比较容易成功。

从实践落地建议上，对“政委”的管控模式可以分为如下三种。

表5-3　对“政委”的三种常见管控模式

模式	从属	与人力资源条线的关系
隶属型	归所在业务中心垂直向下管辖	只对“政委”进行专业指导，不对考核负责
派驻型	人力资源部派驻到各业务单元	考核关系、晋升或调动均隶属于人力资源部
混合型	直接隶属于所在业务单元人力	随着业务扩张，总部人力资源可考虑派驻形式

相对于“教练”“政委”而言，“合作者”的身份应该最符合目前大部分企业人力资源的状态，也比较符合我们下一章开始要

详细探讨的“双 P 模型”。

很多企业的业务部门，经常在公司或部门的一些重要决策上早于人力资源部门知晓，甚至对一些关键人才的变动和调整都可以在人力资源部门不知情的情况下实施。显然，人力资源部并没有成为真正意义上的业务“合作者”。这里面固然有业务部门对人力资源专业度不信任的心理原因存在，虽说“人力资源应该通过专业与勤奋赢得尊重”；但归根结底，这不是一个正常现象，如果频发，就会使人力资源部门处于被动且无权威的境地，不利于人才战略工作的落地，使其更加难以施展出专业度、获得信任感，进而陷入一个相互博弈的恶性循环。但换个角度而言，出现这种情况，也足以证明该企业的人力资源并没有建立起必要的协同管理制度与流程。**从顺序上来说，组织管理应是在制度基础上的人性化管理，管理要用制度说话。**

如何有效遏制这一现象呢？这就需要尽快明确 HR 和业务部门的工作定位问题。就“合作者”的工作定位来看，HR 要抓好人力资源制度建设和人力资源配置机制的构建，着重于机制与系统层面的“宏观调控”，建立标准化、公平化、效率化的人才管理文化。而业务部门的工作定位则是在这一机制与系统的基础上，侧重于“微观操作”，以体现业绩导向、人岗匹配、能力建设为目标。**总体而言，人力资源部作为支持层，业务部门作为驱动层，应相互配合，使作为业务执行主体层的员工有更好的绩效表现。**

从人力资源的视角来看，“合作者”的身份，是一个成熟的 HR 的基本身份，如果连这个都不具备，就不可能获得信任、授权与影响力，更不用谈成为“政委”或“教练”了。用一句话对“合作者”的身份下一个定义：对战略、业务有相对全面的理解，能够从业务层面思考机制与流程的建设方面进行换位思考。我提出一个“三懂”的素质模型，描述“合作者”型HR必备的基本素质。

表5–4 “三懂”——对“合作者”的三项素质要求

素质维度	素质能力点
懂业务	➢ 通过专业与勤奋赢得尊重，通过专业判断发现痛点、提出合理化建议 ➢ 平衡专业上的快与慢，立足现在、放眼未来地实施专业化动作 ➢ 关注“对立性完美”，用业务听得懂的语言和业务伙伴对话
懂组织	➢ 建立经营意识，关注人才的数量与质量，用人才牵引业务 ➢ 建立必要的人力资源机制，推动组织内部的有效协同 ➢ 建立数据意识，能够看到数据、发现问题、提出建议
懂人性	➢ 有客户意识，面对不合理的要求，努力做到换位思考 ➢ 工作协同与情感协同并行，创造多种沟通场景 ➢ 做“高性价比”的助手，帮对方节省能量、提升能量

先说说“懂人性”。**企业做得越大，老板越需要强有力的左膀右臂来分担烦恼。**大多数民营企业的老板同时担任总裁与运营官的角色，自身必须要有足够强大的决策力做出判断。但如果老板有自己的思维，却发现很少有人能够“同频共振”，甚至连能理解和落实他的构想和方案的人员都没有的时候，这种落差感会更让人感到孤独。在很多企业，这些因素会成为“压死骆驼的最后一根稻草”。

大量管理者认为，企业内部凡属于人的问题，都应该由人力资源搞定，这个要求显然过于极端。比如，员工流失率高，就要求人力资源加强员工保留策略，但忽略了业务战略不确定性所带来的影响；自身管理风格简单粗暴，让人力资源强化员工归属感，但忽略了个人领导风格对员工的影响；希望人力资源招聘一个优秀的高端人才，但只能给出每月一万元的待遇，让人力资源自己想办法；员工能力不到位，就让人力资源安排几次培训，却忽略了自己亲自参与带教所带来的影响。同时，还有些管理者不仅需求不合理，甚至还喊出口号：对于一个优秀的 HR 来说，就没有不可能。

凡此种种，简直可以让一个 HR 写出一部“血泪史”。

不过，从人性面来说，面对业务线这些看似“蛮不讲理”的要求，换位思考就可能得到不同的结果。试想，如果你是老板，你找设计管理者是希望他解决产品设计的问题，找财务管理者是希望他解决财务与资金的问题，找工程管理者是希望他解决工程管理的问题，那么找人力资源管理者呢？当然，惯性思维就是解决人与组织的问题——所谓“财务部就是管钱的”“人力资源部就是管人的”，如此种种。

组织内的一个部门越是不了解另一个部门，就越会觉得这个部门的工作简单。因为他只看到了结果，用一个话剧演员的话来说，是“只看到台上的风光亮丽，没看到台下的委屈受累”——越觉得对方的工作简单，越会认为对方应该多配合自己，这就自然而然产生了人性中的本位主义。**人力资源要突破对方的惯性思**

维，首先需要让业务团队更好地了解自己，除了工作协同，还要建立情感协同，双向并行。一个好的 HR 管理者应该学会把严肃的问题在轻松的场合下进行交流，创造多种沟通场景，这样才能更好地让“内部客户”了解自己，减少矛盾。

表 5–5　人力资源与业务协同的两个方向及四种类型

方向	人力资源的协同类型	人力资源的行为表现
工作协同	服务协同	提供资源、赋能、激励等支持
	指导协同	进行标准化指导、风险防控等监督与指引
	管控协同	拟定制度、流程让业务单元遵循
情感协同	情感协同	与业务单位通过非正式交流，进行团建活动加深情感

让我们进一步扩展。如果 HR 把自己的业务伙伴当作“内部客户”，那么客户的本性是什么？无非是要拿到好的东西，要追求性价比，要有良好的口碑。借用一个高级管理人员工商管理硕士（EMBA）的商业思维：世界上所有的生意都是能量的生意，开餐厅吃饭可以补充能量，坐飞机不用走路可以节约能量；买书看汲取知识可以补充能量，听老师讲课节省自己摸索的时间可以节约能量。**从这个意义上来说，HR 也要做人力资源方面的“能量的生意”，帮老板节省能量、提升能量。**

比如，由于“养人是很贵的”，那么优化人员结构、提高工作效率，可以降低人工成本；优化绩效管理、人员培训，可以提高人均效能；提升雇主品牌、优化福利策略，可以有效减少人才流失。由于“培养人是很慢的”，那么是否可以让人才先上岗再说，通过组织的长板去补他的短板，边干边学；减少课堂学习这类比较慢的方式，通过带教策略、轮岗培训让员工尽快上岗？繁复的招聘流程容易降低选人效率，那么能不能优化人才招聘的流程，让管理者少见几个人就能尽快选到合适的人？嵌套过多的签批流程，容易带来管理者之间的摩擦以及员工的等待时间过长，那么能不能尽快优化一个简单的签批流程？细节过多的绩效考核制度容易让非专业的管理者无所适从，那么能不能简化考核流程，做出一个“傻瓜式”的模板，让对方一看就懂、一听就会？如果只能拿出一万元月薪聘请一个博士，那么能不能不以固定用工的模式，而以外部合作、项目分成、咨询顾问等形式，跳出工资支付，以效果作为支付依据，创造越多、获得越多呢？

在 HR 的任务执行上，条条大路通罗马，要做到灵活思考，让老板的想法可以以最低的风险执行落地，获得最好的收益——这就是“能量的生意”。这就像刘强东所说的：“我请你来不是证明我的决策是错误的，我请你来是把我的决策落实到位、执行到位！如果有困难，你要想办法如何完成。”阿里巴巴前 CPO（首席人力官）彭蕾曾说：“无论上级的决定是什么，我的任务就是帮助这个决定成为最正确的决定。”一句话：一个好的 HR 职业经理人的定位是——用你的能力帮老板解决问题，用你的努力避免老板犯错。

再说说“懂组织”。

“懂组织”的第一个关注点，是建立经营意识，关注人才的数量与质量，用人才牵引业务。某求职节目中有位嘉宾曾讲过一个观点：老板（公司）重视的永远是“人”，尤其是人才，而不是人力资源部。老板们每天日思夜想的就是去哪里能找到优秀人才、这件事儿让谁干、怎么激励员工、如何留住有能力的人等。**一句话来说，就是“有没有人，人好不好用”**。我在不同企业担任职能管理者的时候，尤其是参加总经理大会的时候，听到最多的就是这句话。

人力资源管理是一种工具而不是一个部门，其目的就是解决人才的数量和质量问题。人是最终目的，人力资源是过程工具。工具再优秀，达不到目的，就不是合适的工具。在《人才战略：人才战略规划、梯队、盘点及激活之道》一书中，我曾为大家详细分析了人才供应链以及组织赋能的操盘逻辑，在这里做一个总览。

表 5–6　数量与质量——人才供应链与组织赋能的双轮驱动

数量与质量	调用的人力资源工具	达成目标
人才的数量（人才供应链）	四个方向：招聘、培养、借用、保留	补充人才缺口，及时供给人才
人才的质量（组织赋能）	四个维度：意愿、能力、工具、力量	做强组织能力，准确适配人才

要看懂组织的需求，HR 就需要有经营思维，会用人才牵引业务。

北京某民营企业（A），计划从广东的一家民营企业（B）猎聘一名分公司总经理，用意是使用其手上的供应商及政府、银行资源，帮助 A 公司打开广东市场。但这名总经理已计划从 B 公司离职后自己创业成立 C 公司，而 A 公司也无法阻挡其创业的决心。由于 A 公司老板对这个人才“念念不忘”，故人力资源部对其做了三个多月的跟进、多次交流，最后与这名人才达成了一个特殊的合作协议：该人才入职 A 公司，成为该公司的执行董事，同时 A 公司战略性入股 C 公司，成为其大股东，仍然由此人担任 C 公司董事长。将其招至麾下，但同时允许其在公司生态圈内创业，这样既满足了组织的需求，又满足了人才创业的决心，通过该人才战略性地牵引了公司的广东市场。

人力资源的经营思维，并不是说要 HR 去经营业务，而是说通过有效的经营人才，来达成对业务经营活动的牵引力。即，“变业务对人才的推力，为人才对业务的拉力”。

比如，项目与人才的关系，就是一种典型的经营思路。军队中有一句话，“宁可人等装备，不能让装备等人”，组织的硬件可以滞后一点，但软件、组织要先行。百安居也曾经有过一句话，“宁可人等店，不能店等人”，先得有店长，后有店，不能先有店，后才有店长。碧桂园也曾有过一句话，“宁可人等项目，不能项目等人”，人才储备应该先于项目存在，这样项目到位后人可以第一时间进场。这也正是联想创始人柳传志的观点“搭班子、定战略、带队伍”，他把搭班子放在最前面，强调了人的重要性：没有一个有战斗力的班子，定战略和带队伍都是一句空话。而关于战略项目，联想则坚持“四个不做”原则，排名第一的就是“没有领军人物的项目不做”，如果没有合适的关键人才，宁可放弃这个项目。

“懂组织”的第二个关注点，是建立必要的人力资源机制，推动组织内部的有效协同。组织一旦变大，部门墙就会林立，人力资源要站在整个组织的角度思考部门的协同问题，而不是站在自己部门的本位角度，斤斤计较自己部门的得失。不然，在组织内部出现大量协同矛盾的情况下，最终伤害的就是人力资源自己——人心散了、人都没了，还要人力资源部干什么？

有人开玩笑说，他们公司戏称人力资源部门为“不管部”，因为要承担财务、法务等职能部门之外“不管”的其他各项综合管理职责，甚至包括行政工作、高管会议、部门协同等。很多业务经营及管理上的事情，一旦找不到对口部门，大家第一时间想到的就是找人力资源解决。这么想也对，“人是流程的原动力”嘛！

人力资源该如何看待组织内部的协同问题呢？让我们来做一道单选题——组织协同障碍的本质是什么：

A. 沟通

B. 权力

C. 利益

D. 个性

人力资源自身如何看待这个问题，也会成为能否有效推动组织协同的影响因素。有不少人力资源动不动就提“沟通”，认为只要沟通没问题，组织内部就不会有冲突，甚至找个老师过来讲沟通、性格分析。这显然是一种“头疼医头、脚疼医脚”的方法。我经常跟人开玩笑说：我们之间的沟通、个性都没问题，也能相互理解；但你欠我钱不还，我无论再理解你，都很难成为真正的朋友。HR 如果不能将“利益”作为协同障碍的本质，那么就会对组织中的大量矛盾产生误判——这也是一种基本的“组织情商”。

我将这道单选题的正确思考点罗列一下，供大家参考。

A. 沟通：原因之一。沟通不在于口才，在于换位思考。

B. 权力：原因之一。权力不在于压制，在于影响力。

C. 利益：这是本质突破口。利益冲突在于机制、流程与考核。

D. 个性：原因之一。个性不等于带来伤害，识时务者为俊杰。

让我们看一个优秀的 HR“懂组织”的案例。某企业营销部与财务部产生了矛盾，起因是营销团队的一些员工经常遇到临时发生的业务招待，由于来不及跟财务申请，只能自己先垫钱后贴票报销，但财务却以不合规为由，要求销售员严格按公司的《招待费用申请流程》先填写好事由、被招待人、款项说明等事宜，便于今后财务审核，确保资金安全，再安排招待事宜。营销总监认为，很多突发的业务招待行为根本不在标准上班时间，且临时急用钱，如果要找财务先申请后拿款，那根本就来不及，所以只能先垫付；而如今一些销售员已经垫付了上万元，财务一直拖着以不合规为由不予报销，导致个别销售员认为公司管理流程极度不合理，心生退意，极大地影响了营销团队的士气。

在这个事件中，人力资源部与总裁办联合牵头，与这两个部门召开联席会议，探讨解决方案。最后提出，先由财务部建立一个“预请款制度”，同时由营销总监对过去 1—3 年内每月发生的临时性业务招待费用进行测算，将平均数报给财务部，由营销部在每月初（3 日前）将此笔费用提交申请至财务部，由财务部审批后抄送总裁审核，总裁同意后，款项先行拨付给营销总监。日常营销部产生这类临时招待费用时，由销售员直接向营销总监通过邮件或微信申请，营销总监同意后员工即可动用。一旦员工发生了所谓“中饱私囊”的问题，则由营销总监负责。下月1日前，由营销部与财务部确认总体费用花销情况，多退少补。

同时，考虑营销部作为前线作战单元的不易，为了使其他部门更好地支持营销工作，落实“没有营销一切归零”的管理意识，人力资源部找到营销部讨论，经总裁办同意，在对其他部门的物质激励上打造了一个“公佣”体系：每月从营销部的总体佣金奖励中抽出5%，建立公佣奖金池，作为对其他职能部门支持营销工作的奖励。具体到每个月每个部门能分到多少，人力资源部又设计了一个“前台打分制”的补充性考核：由营销部在每月28日对每个部门当月对营销的支持情况打分（人力资源部协助设计打分表），得分越高，从公佣池里得到的收益越大。从此，“个佣+公佣”并行——个佣奖励销售，公佣奖励职能。

除此之外，人力资源部定期会组织各部门进行交叉团建交流，定期以轻松的茶话会形式让各部门员工坐在一起相互吐槽，要求领导不得参加，推动各部门同事相互了解，并建立比较深的感情。人力资源部采购了一批贺卡，员工过生日的时候，会收到人力资源部及其他部门代表联合签名的贺卡，这让部门之间、上下级之间建立起了很好的友谊。同时，只要新员工入职，人力资源部就会安排总经理跟新人一起座谈交流，或中午在食堂共进午餐，推动不同部门的新人，以及新人及总经理之间的情感协同。

在这个案例里，人力资源部推动建立起了多种多样的协同机制，也使得自身在该公司业务团队心中留下了美誉，正所谓“得道多助，失道寡助”。那么，在上文“三个原因、一个本质”的基础上，人力资源部应该从哪些方向操盘组织内部的协同呢？

我列出了一个“组织内部协同的六大工具”，并从人力资源的操盘视角做了分析。

表 5-7 组织内部协同的六大工具

操盘方向	人力资源可以做的
协同流程优化	推动流程优化，且在流程中体现出明确“交圈”
软性考核机制	联合考核（交圈考核）、软性考核的激励推动
获取管理承诺	通过管理者介入的方式，借助影响力推动协同
降低协同难度	提供必要支援，使对方与我方协同的难度下降
内部沟通机制	跨部门培训、联席会议、轮岗实践等促进了解
关注情感协同	跨部门团建、建立起工作 + 关系导向的组织氛围

“懂组织”的第三个关注点，则是“凡提出问题者，必附带建议”。人力资源既要善于发现组织当中的问题，也要多提量化、价值突出的建议。加入一个组织之后，HR 会发现组织内部有很多的问题，如有人议论公司薪酬低，觉得公司内部小团队多、拉帮结派，甚至谈论领导作风官僚等。日本精益管理之父大野耐一曾提出一个组织议事原则——凡提出问题者，必附带建议。没有具体建议的问题，就是牢骚与抱怨。如果连人力资源都对组织产生了失望情绪，那么“孤独”的就只剩下老板了。

大部分企业老板都是实干家、务实主义者，通常不太喜欢听到“我觉得”“可能”“大概”“也许是”这类模棱两可的字眼。

这就要求人力资源能够在关注老板的痛点、提高专业能力的同时，学会使人力资源管理数据化，凡事靠真实数字和客观结果来说话。这些年比较火热的“人力资源大数据”，也是一种通过量化的数据分析得出管理建议的策略。大数据不只是一大堆数据的存在，更重要的是，大数据还是一种思维方式和管理、治理路径。

有个 HR 开玩笑说，我们公司组织完高管体检后，我经常会问公司高管三个健康数据：血压、血脂、谷丙转氨酶，如果这三个数据都不太正常的话，我大概率就能判断对方要么工作生活极其不平衡，要么就是情绪控制有问题。其实，这就是一种典型的数据意识。

人力资源的人才盘点工作就是一种获取人才或组织数据的环节，无论是商业管理方面的商品盘点，还是人才盘点，本质上都是一种过程整理工具。人才盘点的重点就是通过对人才现状的梳理，向管理层传递信息、引发相应的管理动作。而这种信息，就是各类 HR 的关键数据，如年龄结构、学历结构、流动率、晋升或淘汰率、绩效数据、潜力评估等。**一个好的 HR 不仅要学会陈列这些数据，更重要的是根据这些数据能够向业务管理者提出相应的处理建议。**比如，在人才供应链建设方面，通过对公司或业务线的组织结构、数量、质量、业务能力等数据做出分析，提出对应的“招培借留”的管理建议；或通过对人才能力的评估，找出关键人才的短板，为关键人才制订出具体的人才发展计划，并推动组织匹配相应的管理资源；或通过对“种子选手”“继任者”

的分析，帮助管理者找到合适的梯队人才，帮助组织在用人时，“先向内看，再向外看”。又如，通过对人才九宫格的分析，对极其优秀人员破格提拔、避免竞争对手挖角，对确不胜任人员进行轮岗、淘汰。盘点后的这些数据，都能向业务管理者提出很好的组织管理建议。

“用数字说话”是不少人力资源欠缺的关键能力。试想一下，同样作为职能部门的财务管理部，一个首席财务官（CFO）用三张表（资产负债表、利润表、现金流量表）就可以说明关于财务管理、资金运营方面的一切问题，而且这类赤裸裸的数据，好的时候让人欣喜若狂，差的时候让人触目惊心，能够极大地调动业务管理者的关注点。而人力资源有哪些“关键数据”或是哪些“源代码”，能够体现你所在企业的组织关注点？

总体来说，人力资源也有“三张表”，应该关注“人力资本能力（Capital）、人力资源运作（Resource）、人力资源效率（Efficiency）”这三个层面的数据指标。首先，在人力资本能力层面，指标主要包括与人力资本能力相关的人力资源数量、学历、流动性、年龄、职称等方面；其次，在人力资源运作层面，主要是以模块来切分的人力资源基本运作流程：招聘、培训、绩效、薪酬、劳动关系等反映各个环节运作能力的基本指标；最后，在人力资源效率层面，指标是人力资源管理所要达到的基本效率，也是人力资源战略实施的效果反映。我将这“三张表”简称为CRE，将内部结构结合实践做了一定梳理，供大家参考。

表 5-8 “CRE”——人力资源数据的“三张表”

“三张表”	数据内涵
“C”——人力资本能力层面	C1. 人员数量指标，反映报告期内人员总量的指标，如期初人数、期末人数、平均人数等
	C2. 员工人数流动指标，反映企业内部由于员工的各种离职与新进所发生的人力资源变动，如人力资源流动率、主动 / 被动离职率、新进员工率等
	C3. 人员结构指标，对现有员工结构、状态的分析，如岗位分布、学历、年龄、职称等
“R”——人力资源运作层面	R1. 招聘指标，如招聘成本、录用比、到岗率、试用期保留率、渠道分布、补岗时间等
	R2. 培训指标，人次、覆盖率、人均培训费、培训费占薪资比、有用度、测评通过率等
	R3. 绩效指标，绩效工资比例、考核结果分布、面谈覆盖率、绩效指标（KPI）完成系数等
	R4. 薪酬指标，内外部薪酬水平、人均工资、关键人才薪酬、年工资增长率、人均保险等
	R5. 劳动关系指标，合同签订比例、员工投诉比例、争端解决率、社保参保率等
“E”——人力资源效率层面	E1. 全员劳动生产率，根据产品价值量计算平均每一个员工单位时间的生产量
	E2. 人均销售收入，根据报告期内的销售收入计算平均每一个员工的销售收入
	E3. 人均净利润，根据报告期内的净利润计算平均每一个员工的净利润

"CRE"三大维度带来的全面思维，可以帮助HR很好地建立数据意识，提升对数据的关注度。当然，数据永远都只是现象，好的HR可以根据数据判断公司在人力资源方面的状态，进而为管理层输出有效的人才及组织管理建议。**"知道要去关注哪些数据，知道从数据里能发现什么现象，能从现象背后提出对事情的解决思路"，这才是真正的人力资源数据意识。**

一句话，从组织的角度来看，一个优秀的HR要做到"称心如意"，即了解领导的想法、了解组织的战略和运营意图、做到"让领导称心，让公司如意"。

前面我们谈了很多HR在"懂组织"和"懂人性"方面的能力建议，而关于第三个着眼点"懂业务"，同样是这些年点击率相当高的一个人力资源热词，我们在第二节对它展开讨论，从"为什么""是什么""怎么做"的角度出发来做一个操盘分析。

"懂业务"：提升业务理解，成为价值导向型业务伙伴

关键词：战略共识；痛点分析；客户触点；平衡专业的快与慢；"对立性完美"

人力资源的成功之路并不取决于其设计和管理的人员政策，因为这些事情的价值是有限的。**人力资源的真正价值在于提供简单务实的解决方案，来满足各种业务的真实需求。**

2018年，有位人力资源负责人带队去到我所在的企业双向交流，当着上百人的面说："什么叫懂业务？就是一个HR能通过日常对业务的学习、理解，去到业务老总的办公室，跟人家谈 2 个小时的业务，而不谈人力资源，这就叫懂业务。”面对这种高谈阔论，我当场回复了一句话：“那你们公司的业务就太水了。一个非专业的职能部门，可以通过翻翻书、参加几次会议，就能去业务老总那里进行专业对等的 2 个小时交流；这就好比你去小学找到一个小学生，让他翻了翻高考题目、跟高中生聊聊天、听上几节课，就可以直接去参加高考，如果他可以通过，我只能认为，要么他是个万中无一的天才，要么就是题目有问题。”

什么叫人力资源懂业务？如何懂、懂多少、懂到什么程度？让我们通过实践来给出一个定义：**所谓人力资源懂业务，包括两个方面，第一，战略共识：不仅了解公司战略的大方向，也能了解各业务部门工作目标的小方向，避免“鸡同鸭讲”；第二，痛点分析：能够对业务单元的痛点（需求的本质）做出基本分析，并能结合专业提出相应的解决思路，避免“盲目接单”。**

那么首先，HR 要通过什么渠道了解业务呢？

几年前，我跟一个零售企业交流的时候，一位 HR 跟我说：“何老师，我只是一个 HR 专员，人微言轻，也没有机会参加业务会议，更别说什么总经理会议、战略研讨会之类的，都没渠道接触，如何才能了解业务呢？”

我把我自己的职业经历给他做了一个分享：18 年前，我只是一个普通外企专员的时候，我跟每一个一线员工交流，都是我了解业务的机会；同时，每周部门经理还会给我们开会，传递高层领导的想法；我没有机会参加高管大会，但公司会将大会的纪要整理出来，数据脱敏后上传至 OA 平台，供大家学习。这还不用说我参加公司培训的时候，和一群业务小伙伴团建的时候，甚至还有去到其他同行那里交流，或参加行业论坛学习的时候，我都有大量渠道去了解公司及所在行业的业务。后来我一路升到了部门经理、总监、副总，除了上述渠道之外，我开始组织部门内的员工交流、参加跨部门会议、代表部门向老板述职，有时还能跟外部咨询顾问探讨，又多了很多了解业务的机会。之后我升到部门总经理、院长、首席学习官，有机会参加公司战略研讨会、总经理大会，向董事长或总裁做工作汇报，带领团队向其他条线、行业内外优秀企业交流，外出游学等。战略研讨会或总经理大会是我和团队提升自我非常好的机会，每次参加大会，我都会坐到一群业务老总当中去，听着台上那位业务管理者做汇报，我哪里没听懂，我就会问问左右两边的“老师”，一场大会下来，我个人对业务的理解快速提升。大会结束的第二天，我会把我的会议纪要整理成电子版，发给大家学习，并且出 10 道选择题，要求每个员工必须考到 100 分，深刻理解老板的战略意图。我最不理解的是，有些职能部门的高管参加总经理大会，居然可以觉得无聊到睡着，可想而知这是对自己公司的业务多么不感兴趣！

一路走来，我最大的感受是：如果一个 HR 说，我人微言轻，或作为职能部门，我本身就没有和业务接触的机会，所以我不懂业务实属正常。我只能说，公司里并不缺了解业务的渠道，只缺一双发现渠道的眼睛。如表 5-9 所示，我以个人实践列出了一个职业经理人在不同职业阶段了解业务的渠道，供大家参考。

表 5-9 不同层级人员了解业务战略的渠道

层级	对应职位	了解业务战略的渠道
高层	董事长、管理团队成员（部门“一把手”及以上）	董事会、战略研讨会、总经理大会、董事长 / 总裁汇报、OA 信息平台、公司团建、咨询顾问、行业交流等
中层	各部门负责人、专业带头人	部门会议、跨部门交流、接受培训、高管见面会、OA 信息平台、部门述职、咨询顾问、行业交流等
基层	基层员工、执行层骨干	领导传达、接受培训、员工间交流（团建）、部门会议、高管见面会、OA 信息平台、行业交流等

很多同行都有不少优秀的实践。为了建立 HR 与业务相互了解的渠道，某商业管理人力资源体系长期坚持人力资源“6：30”沙龙，至今已有 100 多期。每周二晚上 6：30 开展培训，现场培训 + 线上直播，参与的范围非常大，最多时有几百人。沙龙的主要内容是 HR 人员讲人力资源，HR 人员讲业务，业务人员讲业务，业务人员讲人力资源。这种交叉式的学习，建立了一个典型的双向沟通机制，也使得人力资源有更多机会关注业务。

体验感 × 参与感 = 获得感。几年前我跟一家企业培训中心交流的时候，他们以营销的逻辑建立起了培训中心与各业务单元、分公司、子公司 HRBP（Human Resource Business Partner，人力资源业务合作伙伴）的“客户触点”，使得这些“内部客户”以种种场景和培训中心发生接触，有效地参与到了人才培养的工作当中来。既发挥了业务对人才的推动作用，又达成了与培训中心的工作协同，具体设计如表 5-10 所示。

表 5-10　某企业培训中心创造的“客户触点”

职务角色	“客户触点”场景
总裁及董事会成员	担任培训中心负责人，学习项目评审，参与高管私董会，参与海外游学，担任高管导师，参与“群策群力”业务研讨会
业务及职能中心负责人	担任培训中心 VIP 讲师，参与业务研讨会，项目评审，参与需求调研，同业交流，参与海外游学，担任中管导师
总监及高级经理	担任培训中心高级讲师，参与专业研讨会，项目评审，参与需求调研，作为管理标杆分享，担任基层干部导师
中级经理及以下	担任培训中心讲师，参加专业研讨会，获取自我成长奖，参与需求调研，作为管理标杆分享，担任员工及新人导师
分公司 HRBP	担任培训中心讲师，共享培训资源，参与培训赋能提升，培训中心共建，协同组织业务研讨，获取年度人才发展奖

有了了解业务的渠道，如何才能做到“懂业务”呢？

“懂业务”的第一个着眼点，就是对自身 HR 专业的运用。一个好的 HR 管理者，自身及其所在的人力团队应该具备一定的专业成熟度——哪怕是一个业务线转岗的 HR，也要懂得“个人发挥长板，团队不能有短板”的道理，撬动团队来发挥人力资源的专业性，进而让自己变得更专业。最起码人力资源做什么、怎么做、如何做得好，这些都要有基本的考量，判断业务线的人才问题时，才能通过专业判断让对方信服，**真正做到“通过专业与勤奋赢得尊重”**。

比如，某企业设计管理部“一把手”抱怨员工执行力不到位，认为员工执行效率低下、交办任务时相互推诿，建议人力资源为大家安排一堂关于执行力的课程，以提升大家的执行能力。HR在与管理者、员工分别做了深入交流之后，了解到的实际情况是，由于业务快速发展，团队今年涌入了大量新人（占比超过60%），“一把手”、老员工忙着做业务，没时间管新人，并且认为带新人会耽误业务工作，导致大量新员工不了解标准化流程、缺乏实操经验，进而拖慢了团队的工作效率；同时，组织的容错机制不成熟，通常是“接了任务没好处，做不好反而受罚”，同时领导经常在开会时公开批评犯错的员工，导致员工普遍认为“多一事不如少一事”，遇到领导交办任务就找各种理由相互推诿。于是HR提出建议：放弃安排“执行力培训”的想法，将“老带新”“容错机制建设”两个维度作为解决该团队执行力建设问题的主要抓手。在操作上，从“老带新”的赋能策略（短平快）、激励机制（发展、佣金、荣誉等）、考核策略（双向评估）方面做文章，确保新人带教落到实处；同时，强化组织的容错体系建设，从领导自身做起，鼓励“先完成再完美”、不盲目追求工匠精神，在激励上对于敢于承担责任的员工给予看得见的正向激励，同时对于勇于担责、业绩好的员工尽快立为标杆上墙（每月一星），供大家对标学习。该建议获得了设计负责人的大力支持，同时也改变了他认为“执行力不行就要加强培训”的片面看法。此后，设计团队开业务会议时，也经常力邀这位HR负责人参加，希望他可以多提提对团队建设的建议。

能够利用自己的专业发现业务中实际存在的问题，并提出合理化建议，这是真正意义上的“专业”。这也就是我经常说的：“专业的不等于合适的，能解决问题才是真正的专业”。同时，HR需要意识到，有些专业工作可能见效比较慢，而业务发展、考核速度则比较快，这就在客观上造成了很多业务管理者“急功近利”的表现。如果你为了解决问题动辄就上庞大的体系，虽然远期有成果，但很有可能对方等不了那么久。这就像有些管理者说的：“在公司，我们根本不用为年终考核担忧，因为只要你连续两个月考核垫底，你就已经出局了，哪会等得到年底？”**这就带来了“懂业务”的第二个着眼点——平衡专业上的快与慢。**

我们可以把人力资源工作的节奏按照快与慢切分为两类：在思考一些业务团队问题的解决方案时，通过 HR 的权限、资源，当下就可以见到效果的动作，称为“快动作”，值得立即着手、拿出效果证明，快速获取信任与依赖；而一个要布局系统、分 N 个阶段实施，或需要缓慢获取资源的动作，称为“慢动作”，可以考虑在实施“快动作”的基础上，或“快动作”取得了一定成果的前提下，并行实施、推动组织不断完善。“先有没有，再好不好”，这个节奏千万不能反过来，不然，极有可能被业务部门认为“临门倒脚太久，却迟迟不射门”，最终导致人力资源部的工作一开始“锣鼓喧天、枪炮齐鸣”，后面沦落到“穷乡僻壤、无人问津”。

举例来说，在大方向上，人才快速挖猎、关键人才保留、劳动风险规避、员工福利优化、培训课程交付等“快动作”，相对于培养体系建设、中长期激励、员工流失率降低、雇主品牌建设、文化系统建设等“慢动作”而言，耗时相对较短且比较容易出成效。同时，在人才供给、发展、培养、激励、保留、文化等某项具体工作上，也可以根据快慢结合的节奏，“立足现在、放眼未来”

地做工作策略的设计。下面我把这类专业行为的实施节奏，按照人力资源部的一些常见工作方向做了一个整理，供大家参考。

表 5–11　快慢结合——HR 专业行为的实施节奏

工作方向	快——立足现在（举例）	慢——放眼未来（举例）
人才供给	短期看招聘渠道	长期看培养体系
人才发展	先提拔上位，通过团队补个人短板	先将个人短板补好，再上位
培训体系	先推出几个受关注的课程或项目	建立系统的课程与讲师体系
人才保留	留住部分关键人才	降低全体离职率
激励系统	优化福利、强化短期激励	优化薪酬，强化中长期激励
员工关系	立即规避当前的劳动风险	建立劳动风险防范系统
文化建设	树标杆（案例）、领导强调、入考核项	梳理视觉识别系统（VI）、宣贯、审计、绩效等系统
雇主品牌	媒体软文、招聘宣传	善待员工，强化培养，提高薪酬待遇

“懂业务”的第三个着眼点，就是意识到人力资源与业务团队的“对立性完美”，用业务听得懂的语言和业务伙伴对话。上文跟大家提到的那位试图成为“教练”的 HR，她就必须意识到她认为的“德不配位”与公司管理团队的判断有什么区别，不能试图以自己认为对的判断，去要求甚至“教练”业务团队，这只能带来更深的对抗。

类似这样的案例有很多。2020 年年底，在一次公开课的交流上，某企业的 HR 现场拿出了一个他自认为做得不错的方案，跟我探讨一个问题：他个人执行力很强，每次总经理交办的任务都能很快做完，并且将一些方案的字体、框架都优化得非常漂亮，然后第一时间再交给总经理。结果他却总是碰壁，方案经常被打回。起初他以为是自己交得太快了，让领导认为他无事可做，于是故意拖了几天再交，结果依然总是被打回来。不甘心之下，他拿着方案尝试着去说服领导，结果领导甩出一句话："这不是我想要的。"他很不理解，他个人认为这是一份专业度极高的方案，但为什么领导总不理解？

我仔细问了他一些细节，给了他几个建议。

第一，他有一个很善于授权的总经理，这是件好事；但今后开展工作的时候，最好做到"起点、节点、终点"的对接。接了任务，有了想法，最好先跟领导确认一下，看规划方向对不对；过程中要注意，把一些重点思路、疑难点跟领导确认一下，确保设计内容没问题；汇报前，先跟领导确认一下最终的操作成果无误，再进行字体完善、框架优化。他目前的问题是自以为给领导"减负"，结果是"用最快的速度一条道走到黑"，坚持错误的东西不见得有多高明，做好"三点对接"才能真正确保大家始终在一个频道上。

第二，你眼中的完美和领导眼中的完美未必相同，你只从人力资源角度考虑问题，而不是从总经理的痛点上考虑；你眼中的完美是指方案本身的专业性，而总经理的眼中则是方案能否让他听得懂、能否解决他关心的几个问题。我仔细看了一下，方案里有大量的图表、模型和国外经典的理论，但总经理关心的点却体现得不够明显，有些内容甚至需要在字里行间去找。你的结论是专业结论、理论框架，但总经理需要的是一眼就能看到你给了什么业务解决思路。我建议他，今后“简单粗暴”一点，直接把总经理的关注点写在明面上，不要过于考虑专业上的框架，不要让对方去找、去推导他要的结论。你“炫技”式地沉浸在专业的技巧里无法自拔，结果说了几遍专业名词领导又听不懂，徒增烦恼而已。

他问我：那老板本身也需要懂一下人力资源啊，他自己看不懂，反倒怪我不专业，是不是也得让他出来上上课？

我说：如果是这样，那要人力资源何用？你不就是老板身边的 HR 专家吗？关键时刻，拿不出击中痛点的解决思路，反而让对方去学习你的语言，岂不是本末倒置？

我们的肤浅在于我们的专业，这可能就是我们痛苦的来源。

三支柱的实践与反思：实施人力资源三支柱的组织诊断与五个基本问题

关键词：诊断问题；以事件为中心；角色与协同；胜任力与渠道；管控模式

最后提一下不少 HR 近些年比较关注的人力资源三支柱。先用通俗的语言描述一下人力资源工作的切分逻辑：按照人力资源工作的横向模块，我们可以将其切分为“招聘”“培训”“绩效”“薪酬”“员工关系”“人力资源规划”这六个模块；按照人力资源工作的纵向工作流，则一句话概括，即“选、用、育、留”；如果按照和业务单元距离的远近，则可切分为“三支柱”，人力资源业务合作伙伴（HRBP）离业务最近，一定要成为业务伙伴，帮助解决问题；人力资源专家中心（COE）在中间，凭借自身的HR专业能力，提出解决方案；人力资源平台部（SSC）在底层，打造强大的人力资源支持系统。

21世纪初，最早在IBM公司开始了三支柱的工作转型，将HRBP、COE、SSC三个角色分开。聚焦国内，华为是较早导入推行HRBP模式的公司之一，HRBP确保业务导向、COE确保专业能力、SSC确保其全球交付一致性。腾讯的三个板块则在协同分工的基础上，对SSC不断演绎，已经升级为SDC（Shared Deliver Center，共享交付平台）。**就整体而言，要想让“三支柱”较为务实地发挥作用，就必须考虑好如下五个基本问题。**

1. 适配度：什么样的企业适合推行三支柱模型，包括条件、时机、软硬件设施等方面。

2. 定位：什么样的角色定位，才能确保HRBP、COE、SSC之间的职责与有效协同。

3. 胜任力：HRBP需要具备怎样的基本素质，才能更好地胜任工作。

4. 人才来源：HRBP的来源有哪些渠道，各自的优劣势是什么。

5. 管控：对HRBP如何管控，采取怎样的管控模式，各有哪些利弊。

首先，从适配度上来说。除了上述列举的企业，近些年一些国内的中小型企业也开始了三支柱的转型尝试，以期更好地实现人力资源的价值、推动人才战略有效落地。但不论如何，三支柱并非适合所有的企业，国外的很多人才战略“舶来品”，包括目标与关键成果法（OKR），我都建议大家审慎思考、改编式地使用，而不能盲目照搬——这里面还是存在不小的国家、行业、企业的差异。

具有以下特质的企业，在人才战略中以三支柱作为 HR 工作的抓手，比较容易成功：

1. 有清晰的人力资源战略定位，将人才战略与业务战略看作“一体两翼”的关系，而不是简单的从属或行政服务关系；

2. 具备一定的企业规模（人员、销售等），并非是一个本地化的、单一业务的小团队；

3. 有相对专业的人力资源团队，至少大部分人具有丰富的人力资源实践经验，专业能力过硬；

4. 具备较为完善的信息化基础，有强大的信息化协同系统，确保内部信息对称；

5. 有以人为本的企业文化，将人力资本当作业务去经营，而不是当作成本花费。

我将上述特征从操盘角度出发做了一个诊断工具图，供大家对自己的企业反求诸己。

表 5-12　实施 HR 三支柱的诊断问题

诊断问题	问题描述
企业规模—团队大小	我们的企业在行业内的体量是小微，还是大中型规模？
企业规模—业务类型	我们的企业是否有不同的业务单元，业态是否多元化？

续表

诊断问题	问题描述
企业规模—物理区域	我们的企业是否有不同业务地点，人员集中还是分散?
清晰的人力资源定位	我们的 HR 是个行政部门还是战略参与型、驱动型?
专业的人力资源团队	我们的 HR 是否了解业务需求，是否有能力为业务赋能?
完善的信息化基础	我们的信息化系统是否足够完善，能够提效、协同?

其次，从定位上来说。**三支柱的出现，无非是将人力资源从“以板块为中心”转变为“以事件为中心”，按照具体事件来划分三个支柱之间的工作协同，是通过内部专业化的分工来提升人力资源价值创造能力，而不能奢望其减少 HR 的工作内容。**通常来说，一个完整的流程是从业务部门提出需求到 HRBP 对需求进行评估，再由 HRBP 组织协调 COE 与相关职能部门讨论解决方案，紧接着 HRBP 与业务经理沟通确认解决方案，最后连同 SSC 共同协助业务经理落地解决方案。当然，如果 HRBP 能力足够强或事情比较简单，则可以在需求评估之后直接向直线经理提出解决方案。

举例来说，假设公司有一个研发岗位的招聘需求，首先由 HRBP 与研发管理团队确认该岗位的招聘标准、到位时间等需求点，紧接着由 HRBP 与 COE 一起明确招聘方案，再由 HRBP 与 SSC 一起实施招聘方案；其次由 SSC 负责接收简历、提供咨询、通知面试；再次由 HRBP 与研发负责人一道确定拟录用人员，SSC 负责与候选人签订合同；最后由 HRBP 和 SSC 共同完成新人的岗前培训。

从上面这个流程的定位上来说，HRBP 是毫无疑问的“先导者”，从业务一线导流痛点给中台的技术专家，然后推动中后台一起实施落地。HR 三支柱将原先具体的模块化工作变为以事件为中心的工作流。表 5-13 是将三者的角色定位做了一个整理。

表 5-13　HR 三支柱各角色的基本定位

角色	角色定位	内容
前台——HRBP	业务伙伴	在组织和人才战略、核心价值观传承方面推动战略的执行
	方案集成者	集成 COE 的设计，形成业务导向的解决方案
	流程推动者	推行 HR 流程，支持人员管理决策
中台——COE	技术专家	对 HRBP、SSC、业务管理人员提供本领域的技术支持
	设计者	运用领域知识设计业务导向、创新的 HR 政策、流程和方案，并持续改进
	管控者	管控政策、流程的合规性，控制风险
后台——SSC	执行者	执行人力资源管理制度、流程，提供标准化、集约化、流程化的服务
	支持者	承担 70% 左右的事务性工作，为 HRBP 和 COE 发挥专业职能提供时间保障
	服务者	作为服务窗口，通过提供优质、高效的服务，维系人力资源各方关系

从 2009 年开始，华为对人力资源架构进行了调整，启动了由功能型向更利于员工发展的三支柱平台转型，将 HRBP 人员调设到一线，目的是了解业务需求，以提供有针对性的解决方案、更好地支撑业务的发展。伴随着 HRBP 模式的落地，华为陆续开始

构建三支柱模型，到了2013年基本完成。显而易见，无论企业做不做“三支柱”，HR最应该成为的就是HRBP，公司“政委”及其授权管理体系也是这样的尝试。一个“懂业务、懂组织、懂人性”的HR，才能走得更远、做得更好。**因此，在三支柱当中，HRBP既是先导，又是重要的人才基础。**

再次，从面向未来的胜任力与人才来源上来说。对HRBP的要求如下：

表5–14 面向未来的HRBP能力要求

四大关键能力	基本释义
经营承担意识	以业务经营成功为最高责任，利用泛HR工具和方法推动经营提升
经营敏感性	时刻关注行业及业务环境变化，包括技术、模式、人才、监管等；能够主动开展信息提供、前瞻研究、碰撞研讨、创新和变革推动
协同作战能力	能够通过协同的方式发挥三支柱的作用，高度目标导向，主动解决、协调问题
业务孵化及赋能	提升HR数智化水平，建立对业务单元的人才管理赋能及内外资源整合能力

表5–15 HRBP人员的来源及管理策略

三大来源	培养策略
从HR群体中选拔有全面HR知识的人才	具备咨询技能和影响力，并通过在岗实践提升业务敏锐度

续表

三大来源	培养策略
从业务主管中选择有人员管理经验的人才	通过系统的使能方案提升角色认知和人力资源技能
从外部招聘有 HRBP 业务从业经验的与业人才	借助内部完善的培训、学习系统，让外部人员迅速“本土化”

最后，从管控上来说。对于 HRBP 人员，通常有三种管控模式：业务直管、人资管理、双线汇报。“业务直管型”直接让业务负责人来管理，HRBP 与业务部门联系紧密，能深入理解业务部门需求，但缺点是缺乏人力资源部门的有力支持，很容易成为业务部门的事务型人员。“人资管理型”相对能集中资源、时间和精力为业务部门提供个性化服务，且容易综合调动 HR 条线的资源，但缺点在于融入业务部门难度较大，个别人会被认为是派驻到业务部门进行监控的，从而不利于正常的工作开展。“双线汇报型”既有 HR 部门的大力支持，也可以为业务部门提供个性化的服务，但弊端是多头管理，一旦产生矛盾很难调和，在实践上可操作性比较低。因此，相对常见的是“人资管理型”。

从本质上来说，无论人力资源功能如何切分，作为人才战略的实施者，HR 本来就应该是业务伙伴，怎么分工都是内部的关注点，是基础定位。**但如何在人才管理上与业务单元有效协同，达到“平台”与“选手”的互动，是接下来更为重要的工作关注点。**

第六章

双 P 模型——人力资源工作新起点（上篇：招聘甄选与人才培养）

人力资源是一种工具，而非一个部门。如何让业务管理者、HR 部门从工具角度协同用好人力资源这个工具？从本章开始，将从人力资源工具在前后台的协同分工、突破点角度出发进行分析，帮助大家认识人力资源各模块工作中的协同出发点，以及日常推动的突破难点。

在《人才战略：人才战略规划、梯队、盘点及激活之道》的结尾处，我提出过一个人力资源工作的“双 P 模型”。

第一个 P：Platform（平台），是人力资源团队的工作重心。在人才战略的各项工作过程中，应将系统与平台工作做好。比如，建立招聘的标准流程、绩效指标制定的原则、内部讲师管理办法等，让各项人才战略工作有明确的标准化及实施流程，做到“有法可依、有法必依”。

第二个 P：Player（选手），是业务单元在人才战略中的工作重心。业务管理者要成为选手，充分参与到人才战略的实施过程当中来。比如，提出招聘要求并亲自参与面试环节、制定本部门的绩效指标并实施绩效辅导、成为内部讲师并培养下属等。而管理团队级成员更是人才战略的决策者，作为“选手”，活跃度应该是最高的。

表 6-1 “双 P 模型”的基本逻辑

关键步骤（4 个）	操作逻辑	Player（选手）	Platform（平台）
1. T——思考你的业务	业务战略	制定并宣贯业务战略	建立业务战略的宣贯机制
2. T——定义你的人才	人才标准	提出明确的人才标准	根据标准建立人才体系
	人才盘点	对本业务单元进行盘点	建立人才盘点的制度流程
3. S——打造你的人才	“招培借留”	根据自身业务需要亲自实施“招培借留”行为	建立“招培借留”的一系列流程及必要工具
4. C——激活你的人才	激活组织	提出本组织的文化、绩效及激励要求，并推动践行	建立文化宣贯、绩效管理、组织激励的各项制度流程

2021 年出版的《岩田先生》一书中，谈到全球最佳的 30 位 CEO 之一——任天堂前社长岩田先生对人才的关注：

“我就任（HAL）社长后，花费了一个月左右的时间与每位员工进行谈话。在这个过程当中，发现了很多事情。”“说到底，经营管理不是那么简单的。当然，追求短期盈利也不一定是好事，那么到底应该怎么做？公司陷入某种极限状态之时，就应该开始思考这个问题。”在大量的员工面谈的过程中，岩田先生发现了公司现存的很多问题及解决思路，领悟到实际上这应该是优先程度极高的一项工作。因此，就算在公司重建的繁忙阶段，他依然坚持每半年与全体员工进行一次面谈，这项工作持续了六到七年。

同时也让他意识到“假如不制造推心置腹的机会，员工是不会敞开心扉的”“做出这个决策的理由，其实员工并没有理会”。

业务管理者追求的，就是组织的“上下同欲”，其实关注人力资源的使用及效果问题，是上至董事长、下至人力资源专员的共同关注点，在这一点上大家是利益趋同的。人力资源也需要敏锐地认识到这一点，巧妙地创造人力资源工作与业务管理者的有效协同。人力资源工作最大的出发点，就是站在业务管理者视角思考问题，把自己的工作变成别人的工作来做。

说一件小事。2020 年我在某科技企业交流时遇到了一件事，公司 HR 操盘绩效改进工作，给员工发了一张需求调研函，开篇第一句话就是：“为配合人力资源部优化公司的绩效管理体系，提升绩效管理的精准性、专业性，特邀请大家填写此表。”结果发现响应者寥寥无几，大多只是应付差事。后来 HR 将此话改为：“为协助各部门更好地提升在公司的绩效表现，助力员工在公司获得更好的发展资源……”修改后，HR 发现大家的动力一下提升了不少，不少人提了很多建设性的意见。

这件事的前后差别是，前者是让其他部门配合人力资源，后者是从业务部门和员工的关注点切入，将自己的工作变成了别人的工作。类似这样的案例有很多，我们前面说过“没有不重视人力资源的公司，只有不重视人力资源部的老板”。人力资源的各个板块都有这类工作切入点不当的问题，没有考虑好业务团队关注什么、如何赋能式介入，一味站在 HR 本位谈工作，效率不佳。

要想从“专业的深井”里跳出来，我们需要在人力资源的几个关键工作场景中扔掉“配合”这两个字，关注业务管理者的人才管理痛点及短板，有效为其赋能，才能达到协同共生的目的。更好地从业务视角切入人才管理工作，也能帮助管理者从优秀走向卓越。

招聘甄选：业务管理者介入的必要性及“O2O”式策略

关键词：三个匹配；拉近（Zoom in）与拉远（Zoom out）；“O2O式”面试；协助搭台

从招聘的角度来说，本质的视角是招到人（数量），且招到合适的人（质量），最终达到“三个匹配”：和组织的匹配、和岗位的匹配、和领导的匹配。这里面会涉及一些编制测算、岗位架构、职位说明书、招聘渠道、面试技巧等一系列人力资源的专业工作——而这类专业工作恰恰属于人力资源的“平台”类工作，并没有触及业务管理者的痛点。

表6-2　人才招聘甄选的“三个匹配”

三个匹配	匹配点描述	关注点
和组织的匹配	匹配组织文化、价值观	不同行业、不同企业，文化、价值观、标准化都存在差别
和岗位的匹配	匹配岗位标准化流程、绩效要求、职业取向	
和领导的匹配	匹配上级领导的管理原则及行事风格	思维与能力互补，风格认可

就上述的“三个匹配”而言，传统的人力资源工作往往倾向于探讨候选人与组织、岗位的匹配，文化价值观与专业能力的组合，可称为“德才兼备”。但候选人的直接领导与候选人之间的“求同存异”，即思维与能力的互补、行事风格上的彼此认可，也是候选人“存活”甚至发展的重要条件。下属与领导之间的“不对路”导致的离职现象有很多，而一个被下属认可的领导，则有助于组织凝聚力的进一步提升。同时，由于人力资源的专业导向较为明显，往往只关注于在某一领域有出色工作经验或头衔的人，导致“关注圈”逐渐缩小；而业务领导的介入，将会有效提升关注圈，如关注候选人的社会资源、对领导本人的认可度、参与工作的动力与决心，甚至适度的冒险意识等，这就会使得“关注圈”不断扩大，甚至在某种程度上可以适当降低或忽略某类刻板标准来成就部分未来有潜力的候选人。关注圈的这类标准化与灵活化的组合，就像是一部照相机“拉近”（Zoom in）与“拉远”（Zoom out）的过程，让组织的这双慧眼看人才的风景能够更为全面、客观，这就是业务管理者参与人才甄选最重要的目的。

除此之外，业务管理者作为业务的直接负责人，其自身体现的组织文化、价值观与行为标准，是“雇主品牌”建设极为重要的一环。所谓“百闻不如一见”，候选人若能在面试现场直接感受到业务领导的行事风格，这也是最好的互相选择方式。

“聚天下英才而用之”，业务管理者应该参与到招聘面试环节，达到三个介入，即参与面试环节、提出选人标准、做强雇主品牌。在专业力的基础上，人力资源应该有效做好平台及赋能辅助工作，突破业务管理者参与的障碍，便于其更有意愿、更为容易、更有效率地介入人才甄选工作。

第一个突破点，是让业务管理者意识到参与招聘甄选的必要性，且较为容易地参与到招聘甄选的环节中。某项目经理跟我聊天时，提到他特别讨厌团队里的一个员工。我问他讨厌到什么程度，他很形象地说："我每天上班经过这个员工的工位，只要看到他坐在位置上，我这一天心情都不爽。"于是我问他："当初这个人是怎么进来的？"他说："我看了一下简历还不错，然后安排人力资源部面试招进来的。"我说："那你为什么不在员工入职前见见他？"他说："我太忙了，一个月出差 10 多天，脚都不沾地，怎么可能回来？"我跟他开玩笑说："那这样，如果以后你再出差，你就让 HR 用手机给你开一个微信视频通话，让你在远程跟候选人面对面交流——做个'O2O'式的面试官，也总比避而不见的强。人与人之间，有很多东西，是要看一看的。"

一个人"形与神"的特征，甚至"气场"（个性、默契度等），只能在面对面的状态下才能观察出来。第一印象不好，后续改观的难度很大，最后折磨的还是彼此。"无利不起早"，业务管理者介入面试环节，本身是有利于自身用人的，能力强、忠诚度高的员工，必须是由自己选拔出来的，而不能假手于人。同时，人力资源团队可以在现场面试的基础上，打造"O2O"式的面试操作，让业务管理者更容易介入。

自 2020 年开始，由于疫情对时间、地点的影响，京东、网易、海信、作业帮等企业都铺开了远程面试。虽然精准度不如现场面试，但在时间成本、管理者参与度上优势很明显，远程面试已成为业务管理者选人的趋势之一。我将远程面试与现场面试的优劣势做了一个分析，供大家参考。

表 6-3　远程面试与现场面试的优劣势分析

特点	远程面试	现场面试
地域	没有地域限制	必须在同一场地
设备	视频设备、电脑或手机，有视频功能的软件	没有设备要求
对象	适合异地人才、中高端人才和应届大学生	适合任何层级的求职者，技能型人才现场面试效果更好
环节	初筛较为有效，终选建议现场面试	全程均可使用
精准	人像和声音有偏差，精准程度会比现场面试差	面对面相对精准，但“冰山之下”依然需要判断
干扰	容易受到外界的干扰，如设备、环境等	受干扰程度较低，可以人为控制
保留	可以录音、录像，可反复研究候选人的表现；还可以把视频分享给其他面试官，共同商议讨论	现场情况很难保留，特殊岗位可能会要求现场录像
结论	两者有利有弊，但目的一致：达到三个匹配（组织、岗位、领导）	

同时，由于远程面试的自身局限性，人力资源一定要协助业务管理者“搭好台”，做好远程面试的一些协同准备，避免因软件或硬件的障碍影响远程面试的效果。以下为人力资源团队进行远程面试前的准备建议。

表 6-4　远程面试前的检查单

检查点	检查内容
环境	选择独立、安静的办公室或者会议室，背景最好有企业的商标或者图片
设备	将网络、摄像头、视频软件等提前准备好，并检查设备是否可以录屏（如需要可提前双方确认）
状态	远程面试双方的影像来自摄像头，面试时眼睛盯着摄像头，才能让候选人感觉你在看着他交流
辅助	HR 可以制作一个远程面试手册并提供给其他面试官，方便他们熟悉远程面试（若必要信息必须精准，如企业介绍数据、岗位要求等，可以提前打印或发到手机中以备不时之需）
通知	在面试前给候选人发个邮件，附上一份远程面试手册，请候选人提前准备好电脑、视频、软件、网络、环境、服饰，确认面试的时间、测试设备等事项

在现场操作上。由于远程面试的局限性，其适用范围主要是异地候选人、校园招聘等环节，通常由 HR、业务管理者协同参加，需要排好当天视频面试的发问顺序，内部协调好信息和注意事项。在提问类型上，尽量设置开放式问题或业务场景问题，减少或不用选择题、判断题。和现场面试一样，价值观、职业取向、稳定度等通识类问题可以由 HR 来把关，岗位专业问题、管理风格匹配问题则主要由业务管理者把关。同时，可以使用辅助考察的方式来配合远程面试，提高面试的效率，如笔试、问卷或企业内部测评系统，还可以请候选人提供表单、文案、设计稿、作品集等，从多方面考察候选人，甚至可以考虑通过录像回放深度分析候选

人的表情、语调和重点问题反馈（需要双方同意）。

招聘甄选：从业务管理者视角建立起人才标准及吸引力

关键词：学历与能力；背调与绩效；业绩与职务晋升；来往动机；“羊群效应”

让业务管理者介入招聘甄选的第二个突破点，是让业务管理者提出明确的用人标准。“O2O”式的面试可以在一定程度上解决业务管理者时间不足的问题，但更重要的是，作为选手的业务管理者应该明确提出用人的标准，如专业经验、公司经历、绩效标准、个性要求等。HR 可以提供类似于“岗位说明书”之类的模板供填写（平台工作），但业务管理者必须要有自身的人才标准（选手工作）。再多的战略也无法替代人才，正如谷歌所提到的：物色人才好似刮胡子，如果你不每天下功夫，别人就会看出来。

请大家做一道选择题：下列关于人才甄选的观点，哪一个你觉得是正确的？

A. 学历不等于能力，所以学历不重要

B. 如果不能使用一个人，我们就不能判断其是否有价值

C. 我们看人的时候，只要绩效过关，就是一切的硬道理

D. 如果候选人和未来领导在性格、风格等方面不合，就很难长期发挥作用

选项 A 和选项 B 都不是正确答案。**用一句话来说：“校招

看学历，社招看能力；使用前看背调，使用后看绩效。”概言之，校招候选人本身不具备工作经验，但其优秀的学历可以证明其相对出色的学习能力，这也是潜力的一部分；同时，优秀的大学可以带来更为出色的校内外实习及顶尖教授的指导经验，在学生的阅历扩张上也有一定帮助；至于同样优秀的学生之间的人脉连接，那更是一种“隐性资源”。无论创业还是就业，上述要素都给候选人带来了一定的“相对优势”。而人才在使用之前，尚未有本单位的绩效证明，但最起码可以通过之前单位的薪酬、绩效、职位等来证明、来推导其可能存在的价值，毕竟上一家单位也帮我们筛选过一道了。如果其在过去几家企业的业绩、价格标签（薪酬）的发展都比较一致的话，那么他的价值已经被之前几家企业验证过了，从趋势上也能看出来是否合理。在实际使用该人才之前，对其判断的成功概率必然大大提高。

对于选项 C 而言，我套用一下 2020 年在某央企交流时，其党委书记的一句话：

“要正确看待绩效评价和职务晋升之间的关系。个人绩效是当期业绩的体现，主要应用于奖金激励，除业绩外，职务晋升还要看能力和素质。高绩效只是职务晋升的必要条件，不是充分条件，不是得 A、B+ 就能马上晋升。人力资源部门要运用科学工具来识别、评价人才，把员工的能力、素质这些冰山之下的部分考核准，提高识人用人的精准性、全面性。”

业绩过关是人才选拔的必要条件，但不是充分条件，这一

点在从古到今的职场中都能达成共识。秦以来商鞅变法提出的“军功制”，明确提出“宗室非有军功论，不得为属籍”，有军功才有社会地位，无军功之人即便是士族富户也无法提高政治地位。这可以说，军功成为秦制人才选拔的“必要条件”。同时，韩非提出有六种人对国家富强有益，必须予以奖赏，即赴险殉诚之人（勇）、寡闻从令之人（猛）、力作而食之人（务实）、嘉厚纯粹之人（忠厚）、重命畏事之人（敬畏心）、挫贼遏奸之人（忠诚）。商鞅、韩非的思想，体现了当时皇权对于人才评价的要求。军功是硬性，是绩效；六种人品则是软性，是品德要求。

最后一个选项 D 为正确答案，相信毋庸解释——“三个匹配”的第三个正是和其直接领导的匹配。这一点需要人力资源和直接领导共同关注，除了“人才”关，还要把好“人性”关，正所谓“懂业务、懂组织、懂人性”。这也是业务管理者参与人才甄选的必要性。

而这里面，除了人力资源的面试技巧之外，比较重要的就是管理者如何看待人才来往的动机，以及“德”与“才”的选择问题，而最重要的，则是管理者的“羊群效应”。

先说说“来往动机”，它等同于两个问题：“人才为什么加入我的公司？人才为什么从上一家企业离开？”这是面试官很容易问到候选人的问题，试图验证候选人的某种职业取向或忠诚动机。

由于职业原因，这两个问题我在不同公司问过很多人才。**关**

于“为什么离开”，可以从我进行过的大量离职面谈中得到答案，大致归结为以下三点：

1. 健康原因：由于身体原因必须离开或休整一段时间。

2. 家庭原因：由于两地分居、小孩还小、家属照看等问题选择离开。

3. 事业原因：调整职业方向，或为更好的发展、为创业等选择离开。

上述三点原因都可以归结为某种“不可抗力”，正是基于此，会让一个员工的离开显得“冠冕堂皇”，既不得罪上一家企业，也会令下一家企业的面试官乐于接受。但务实地建议一下：如你对候选人离开上一家企业的动机确实存疑，还是要启动背调。因为候选人在面试中最大的诉求就是“趋利避害”，他没有必要坦诚自己是因为与上一家领导闹翻或薪酬问题而离开，甚至由于自己违反规定而被辞退——当然这也符合人性。因此，我强烈建议，对于某些掌握了“人、财、物、政府或媒体关系”等战略性资源的关键岗位，一旦你判断不清，务必启动背调，以免入职之后“请神容易送神难”。

关于“为什么来”，无论一个人怎么回答，大致都可以归结为以下四点：

1. 为钱：赚更多钱、过更有品质的生活。

2. 为发展：冲着一个很好的发展平台而来。

3. 为认可：冲着一个欣赏的领导（如旧领导或比较仰慕的专家权威型领导），或为了一群志趣相投的小伙伴而来。

4. 为平衡：冲着离家近、工作稳定、工作内容轻车熟路等原因而来。

这四点也是一个组织吸引人才很重要的四个方向。作为直接用人的面试官，在面试过程中一旦发现好的候选人，一定要亮出本组织的优点。

关于“德”与“才”的选择问题，我们在第三章提出过“战时用才、常时用德”的操作原则，此处不再赘述。

最后是管理者招聘甄选时的“羊群效应”，这一点作为平台方的人力资源必须关注。只有优秀人才组成的团队才能创造优秀的业绩，同时管理者足够优秀，也可以吸引更多优秀的人才，这是一个“羊群”的正向循环。一旦团队管理者自身优秀程度不高，则会在选人的时候对优秀人才有一定抵触及防范心理，担心自身地位不稳。

按照谷歌的观点，优秀管理者大多会招聘优秀人才，所谓“人以群分”，当然也和优秀管理者相对强大的内心有关，毕竟业绩就是“免死金牌”；但一般管理者却很有可能招聘同样一般的人才，这样可以确保自己在“羊群”中的地位稳固。**“羊群效应”是一把“双刃剑”：优秀吸引优秀，但一般却只能吸引更一般或恶劣。**在这种情况下，业务管理者选人的标准就极为重要，人力资源需要与业务管理者一同参与面试，严把面试关，从一开始就设置清晰的面试标准，杜绝过多“非量化”的人为因素影响，必要时候可以设置“人才管理委员会”，对意见不统一的人才判断问题，由“人才管理委员会”参与下一轮面试进行确认。同时，不要忘记对干部的培养，让管理者自身变得更为强大，吸引更多强者的加盟，这也是一种很好的“雇主品牌”。

招聘甄选：关注雇主品牌建设，以选手吸引选手

关键词：三种品牌；最佳雇主；招聘甄选的“五化”；圈层扩张

业务管理者参与招聘甄选的第三个突破点，是要关注招聘甄选中的雇主品牌建设。这是一个重要的公司行为，而并非人力资源部的单独行为。业务管理者作为招聘甄选中的“关键选手”，其作为面试官的角色本身就传递了企业形象。以下为某企业面试官的形象素描，我们能清晰地看到，在流程、方法类的要求之下，提出了“统一雇主传播口径”的标准。

表 6–5　某企业面试官形象素描

标准	标准描述
懂标准	深刻认知公司的价值观导向、清晰公司的人才标准、遵守公司的招聘流程
有能力	掌握常见的评价方法和标准、熟练操作结构化行为面试、合理做出面试决策
高素养	合理认知面试官的角色定位、符合基本的面试官形象、统一雇主传播口径

通常来说，企业有三种品牌：企业品牌、产品品牌、雇主品牌。企业品牌是公司的长期可持续发展的体现，产品品牌是公司当期

业绩的支撑；而雇主品牌则是将产品品牌有效转化为企业品牌的介质，更是企业将品牌的知名度和美誉度相平衡的关键。总体来说，最佳雇主有以下四个关键特征。

表 6–6 最佳雇主的四大关键特征

四大特征	特点描述
公司实力	知名度、持续发展力较高，产品和服务有竞争力，有远见卓识和魅力的企业家
管理水平	拥有较为完善的管理制度和科学的管理工具、领导力标准、业绩承诺制等
人力资源	人力资源战略贯穿经营过程，关注人才系统构建、校园招聘和高端人才吸引
企业文化	尊重人才，具有独特企业文化，输出产品的同时输出文化

就像我们上面提到的“羊群效应”，优秀的组织吸引更优秀的人才，最佳雇主的引力作用，会在人才吸引上帮助公司打造蓄水池，是一种最好的品牌营销；在人才保留上能够保留更多优秀人才，提高忠诚度，同时可以降低招聘与人才流失所带来的成本，从而最终确保组织拥有一种可持续发展的强大力量。**从操作上来说，业务管理者介入招聘甄选环节，应该从“五化”角度帮助公司建设雇主品牌，“以选手吸引选手”：**

1. 职业化：尊重面试者，简化流程，规范化、职业化操作；

2. 专业化：在面试中体现公司和自我对业务的专业性；

3. 和谐化：营造开放、融洽的交互式交流氛围（包括结束时的感谢与鼓励）；

4. 聚焦化：围绕面试主题深挖，不随意跑题；

5. 价值化：在面试环节中，挖掘候选人价值、输出公司价值。

再延伸一点，业务管理者亦可借助自身的人脉优势，在招聘甄选中动用自身圈层、新媒体等扩张招聘渠道。例如，建立员工内部推荐制度，对推荐优秀人才的员工予以奖励；参加行业论坛、研讨会、业务洽谈会、培训会、体育活动；运用微信及抖音联动宣传等方式，及时“捕捉”人才等，与 HR 在招聘渠道上达到多维度的有效协同。

上述“3+1”协同点，为招聘甄选中人力资源与业务管理者的“双 P 协同”。

表 6–7　招聘甄选中的“双 P 协同”

<table>
<tr><th></th><th>选手</th><th>平台</th></tr>
<tr><td rowspan="3">分工点</td><td>身份：成为面试官，并参与面试</td><td>平台：打造 O2O 式灵活的面试平台</td></tr>
<tr><td>标准：提出清晰的人才标准</td><td>标准：梳理岗位说明书、标准化流程</td></tr>
<tr><td>品牌：关注并参与雇主品牌、招聘渠道建设</td><td>渠道：梳理品牌输出等说辞，多元化招聘渠道</td></tr>
<tr><td rowspan="3">突破点（难点）</td><td colspan="2">时间、地点的障碍：O2O 式面试，灵活处理人才甄选的场景</td></tr>
<tr><td colspan="2">不清楚人才标准：参考 HR 提供的岗位说明书模板，同步关注校招与社招、使用前与使用后、能力与品行、主观与客观（来与去的原因、战时与常时）</td></tr>
<tr><td colspan="2">羊群效应：优秀的人吸引更优秀的人，打造“羊群”正循环</td></tr>
</table>

人才培养：两条管理建议——解决管理者介入人才培养的时间问题

关键词："零号培训"；人才压强；正式与非正式交流；在岗辅导三步法

人才培养工作实施的关键目的，是通过充分挖掘企业战略、文化及管理趋势对人才数量与质量的需求，为组织培养出一定数量的人才及提升对应的关键能力，进而最终支持绩效目标的实现与战略落地。在这个过程中，人力资源的平台工作重心在于搭建人才培养体系（架构、需求、评估、课程、讲师等维度）、组织相关的人才培养计划及对业务单元的人才培养手段、技巧进行必要的赋能。**而业务管理者的选手工作则侧重于以下三个方向：**

1. 赋能：根据公司及工作要求安排员工，对员工进行日常工作带教、经验传承；

2. 推荐：为新的业务的开展评估、物色及推荐后备人才；

3. 团建：通过日常工作指导及关系建设，建立高效、融洽的工作团队。

同时，人力资源需要敏锐地意识到，业务管理者实施人才培养的三大主要障碍：

1. 没时间：业务工作太忙，导致没有时间培养人才；

2. 没能力：口才不好、没有培训技能，"瓶子肚子大、瓶口很小，倒不出来"；

3. 没意愿：看不到培养的好处，或担心“教会徒弟，饿死师傅”。

关于很多业务管理者提出的“没时间”的问题，中交广州航道局有限公司（以下简称广航局）一位管理者的“零号培训”给我留下了很深的印象。2021 年 6 月下旬，我和广航局做过一次交流，某位工程副总跟我聊起人才培养的话题，表示自己虽然很想亲自参与，但苦于平时到处出差，只能假手于人力资源部，但他很希望改变这个现状。接着他打开手机给我看了一个微信群，名字叫“6 月份员工入职群”，成员一共 6 人。我下意识地问他：“也就是说，6 月份你的团队入职了 6 个员工？”他说，其实只有 4 个，还有 2 个人，一个是公司的 HR，另一个是他自己。问及他建这个群的目的，他打开这个群聊，里面出现了几段话，包含了如下的信息：

1. 我是谁，我在广航局工程体系负责什么，我对大家有什么工作期望和要求；

2. 广航局工程体系的基本架构是什么，授权结构是什么，有什么样的工作文化；

3. 工作中可能遇到的障碍点是什么，希望大家一周后带着怎样的心理预期进入工作。

他接着说：“生物圈有一个规律，刚从蛋里孵出的鸟类，很容易把第一眼看到的生物认作母亲。作为团队的直接领导，虽然由于出差没办法第一时间接触新员工，但我很希望通过这种手段，让他们在即将加入公司的这一刻，第一个接触到的人是我，能够通过这种方式很清楚地知道我是谁，以及我对他们的要求，从而建立起第一步的了解与信任。”

这是一个极其忙碌的业务管理者的优秀实践。**按照这家企业的常规，新人加入公司一周以内，HR会给大家提供正式的入职培训，主要涵盖企业文化、岗位标准化，这是很多新人的“一号培训”。而这位业务管理者给大家做的，则可以称作早于人力资源部的“零号培训”。**按照招聘甄选的“三个匹配”原则，恰好人力资源安排的入职培训在打“组织、岗位”的匹配，而这位管理者打的则是与“领导”的匹配——这也是新人培养的三个关注点：文化、标准化、忠诚度。

忠诚度是招聘不来的，只能靠培养与磨合。战国时期的四大公子，孟尝君、平原君、信陵君、春申君，手下号称的“门客三千”，大部分都是自己亲自挑选并在磨合中打造出来的信任感与忠诚度。而微信群里“零号培训”的出现，则从新人入门阶段就已经为忠诚度的培养打下了很好的基础。

多年前我在华润工作的时候，广西区域的某项目总经理有一个很好的管理习惯：只要团队有新人加入，就一定要抽出时间坐下来跟新人座谈，了解他们所看到的公司的问题，以及各自的工作诉求。某天上午，正好区域总裁安排他汇报工作，没办法按计划跟新人座谈，他就跟人事说，请中午在食堂安排个桌子，他要跟几个新人一起吃个饭，趁此机会也能交流一下。从管理意识上来说，“没时间”并不是指工作有多忙，而是指对方有多不重要。管理者是通过团队来完成绩效的，而不是单打独斗；若不重视组织赋能工作，下属得不到成长与关注，又如何愿意“急你所急、想你所想”？而管理者最痛苦的事情，莫过于自己急，而下属不着急。这是一种典型的“人才压强”：人才虽然聚集在组织，但得不到培养及关注，反而聚拢出一大堆怨气与抗性。若管理者始终不重视这种“压强”的存在，不及时对话、了解并疏导，那么组织能力建设及雇主品牌将无从谈起，最终制约组织业务战略的发展。

从根源上来说，业务管理者“没时间”的问题，一方面源于没有管理意识，甚至没有意识到人才培养对其团队管理的重要性；另一方面则认为人才培养一定要花费很多时间，一定要准备材料（如 PPT）、场地，要专门花时间给人讲课。基于此，人力资源团队可以做好对应的平台配合：一方面，可以建议灵活处理、碎片化处理，如上面提到的“零号培训”、正式与非正式的交流，都是对人员的一种培养与工作指导，养成习惯即可；另一方面，则是建议并赋能业务管理者多使用“在岗辅导”等手段，在日常工作场景中带教即可，并不需要准备太多的材料、花专门的时间。所谓“在岗辅导”，指的是在日常工作中直接上级给予下属工作能力方面的辅导，不管时间、空间的限制，通过工作本身来提升下属，而不需要特意停下工作。

请大家做一个判断：在以下的场景当中，哪一种属于“在岗辅导”？

1. 在某分公司的培训室中，销售部的老员工正给新员工进行新的工作流程培训。

2. 在生产线上，工间休息 10 分钟。刚一停线，班长便把工人叫到一起：“各位，由于公司正在推广 5S 管理，现在我想花 3 分钟时间跟大家简单讲讲如何在自己的岗位区域中做好5S管理……”

3. 市场部办公室，员工们正在紧张筹备着关于市场调查的工作。市场经理走进办公室，向自己的下属招了招手：“请大家转过这边来一下，为了使大家能顺利开展接下来的工作，我跟大家讲讲关于市场调查的一些原理和步骤……”

4. 项目经理让自己的一名下属给相关部门的员工发一个关于下周集团培训的通知，下属写好通知之后交给经理审阅，经理仔细地检查了这份通知，发现有三处表达不清晰的地方，他在文件上做了记号并交还给了下属进行修改。

正确答案是场景4。无论场景1至3的表述如何，都是明显的集中培训，偏重于思路上的“启发”。比如场景3，这位市场经理跟下属讲完了市场调查的原理和步骤，大家在实际市场调查的时候，依然会产生一些个性化的操作问题。而此刻如果旁边有个“师傅”，直接在工作的同时提示大家如何操作，岂不是立竿见影？又如，大家都有这样的经历：新员工入司的时候，HR对他们进行了报销流程的培训，并安排了考试，员工都考了100分，而他们实际贴票报销的时候，依然有人贴得不合规。而如果旁边有个“师傅”简单指导一下，这个人对贴票报销这个动作就会立刻掌握，且记忆深刻。**“行胜于言”，行为层面的指导比培训讲授效果要好得多，从这个意义上来说，业务管理者（或安排老师傅）在业务场景中带教所起的作用，比让人力资源部找老师上课性价比高得多。**

而场景4是典型的带教，项目经理借着工作本身对下属进行了指导行为；同时，下属利用这样的锻炼机会，相对应的工作能力将得到很好的实践提升。而反过来说，在如下的三种情况下，这位经理都没有做带教：

➢ 1. 简单粗暴型：经理仔细地检查了这份通知，将通知扔给下属，将其一顿痛骂赶走；

➢ 2. 越俎代庖型：经理仔细地检查了这份通知，将通知收回，自己直接改好发了；

➢ 3. 以羊易牛型：经理仔细地检查了这份通知，让这名下属回去，安排另一位员工负责。

业务管理者需要规避上述的三种情形，在工作场景中并行对员工的带教行为。从带教的标准形式上来说，10 多年前我在家乐福工作的时候，门店曾流行一个“岗位指导六步法”，其过程如下：

表 6–8 “岗位指导六步法”的标准过程

六步法	步骤释义	总体指导原则
1. 告知	说给他听	跟他讲解该项关键工作的必要步骤
2. 示范	做给他看	简单做一遍示范动作（或现有案例）
3. 模仿	让他试着做	让他跟着示范动作（或案例）做一遍
4. 改善	告诉他如何改进	根据观察提出对应的动作改进点
5. 固化	帮助他形成习惯	多交办几次工作给他，让他提高熟练度
6. 创新	鼓励他突破自我	在熟练的基础上，让他自己提出创新点

上述六个步骤属于标准化过程，看起来较为专业，适合于常

态化操作。为了适应业务管理者经常遇到的“时间紧、任务重、人手不足”的场景，在大量的工作实践中，我将其进一步简化为一个口诀“再一再二不再三”（在岗辅导三步法）：

- 第一次，以我为主，以他为辅；
- 第二次，以他为主，我来补位；
- 第三次，以他为主，我远程协助。

举例来说，我是个销售经理，要培养一个新入职的年轻销售小王，我固然可以准备一份 PPT、安排一个专门的时间给他上一堂课《大客户拜访五步法》——但如果我没有时间呢？按照上面这个方法，我可以在进行工作的同时带教小王。

第一次，我去拜访大客户刘小姐时，带着小王一起去。这一次由我主要跟客户交流，并介绍她和小王认识。小王在现场主要协助我一些次要工作，并仔细观察、记录我和大客户的交流过程。回公司的路上，我会让小王对刚才的过程做一下整理复盘，并对其提出查漏补缺的建议。

第二次，我和他一起拜访大客户刘小姐，由他在现场主要对接，我对其依然模糊、易犯错的关键环节、数据予以补充提示，规避风险。回公司的路上，我会再次让小王自行复盘，并解答其产生困惑的个性化问题。

第三次，我会在出发前给予必要提示，由小王单独前往拜访，并与其保持微信、电话方面的远程协助支持。待小王完成回来后，我会让其总结经验，并分享给其他新人。

这个三步法操作起来非常简洁，无论业务一线、职能管理线均适合。比如，放在人力资源场景：我是一个人力资源经理，要带教新人小李学会如何面试人才。如果我没有时间开发课件、给他讲《招聘面试技巧》这门课，我也可以使用以下的带教步骤。

第一次，当有候选人过来面试的时候，对面是两个面试官：我为主、小李为辅。由我主要向候选人发问，小李负责记录并关注整个进程。结束后我会让小李做复盘并提出建议。

第二次，再有候选人过来面试时，对面还是两个面试官：小李为主、我为辅。由小李主要发问，我对其把握不准、遗漏的问题进行补充。结束后我会再让小李做复盘并答疑解惑。

第三次，再有候选人过来面试时，对面只有一个面试官——小李。由小李根据前两次的经验操盘整个面试的过程，仍拿不准的地方可以在微信中与我交流。结束后我还会再让小李做复盘并把经验分享给其他新人。

简言之：岗位带教的性价比远胜过课堂培训。由于其并行了工作，在场景上将带教与工作场景紧密结合，在时间上将学习与转化环节融为一体，这将是比课堂培训更为推荐业务管理者践行的人才培养策略。同时，由于业务管理者本身就处在业务场景之中，因此会比 HR 更适合完成岗位带教的行为。

表 6–9　关于“没时间带教”的心理障碍及对应建议

两大心理障碍	两条管理建议
没有建立起对应的管理意识	碎片化、灵活化：“零号培训”、正式与非正式的工作交流

续表

两大心理障碍	两条管理建议
认为需要准备大量的材料及时间	在岗辅导，工作场景中带教，“再一再二不再三”

人才培养：三种作战武器——提升管理者介入人才培养的能力问题

关键词：时间管理策略；教学四步法；员工能力提升的铁三角

“零号培训”、正式与非正式的工作交流、工作场景带教策略均可以极大地解决业务管理者没时间培养人的问题，缓解“工教矛盾”，也可以将管理者或老师傅的经验“点对点”地传递出来。但与此同时，很多企业还是需要将管理经验有效地、大面积地传递出来，做“点对面”的人才培养——如同时培养一个团队的关键能力，或一对多的传递经验、宣贯价值观等。那么这个时候，身为“选手”的管理者就应当掌握“三种武器”。

第一种武器，以“时间管理”策略进行的任务分配。

来做一道“四选二”的选择题：下面的任务，哪两个可以作为锻炼性工作？

A. 董事长即将过来检查的工作

B. 完成一个普通的会议纪要

C. 下个月高管会议的准备工作

D. 即将要提交的一份日常工作方案

正确答案是选项 B 和选项 C。选项 A 为“重要且紧急”的工作，这个场景下管理者本人需要亲自上，并且要带着老师傅一起上，用于锻炼新人显然不合适。选项 D 为“紧急不重要”的工作，由于时间紧急，下一刻就有可能要出结果，最好交给老师傅办，新人最多作为协同者，而无法作为任务主要负责人。选项 C 为“重要不紧急”的工作，此类工作就是真正意义上的“挑战性任务”，有一定时间周转，自然可以分配给新人用于锻炼，管理者或老师傅做好过程监控与辅助。选项 B 为“不重要不紧急”的工作，即便做得不好，管理者也“盖的住”，当然要交给新人锻炼一下，这类工作称之为“打杂性任务”。

因此，按照“时间管理”原则，“重要不紧急（挑战性任务）”“不紧急不重要（打杂性任务）”的工作都可以交给新人锻炼。这是一种清晰的任务分配式锻炼策略，可以通过团队任务的有效分配锻炼一群新人。在操作上，管理者可以定期把团队任务拿出来进行盘点，按照此原则合理分配：哪些自己上、哪些分配式锻炼——但不要忘记了必要的监督与过程辅导。

表 6–10 以“时间管理”策略进行的任务分配

四个象限	对应分配式锻炼原则
重要且紧急	无法分配式锻炼，管理者需要带熟手一起上，力求好的结果
重要不紧急	挑战性任务，可以分配给新人锻炼，管理者或老师傅做好过程监控及辅导

续表

四个象限	对应分配式锻炼原则
紧急不重要	无法分配式锻炼，最好交由熟手直接完成，新人可从属或观摩
不重要不紧急	“打杂性任务”，可以分配给新人锻炼，失败乃成功之母

第二种武器，“教学四步法”，解决“肚大口小，倒不出来”的问题。

经常有企业老板提到：“我们公司的管理干部具备丰富的实践经验，但是这个‘瓶子’‘肚大口小，倒不出来’。”在企业内部经验分享、培训中心授课的时候，有一些“高手”极为内秀，导致一些经验不是那么丰富的“中手”却屡屡活跃在内部的讲堂中。《论语》有云：“取乎其上，得乎其中；取乎其中，得乎其下；取乎其下，则无所得矣。”同样地，在经验传导时，八分经验的老师傅往往能传导给徒弟的就是六分；而六分经验的师傅，传递效果可能就只有四分。因此，企业必须让拥有丰富业务经验的“高手”出来分享，而不能让一群自身经验尚且不足的人充斥在内部的讲堂。

很多企业 HR 为“瓶口小”的高手安排了多场 TTT 培训（职业培训师培训），效果依然不明显：能讲的依然能讲，不能讲的照旧沉闷。这是因为 TTT 的本质侧重于“编、导、演”的呈现能力，而人的呈现能力很难在一两次培训之后得以迅速改变；同时呈现能力也和人的天赋、个性有一定关联性，并不是简单通过课堂理论学习、演练就能马上提升的。这就给实施平台及赋能工作的 HR 带来了一定挑战：有没有一种工具，可以让口才呈现不是那么好的人，也能够顺利地操盘一堂课程，将经验有效地传递出去呢？

我在 2018 年出版的第一本书《重新定义培训》里，提出过一个基于成人教学风格的“教学四步法”，此处较为应景，可以做一个引述。

表 6–11　基于成人教学风格的“教学四步法”

步骤	操作方式
1. 聚焦问题	明确向学员表明通过本次学习所针对的业务问题及工作任务
2. 激活旧知	提问或引发讨论，激活学员对此类问题或任务的困惑、之前的做法、经验及感受
3. 论证新知	方式 1（倒叙）：引入案例，由学员讨论，进而导出理论、工具（学员为主 + 讲师补充） 方式 2（正叙）：导入理论、工具，呈现相关案例，由学员讨论（讲师为主 + 学员补充）
4. 应用新知	方式 1（课堂）：通过课堂练习、角色扮演、考试等方式应用新知 方式 2（课下）：给予或建议大家尝试应用的机会，必要过程辅导（在线或群）

站在呈现者的角度，“教学四步法”是以“丰富的业务经验”为基础，匹配“清楚的表达”+“提问与回答”为一体的策略。**应用这种方法，只要一个有丰富业务经验的人能把话讲清楚、能提问题、回答问题，他就可以操作整个课堂教学的过程，而不必纠结于呈现是否精彩，他对问题的解答就是对学员最好的承诺——解决问题是最好的学习。**

为了使大家在此处更好地理解这个工具的使用，我在之前案例的基础上，更新了一个课程操作性样例，供大家从实操角度进行参考，以便于更好地转化给企业内的老师傅们。

表 6-12 《如何完成一次高质量的市场调研》课程操作样例

步骤	操作方式
1. 聚焦问题	通过本次学习大家可以： （1）了解市场调研工作的基本步骤、操作流程与风险防控 （2）对比并分析自身能力的差距，思考个人操盘市场调研工作的完善点 （3）打开视野，与优秀营销管理者进行交流，汲取他人优秀的操盘经验
2. 激活旧知	由讲师引导，可选择以下方式： （1）问答互动：你过往在市场调研工作中有哪些困惑（学员讲述、讲师引导及记录） （2）分组研讨：将本组在市场调研中的困惑进行讨论、分类，每组通过一个白板呈现出来 （3）故事分享：每组选一位代表讲述自己在市场调研中的故事，分享困惑和智慧点
3. 论证新知	**方式 1（倒叙，适用于以研讨为主的教学方式，时间相对充裕）：** （1）引入案例：《× 企业某次市场调研活动复盘》 （2）问答互动：案例中 × 企业做得好的地方在哪里、不好的地方在哪里，理由有哪些 （3）分组研讨：你认为一个高质量的市场调研应该主要关注哪些方向、避免踩哪些坑 （4）讲师总结：高质量市场调研的工作价值链、价值输出点、风险防范点 （5）问答互动：你们认为还有没有需要补充的（讲师可选择达成共识的重要思维补充）

续表

步骤	操作方式
4. 论证新知	方式 2（正叙，适用于以讲述为主的教学方式，时间相对较紧）: （1）导入理论：高质量市场调研的工作价值链、价值输出点、风险防范点 （2）案例呈现：《× 企业某次市场调研活动复盘》 （3）问答互动：你认为一个高质量的市场调研应该主要关注哪些方向、避免踩哪些坑 （4）学员补充：你们认为还有没有需要补充的（讲师可选择达成共识的重要思维补充）
5. 应用新知	方式 1（课堂，可任选搭配）: （1）课堂练习：本企业 A 区域的一次市场调研活动设计 （2）实战：市场调研中出现的 12 个难点事项，请回复解决策略 （3）角色扮演：分别扮演潜在客户及市场调研人员，完成课堂角色对话 （4）课堂考试：优秀市场调研人员应该掌握的专业、通识、制度流程等
	方式 2（课下，可任选搭配）: 实践建议：建议在工作中落实所学内容的场合、实践方式［如：尝试使用“市场调研实施六步法”完成最近一次的市场调研工作，并在学习群里反馈实施效果；按照“SMART”原则（具体、可度量、可实现、相关性、有时限）来衡量你现有的工作目标，并完善］ （1）自我学习：推荐延伸学习书籍（如《× 行业市场调研案例集》《市场定位及客群分析策略》等） （2）建群交流：建当期学员群，促进知识点应用情况（收获、困惑等）在线交流 （3）课后考试：优秀市场调研人员应该掌握的专业、通识、制度流程等

“教学四步法”对于业务管理者而言，点燃了单纯提升表达能力之外的另一盏灯：聚焦于内容输出及问题解答的能力。这也是我经常提到的“知者为师”，即“知道问题答案的人就可以做老师”。极大地便利了内秀的老师傅们传递经验给企业内部员工，避免了单纯靠气氛、演绎能力取胜的导向，追求干货与解决问题才是企业内部讲师传承经验的真正目的。

第三种武器，“员工能力提升的铁三角”，解决员工赋能的系统性问题。

我们在本章提到了不少业务管理者适用的人才培养手段，但不少业务管理者在人才培养过程中容易“东一榔头，西一棒子”，或“忙时工作，闲时培养”，导致员工的赋能工作杂乱无章。更有甚者，片面地认为人才培养就是人力资源或企业大学的工作，员工培养等同于上课，培养计划等同于课程计划，找几个外部讲师上上课，就算完成了人才培养。

如何从系统角度思考员工能力提升的问题，这就是“铁三角”出现的原因。

来做一道选择题：小刘作为项目管理工作的新人，尚未经历过一个完整的项目管理过程，同时对于项目管理的基本流程、要素也不甚了解。你决定对他采取一些辅导行动，以下哪个辅导选项效果最好：

A. 先让他自行操盘一段时间项目管理，之后再为他调整及指正

B. 送他一本书《×× 行业项目管理实战大全》，让他先自我阅读

C. 先给他安排有关项目管理的培训课程，多跟老师学习

D. 先安排他进入项目小组，与其他项目管理经验丰富的老员工一起工作，嘱咐他多加观摩别人的做法

E. 先为他说明在从事项目管理时必须考虑的要素，并提供实际的示范（或参考案例），令他有步骤地跟着试做

若如题目所说，只能选“效果最好”的辅导选项的话，答案就是 E 项。A 项直接付诸实践，但小刘连基本流程都不了解，“战损率”就会偏高；B 项单独存在时效果最弱，没有将军是单靠读书读出来的；C 项课堂培训最大的价值是给人带来启发，但依然没有岗位带教、工作实践的成效高；D 项为跟老师傅学习，属于经验学习的范畴，是个相对不错的选择，但和同时涵盖了“理论（先为他说明在从事项目管理时必须考虑的要素）、经验（并提供实际的示范）、实践（令他有步骤地跟着试做）”三个要素的 E 项比起来还是稍显单薄。

换个角度来看，如果可以多选的话，上面这道题目就是一套很系统的“方案”，从“理论、经验、实践”三个角度分别强化，组成员工赋能的“铁三角”。以下结合操盘实践经验，我将“铁三角”的内部结构、操作建议（选手 + 平台）做了一个整体描述。

表 6–13　员工能力提升的“铁三角”

三个方向	七个维度	操盘策略（选手）	HR 的配合（平台）
实践	轮岗	三种类型：轮不同项目、轮不同部门、轮不同工作	轮岗制度、考核标准
	挑战性任务	在重要不紧急的工作，或在重要紧急工作中进行辅助	协助任务分配、评估

续表

三个方向	七个维度	操盘策略（选手）	HR 的配合（平台）
经验	师带徒	管理者本人或业务线老师傅在工作场景中带教	协助制订带教计划
	复盘	定期组织复盘活动（会议、培训、团建等），学习经验，避免犯错	复盘的表单、会议形式及经验案例萃取
理论	标杆交流	内部标杆：组织内部绩优员工；外部标杆：行业优秀企业、组织、个人	萃取内部标杆经验、推动外部对标游学
	阅读	推荐贴合管理意志的书籍、文章，举办读书活动，推动文化、价值观“润物细无声”地植入	协助书籍引进、阅读后的工作改善思路
	课堂培训	定期安排内外部培训，开阔员工视野、启发思维	培训计划、讲师安排

皮克斯动画工作室于2016年制作过一个动画短片《鹬》(Piper)，用鸟类的视角真实地反映了一个“新员工”是如何快速成长的。每个人的成长路上都会有恐惧与舒适圈，因为恐惧而躲进舒适圈，即便“父母”（理论）、“师傅”（经验）如何呼喊，都无法取代个人行动的脚步（实践）。好奇心、内生动力是一个人成长的基础，“父母”所代表的理论和流程给予了行动与安全的基本框架，而要想突破原有的思维模式、获得更大的成长，则需要一个“工作场景带教”的师傅，通过行为指引新人的成长。最终，个人的成长依然在于自己的内生动力：“我饿了，所以我要吃饭”“我穷，所以我要赚钱”“我要做一个激动人心的产品”“我要拿 ×× 奖”等。

有一定“野心”、不“躺平”、敢承担，才是一个人快速成长的先决要素。对于业务管理者来说，培养人的策略很重要，选对内生动力强的人才培养也很重要。

“你行走的半径决定你的视野”，实践第一、经验第二、理论第三，“铁三角”有助于帮助业务管理者全面梳理员工能力提升的系统。在管理者思考赋能的时候，按照三个角度综合布局，结合HR的有效协同，将会给组织的人才培养带来更为全面的思维。

人才培养：三大动力系统——解决管理者介入人才培养的意愿问题

关键词：组织设计法（环境）；协同补位法（平台）；利益驱动法（激励）

灵活化、碎片化的带教，“三种武器”的系统使用，可以帮助业务管理者突破人才培养中的“时间、能力”两大障碍，最后，制约管理者个人的，就是培养人才的意愿问题了。“内生动力”，无论对于被培养者，还是对于培养者来说都同样重要。

当一家企业由于规模太大，无法以单一团队运作时，管理者会参考各种经验法则进行分割。有些人认为，应该以50人为一个小团队。我们前面提到过亚马逊的“两个比萨”原则，有一个经典的管理理论，说管理者的管理幅度最佳不超过7个人，单纯依靠资金和资源而过快膨胀的团队只是一种“虚胖”，组织能力和管控幅度会很快制约其长期的发展能力。上述逻辑对超出管理幅度（直接汇报对象）带来的效能下降问题进行了明确的界定。但谷歌反其道而行之，其领导者的管理幅度通常是20多人，有时甚至有30—40人，这种“出格”的管理策略按常理来说会带来效率低下、沟通不畅的恶果，而这恰恰是谷歌有意为之的策略。

谷歌有一种观点：“领导者的目的不是管理，而是支持。”这里提到的“管理”，应该是以人对人的控制而展开的约束性行为，而“支持”则指的是管理者需要为团队提供创意的支持、资源的整合与能力的提升，简言之，就是“赋能”。从“管理”到“赋能”，谷歌试图让领导者拥有更多的汇报线，以此打破他们惯常的管理幅度，迫使其适应以赋能为推动的管理策略。阿里巴巴等企业也做了类似的尝试，给到管理者远超管理能力的团队及任务，同时安排对应的考核动作，倒逼他们不得不开始思考赋能、提升团队整体的“自运行”能力，否则，沿用那种“事必躬亲”的管理手段，必定无以为继。

“形势比人强”，谷歌、阿里巴巴这类创新型企业使用这种客观环境的“逼迫法”，让管理者做出赋能的必然选择，这是一种组织设计策略。但国内很多企业依然处在一种传统的管控模式下，人力资源的权限有限，也没有办法从整体组织上做出改变，那么就需要从协同补位上做到“难度下降”，从推动力上做到“无利不起早”，让业务管理者更容易、更有动力地介入人才培养。

多年前，在某500强企业工作的时候，我曾邀请某区域营销总担任内部讲师，在两周后为新销售管理人员进行经验分享。为了表达重视，我当天上午10点特意给他打了电话，以院长的身份邀约并感谢他，紧接着授权某下属负责对接其行程与前期准备。

结果这位下属当晚 8 点给我打了个电话，说让我赶紧看一下邮件，该营销总在邮件里委婉拒绝，说实在是太忙，就不来了。我心生疑惑：上午还答应得好好的，结果过了不到 12 个小时就变卦了，“翻脸比翻书还快”。登录邮件系统一看，我才明白了原委。

邮件当中，我的下属作为对接人，写了如下的话语：“Z 总您好，感谢您接受学院的邀约，为新任营销管理者分享经验，为了使您更好地完成经验分享，请您填写如下附件……”

我仔细看了一下，附件有三个。第一个附件是一个课件模板，细到使用微软雅黑几号字体、课程结构建议、内容分布等统统都写了进去；第二个附件是一个“互动建议”，建议开场有破冰、中场多久安排休息、课程结束前设计答疑环节等；第三个附件是一份学员名单，里面列出了 40 多位学员的基本情况，有营销经验较为丰富的，有转岗营销管理的，有在外企做过营销的，有在央企或国企做过营销的，还有销售冠军与普通销售等类别。最后他写了一句话：“请 Z 总详细参考三份附件，在培训开始 × 天内将课件提交给我，同时提前设计好对应的互动方式，还要注意仔细看看学员的各自不同情况，做到‘因材施教’……”

这封邮件让我看得头皮发麻，我想如果我是这位被邀约的营销总，我一定会在心里吐槽：“原来培训是一个这么复杂的工作，需要准备这么多材料，还要兼顾这么多不同的情况，我的工作已经很忙了，这种尾大不掉的事情还是不要参与了，免得销售业绩受影响，岂不是得不偿失？”看完邮件，我第一时间电话安抚了这位营销总，他说：“你上午邀请我的时候，我以为是过来跟大家聊聊天、交流交流想法就可以，没想到这么复杂……”我当即告诉他：“你就是过来跟大家交流经验、答疑解惑的，我那位下属的邮件你可以无视。”

我将操作逻辑迅速做了调整：培训提前一周，我让下属把那位营销总所在区域的营销复盘会议材料发给大家课前阅读（翻转课堂），并组建了学员群，在群里大家先提出一些困惑点、自行研讨；培训当天，这位营销总负责分享，我安排下属专门负责开场破冰（游戏等）、中场休息提示、课前问题搜集及课中对话引导、结束前答疑的组织，而这位营销总开口把他的经验交流给大家、能回答现场学员的问题即可。课件本身就是他们上次营销复盘材料的关键文字，我事先让下属简单调了一下文字格式、配了一些图文，提前和这位营销总确认了一下内容，方向正确、能凸显要点即可，并不追求华丽程度。当天这位营销总以交流和答疑为主，和大家聊得非常开心，很多学员的疑惑也得到了解答。课后我让下属统计了一下，学员评价极高，有学员忍不住说：“解决问题就是最好的学习，Z 总的经验极为丰富，现场解答了很多我困惑已久的操作难题，这是我听到的最有价值的一堂课。”

上述操作逻辑，实际上就是一种“协同补位”。作为人力资源团队，千万不要将业务管理者参与人才培养的“专业难度”提得太高——要将“专业门槛”降下来，让业务管理者聚焦在内容输出上，通过丰富的经验去“清晰地表达、有效地答疑”即可，不必过于追求课件的漂亮程度、语言的华丽程度，语音、语调、眼神、手势的使用等“编、导、演”这类培训专业的技巧。但如果公司

有这类的形式要求，需要课件有格式、整齐划一，那么 HR 直接协助调整即可。我一针见血地说：其实你调整的就是形式，而绝对改不了对方的内容，因为你不如对方专业，那么还提什么所谓的“课件修改建议”呢？直接帮对方将格式改了即可，让对方以极低的难度介入这项工作。再有，如果觉得哪位老师傅讲课不够生动，没有游戏、互动、提问等专业操作手段，那么你作为“平台方”直接带大家玩个游戏、安排大家跟老师傅提问互动就可以了，不必把这类要求都提给他们。“编、导、演”本就是一种人力资源的培训专业技巧，切忌以此来盲目要求业务线的老师傅们，这样只能在人力资源专业的深井上越走越深。人力资源愿意在协同角度承担，根本不是所谓的“增加负担”，这样做反而有助于业务管理者更容易、更有意愿介入进来，发挥其真正的价值——专业经验（干货），让培训工作更容易组织起来，这才是一个性价比很高的工作。

表 6–14　培训工作本身的“补位协同”系统

	业务管理者（选手）	人力资源（平台）
课前	准备交流的内容，确保干货、有价值	协助梳理课件格式、传递学员需求、安排课前学习基本参考资料预热（翻转课堂）
课中	清楚地分享操盘经验、案例；有效地回答学员关注的问题	组织学员，带大家完成分组、破冰活动、课前课中游戏等环节；适时安排答疑
课后	关注学员交流群，保持日常交流	组织学员在微信群延伸交流、资料学习

按照“无利不起早”的原则，让业务管理者、老师傅们意识到人才培养对其工作及成长的好处，这一点同样重要。

从组织管理的角度来说，人才培养、梯队建设的目的，本质上是降低优秀员工流失所带来的风险。一个人越优秀，人才市场对他就越透明，单位时间之内流失的概率就越高。那么，何不在优秀人才还在的时候，尽快将其经验复制出来，这样，哪天“老张走了还有老李，老李走了还有老刘”，这也符合组织“共好”的思路。因此，管理者需要盘点一下，每次考核阶段结束之后业绩为A的员工，都必须成为师傅。而为了鼓励大家成为师傅，管理者本人以身作则成为“第一个师傅”就很有必要了。比如，国内大量企业培训中心的“校长”“院长”，都是公司“一把手”或管理团队成员，这样才能让人才培养提升到组织的层面，才能鼓励更多的“指战员”出来分享经验。

当然，如果出现老师傅担心“教会徒弟，饿死师傅”的场景（这类场景在业务一线较多），建议大家把握一个基本原则：“能者多劳、多劳多得”。对不同条线的带教者需要采用一定的激励策略，因为人才培养本身是在完成业务工作的同时进行的任务，属于“发展”项，而不是“生存”项（有些企业单凭资源也能获得短期的发展，但长期则必须考虑人才培养）。所有“自私”的师傅，都对组织充满了忠诚度——如果他明天就打算离职，怎么会担心“教会徒弟饿死师傅”呢？**因此，对带教者的激励系统设计，也是动力建设的重要关注点。**

在管理线，可以通过发展性激励来推动师带徒。在前文我提到了某餐饮店的激励策略：店长业绩优秀的同时，通过师带徒培养徒店长，师店长可以获得徒弟店面净利润3%以上的提成。在三级分销的模式下，一个师店长可以拿到徒店、徒孙店的一系列净利润分成，同时“带出一定比例的徒弟”也成了优秀店长晋升的必要条件。

在业务线，可以通过佣金等物质性激励推动师带徒。某地产公司在推动销售冠军带徒弟的时候，明确规定：一个销售的业绩到了“尖叫任务”以上，就可以带1—7个徒弟，而这些徒弟的佣金在半年之内抽出10%给师傅作为激励。设置半年的原因，是因为“不能总拔一只羊的羊毛”，而1—7个则是因为师傅的精力原因。个佣奖励销售，公佣奖励师带徒。那么半年之内，师傅越早带会徒弟，越早抽公佣奖励；带的徒弟越多，“转化率”越大。销售重利，不少销售冠军都愿意“多、快、好、省”地把人带出来。

而在职能线（如财务、人力、信息化等板块），则可以通过绩效加分、后备干部推荐资格、年底评优资格、外部游学进修资格等条件，推动“师带徒”，使用“刚需”性的激励策略。

表6-15 “师带徒”的激励系统设计

三条线	激励方向	设计策略
管理线	发展性激励	带出徒弟与晋升发展通道相对应
业务线	利润性激励	带出徒弟与物质性奖励、抽成比例相对应
职能线	绩效性激励	带出徒弟与绩效加分项、评优、学习机会相对应

本节提到的三大系统，组织设计法（谷歌的“逼迫型赋能”）、协同补位法（培训的协同分工）、利益驱动法（三条线的激励设计），都是从内生动力角度打造业务管理者介入人才培养的建议手段。毕竟，成长的最大动力，永远来自自身。

最后，我们将人才培养中的“双 P 协同”做一个整体梳理。

表 6–16 人才培养中的“双 P 协同”

	选手	平台
分工点	赋能：根据工作要求安排员工，对员工进行日常工作带教、经验传承	体系：搭建人才培养体系（架构、需求、评估、课程、讲师等维度）
	推荐：为新的业务开展评估、物色及推荐后备人才	计划：组织并实施相关的人才培养计划、效果评价
	团建：通过日常工作指导及关系建设，建立高效、融洽的工作团队	赋能：对业务单元人才培养手段、技巧进行必要赋能并提供协同支持
突破点	1. 没时间：灵活、碎片化地操作，如“零号培训”、正式与非正式交流； 2. 没能力：三种武器（以“时间管理”为原则的任务分配、以“教学四步法”为原则的经验分享、以“赋能铁三角”为原则的能力提升系统）； 3. 没意愿：三个系统（组织设计法、协同补位法、利益驱动法）	

第七章

双 P 模型——人力资源工作新起点（中篇：绩效与执行、员工关系）

绩效与执行：前端——明确指标订立的关键逻辑

关键词：指挥棒；改进器；四大原则；"傻瓜式"模板；六个关键词

请大家做一道选择题：下列哪几项是你提升团队执行力的关键？

A. 善于用人：将合适的人放到合适的位置

B. 责任到人：将合适的工作分给合适的人

C. 工作要求：提出明确、量化的工作要求

D. 过程跟进：跟进执行过程中的资源、能力及风险点

E. 主动汇报：和下属建立起规律性的工作汇报机制

F. 有效复盘：定期对工作的经验点、改进点进行复盘

这是一道没有标准答案的选择题，这几年来我曾在很多与商学院、企业的内部交流场景下问过不同行业、层级的业务管理者，每个人的答案都不尽相同。这是由于大家的组织类型、行业发展阶段不同，各自团队执行力短板也不同，而这些管理的关注点，恰恰能够直观地体现在绩效的关注点上。管理者也可以根据下面这张关注点平衡表，对应思考自身在绩效工作上的着力点。

表 7–1 管理关注点与绩效关注点的平衡

管理关注点	思考问题	绩效关注点
1. 善于用人	有没有建立起下属的绩效标准（方向、权重）？	绩效标准（前）
2. 责任到人	有没有根据下属的绩效情况有效分工？	绩效分工（前）
3. 工作要求	有没有对下属提出明确的绩效要求？	绩效指令（前）
4. 过程跟进	有没有将对下属的绩效辅导日常化？	绩效辅导（中）
5. 主动汇报	有没有建立起人才的绩效汇报机制？	绩效对接（中）
6. 有效复盘	有没有明确的绩效结果反馈及指导建议？	绩效反馈（后）

其中，绩效标准、分工、指令，都属于前端绩效指标设定的关注点；绩效的辅导、对接则属于中端绩效实施过程的关注点；绩效反馈则是后端绩效结果的呈现及评价。**绩效管理本身是一个指挥棒，是员工执行力建设的利器，也是组织能力提升的改进器。**

绩效的英文是“performance”，其字面意思是“一场表演”“一场秀”；但要想这场“秀”的结果好看，方向必须正确，且过程的付出是其所必需的，正所谓“台上一分钟，台下十年功”。**“绩”是指业绩，即工作成果；“效”是指效率，即工作过程。**绩效首先是工作的结果，同时也包括了影响该结果对应的过程要素。荀子曰：“不闻不若闻之，闻之不若见之，见之不若知之，知之不若行之。”团队对于绩效标准的清晰、有效的分工、过程的跟进、能力的辅导、日常的对接与结果的复盘能够在很大程度上提升团队的执行力。“问渠那得清如许？为有源头活水来”，绩效就是组织的“活水”。

从绩效工作的协同策略上来看，人力资源团队应当重点关注以下三点。

1. 框架与规则：订立绩效管理的规则，并赋能业务经理掌握绩效指标订立的方式方法；

2. 过程管理：监控、评审、推动业务经理订立组织及员工绩效，并进行日常辅导；

3. 平衡风险：弱化绩效过程中的劣性评价，确保相对公平。

换个视角，业务管理者应该侧重关注以下三点。

1. 指标订立：制定本部门的绩效指标，并将其分解给员工；

2. 过程辅导：对员工进行日常绩效辅导、推动绩效能力提升；

3. 结果反馈：根据绩效执行情况，对员工进行有效的绩效评价。

对于业务管理者而言，绩效管理就是确保团队或个人的工作活动及业务成果能够与组织的目标保持一致的过程。员工绩效管理的首要方向是制定明确的、有导向性的绩效目标，绩效管理的核心是做好辅导与沟通，绩效管理的宗旨是给组织带来绩效改进。用一个绩效公式来形容：管理者的绩效管理重点 = 目标的设定 + 绩效辅导与反馈。从客观障碍上来说，业务管理者在绩效与执行中的三个突破点是明确指标订立的逻辑、有效实施过程辅导、客观务实地进行绩效反馈。

对于第一个突破点——“明确指标订立的逻辑”而言，各个业务单元的绩效指标因其部门分工、业务阶段不同会有一定差异，但管理者一定要清楚：所有管理行为的本质，都是对目标的管理

（哪怕“方向大致正确”，也是一种目标）。无论是职能或是业务管理者都需要有全盘视野、系统思维，善于统筹安排、整合资源，站在系统产出最优化的角度上分解任务，防止员工各自为战。

从这个角度来说，所有人都需要关注指标订立的四大原则。

1. 战略性原则：组织绩效承接公司战略及经营目标，个人绩效承接组织绩效。自上而下目标逐级分解、责任到人；自下而上绩效逐级承诺、结果关联。

2. 充分沟通原则：指标订立的过程是上下协同的过程，上提要求（分解）、下定目标（承接），双方确认（认可）。

3.“SMART”原则：指标本身要具体、可度量、可实现、相关性、有时限。

4.“二八”原则：指标不是越多越好，关键指标（KPI）最好不超过五个，简单明了、赏罚分明。指标越多，就越有自相矛盾的可能，就越有摧毁创造力的可能。

绩效指标对组织与个人是一个极强的导向标，能够引导组织与个人做正确的事、正确地做事、做组织需要的事，激活个体的内在动机，关注效果与效率，推动个体与集体风险共担与利益共享。关于绩效本身的导向标作用，是所有管理者在人才战略中需要关注的重点。

在遵循上述四个导向性原则的基础上，业务管理者可以参考下面这个“傻瓜式”模板，进而很直观地、快捷地描述出一个绩效指标。

表 7-2　可供参考的绩效指标设定公式和范例

动词	明确的业务 KPI	目标值 / 数量	时间（期限）	权重
例：获得 / 增加 / 降低 / 提高 / 缩短 / 开发……	例：销售收入 / 顾客满意度 / 顾客投诉 / 生产质量 / 作业流程 / 新顾客 / 新技能……	例：1000 万元人民币 / 从目前 8% 到 4%/ 挡位（A-B-C……）……	例：截至第二季度末 / 截至 12 月末……	例：30%、20%、5%……

在这个模板中，“动词”代表完成绩效指标的关键动作，“明确的业务 KPI”是关键指标的内容，“目标值 / 数量”是帮助指标的成果量化，“时间（期限）”代表执行任务的时间范围，而“权重”则代表该项指标在整体工作中的重要程度。对于这些内容，员工在填写之前，业务管理者可以先把团队的工作任务告知大家，由下属根据各自的岗位职责进行任务分解，再填写此模板，由业务管理者进行双向沟通复核，如方向对不对、目标值大了还是小了、时间长了还是短了、权重高了还是低了等，最终根据业务实际情况做出微调，确保大家始终在正确的轨道上做事情。

上述模板提供了一个“傻瓜式”的标准化操作思路，可以大幅规避员工在订立指标时对动作、数值、节点、重要性描述不清晰的情况。**但同时，在订立指标的过程中，还有不少管理者会遇到一些操盘上的困惑，综合这些年的交流情况，我列出**

如下四类。

1. 数值的来源不清：如给部门或员工定指标的时候，具体指标是从哪些方向考虑的，是只能看数量的“多与少”吗？万一我自己也拿捏不准多少是“多”、多少是“少”呢？或者某项新任务，没有相关先例，我们并不清楚“多与少”的边界呢？某些人或团队拿不出“多与少”的数量，难道就没办法评价了吗？

2. 进取心与控制力：某些团队或个人的岗位属于“守成”型的，没有“进取”类指标，且对指标数量的多少自己说了不算。比如一个行政文员，公司要求她每月组织三场会议，难道她可以跳起来说“我是一个有进取心的人，我觉得三场会议是不够的，我一定要办五场会议”？要办几场会议这件事本身不是她能决定的，这种“进取”类指标“看起来”毫无意义。

3. 汇报线条多元化：某企业员工，受组织架构的影响，既要向张总汇报，又要向李总汇报，且两位老总对他都有考核权，那么当张总、李总意见不统一的时候，他到底该听谁的呢？还是对其工作完全不做考核，两位领导都只有建议权？不然，就很容易带来“行动分裂”。

4. 前后台的差异化：职能部门是“后卫”、业务单元是“前锋”；前锋创造利润，后卫做好配合。但有些公司职能部门的绩效评价高于业务部门，带来部分业务管理者的不满：认为职能部门并非直接创造价值，在指标评价上就应该低于业务部门。

上述四个来源与评价的混乱问题，建议大家参考如下六个关键词及对应建议。

关键词 1：多少。这是绩效指标来源最为常见的路径，如销售额 3000 万元、净利润 200 万元、完成 10 个项目投标工作、完成 2 次市场调研活动等。

关键词 2：高低。比如，本身数额多少不清楚或不好判断，可以通过对比来界定。又如，销售额超出去年同比 20%、客户满意度高于竞争对手 3%、成本低于集团另一家分公司 10% 等。

关键词 3：前后。某些工作并不涉及任务量数值（如“按期完成合同审核”），则可以通过时间的前后来对比界定。比如，提前 1 天完成奖励多少、推后 1 天完成扣罚多少等。

关键词 4：正负。对于一些“守成”型工作，“进取”类指标意义不大，且无控制性，那么可以反向思维。比如，与其规定“一个前台文员每月必须接待 100 个客户，且 80 人以上为满意”，不如反向规定“若本月无客户投诉，则为 90 分，每多一个客户点赞加 1 分，上限 100 分”，变进取类（无法控制）指标中的“人数、满意度”为“投诉率、对应加减分项”（可控性强）。这种逆向思维法对于一些“守成”型岗位来说，可以描述为“无过即是功”“锦上还要添花”。

关键词 5：权重。比如，某公司销售员，既要向销售条线的营销总汇报，也要向本地公司的项目总汇报。对于双线汇报的员工来说，传统的观点是建议其在思考自身定位的基础上，分清两个领导的需求，找到共同的关注点，强调沟通的重要性。但更重要的是，在考核设计上，最好差异化权重，如 A 领导占 40% 权重，B 领导占 60% 权重，那么一旦两位领导意见不统一的时候，员工就会倾向于选择对其评价权重更大的领导的意见。管理权就是一种评价权，而评价的权重高低就是一种明确的行为导向。大到一家公司的董事会决策，需要遵循“占比多数原则”，小到一个人的行为选择也是同理。不然，若员工一直处于某种“分裂性”的指令状态，矛盾或冲突是迟早的事。

关键词 6：可比性。从严格意义上来说，绩效考核并不会对职能或业务“挑肥拣瘦”，而所谓的“职能部门并不创造价值”这句话也不成立。大家都是公司的一分子，只是分工不同，没有高低贵贱之分。职能创造职能的价值，如人、财、物、组织管控、资源整合等，与业务团队的利润导向型价值不太一样，但缺了谁公司都可能出问题。只要考核内容是承接组织和战略，做到公平、公正、公开，且经过管理团队达成共识的，那就是有理有据的。不同类型的部门之间绩效没有可比性，尤其是职能与业务部门。同时，这种“事后改分”的情况，严重背离了绩效考核的初衷，这次改了 A 部门，下次就要改 B 部门，总会有某个部门吞下这个恶果。组织管理没有绝对意义上的公平，只有分工之后的差异化评价。

绩效与执行：中端——有效实施过程辅导

关键词：从战略解码到绩效执行；绩效辅导的“九型”；五个绩效沟通问题

对于第二个突破点——“有效实施过程辅导”而言，管理者一定要清楚：**考核是工具，但不能用考核替代管理，任务安排之**

后的过程管理、赋能及风险防控是必需的。绩效管理是一种通过动态地、持续地控制来提升效率、改善行为的策略，在这一过程中，管理者是业绩改善和提高的推动者，而不仅仅是员工业绩和能力的评定者。管理者必须在“战略解码、指标订立、绩效执行”等阶段与下属进行有效沟通，为其提供评价与支持，并推动其改善绩效，这一过程就是绩效辅导的过程。

传统人力资源认为，管理者与员工进行绩效辅导，可以参考使用“STAR”的基本结构（背景 Situation、任务 Task、行为 Action、结果 Result），与员工进行交流，探讨发生的情形，给出建议和想法。

表 7–3 “STAR”行为事例探讨框架

背景 / 任务（S/T）: （简要介绍发生的基本背景与面临的任务）	
实际发生的（实际采取了什么行为及结果）	建议的（建议今后采取什么行为及结果）
1. 行动 / 行为（A）:	1. 行动 / 行为（A）:
2. 产生的结果（R）:	2. 预期的结果（R）:

此外，从员工日常的工作场景来看，绩效辅导是一种融入日常管理行为的动作。大量的一线管理者认为所谓辅导就是培训，所谓培训就是人力资源部，这又会导致将属于日常管理动作中的很重要的组织能力建设假手于人。绩效辅导的日常化过程，既不是简单地嘘寒问暖，也不是简单地做培训，是在不同工作场景中

对员工的赋能。了解是评价与辅导的基础，在日常了解员工工作的基础上，才能在提升员工能力的方向上“有的放矢”。

我将管理者日常对下属进行绩效辅导的场景横向切分为“九型”，供大家参考。

表 7–4 绩效辅导的“九型”

九种辅导类型	动作规范建议	不规范动作提示
1. 员工上岗前	传递“文化、标准化、忠诚度”	让人力资源自行安排入职培训
2. 接受新任务	说明、带教（“再一再二不再三”）	不说明目标，只强调执行
3. 犯错误时	纠正、启发、就事论事（重复犯错，公开批评；非重复犯错，私下批评）	上纲上线、不断打压、挫伤自信
4. 定期培训	现场 + 远程交流，让员工有所得	工作忙，懒得做培训
5. 工作复盘	让大家相互学习经验，避免犯错	工作结束就散了，不做复盘
6. 授权时	根据“SMART”原则、时间管理原则分配任务	授权等于放权
7. 员工升迁时	过往经验分享、挑战任务	让其自生自灭
8. 情况复杂时	群策群力、培养思维	“一言堂”，家长制代理工作
9. 下属请教工作时	借题发挥、补充对应常识	未想到“工作本身就是培养人”

绩效辅导的“九型”，是管理者日常辅导员工的九个常见场景，

不少场景在前面章节提到人才培养的时候都有涉及。比如，员工上岗前的“零号培训”，可以在传递文化、标准化之外，在人力资源的“一号培训”之前，先行建立起信任感和忠诚度；接受新任务时，可以考虑“再一再二不再三”的简易带教法；定期安排远程、现场培训，复盘经验交流，让大家有集中学习的机会，避免组织“重复发明”；授权时关注指令的清晰，同时可以以任务分配的时间管理原则来练兵；员工获得升迁时，除了表达恭贺之外，可以将你过往的经验也分享给他，或让他尝试一下新的具有挑战性的任务，更快适岗；情况复杂时，如原因不明的销售业绩下滑、内部士气低落，可以考虑召集团队线上线下群策群力，集合智慧解决问题；而下属请教工作是一个“借力打力”的场景，正好可以进行“在岗辅导”，引导其思考不足、补充对应的常识或技能，有利于下次执行。这里面唯一需要单独提示的是，员工犯错误时的辅导手段，因为这里面有我们面对错误时的态度。

我们面对错误时的态度，决定了我们成功时的样子。有管理者拿一些刻板的管理理论说，“表扬要公开、批评要私下”，或“大声表扬、小声批评”。这是完全不论团队大小、事情性质如何的做法。如果你的团队中 A 员工犯了错，B、C 甚至更多的人又犯了同样的错误，那么当众批评或惩罚 A，就是在教育大家。从本质上来说，如果团队有重复犯错的情形或该事项对团队影响极大，一定要公开批评，因为这是最好的培训和成本节约：第一，如果每个人都走在重复犯错的路上，那么组织的成本有多大；第二，如果团队人很多，难道要把每一个人单独叫到办公室说一遍？而该事项如果没有重复发生，且对组织影响不大，当然可以私下批评以保全员工的面子。一句话：在员工面子和管理效能方面，管理者应该优选管理效能。领导力 = 素质 × 绩效，没有业绩的领导力，再有亲和力或综合素质，也无济于事。**“就事论事”，才是面对错误时最真实的辅导策略。**

上述纵向“三个阶段”、横向“九种场景”，构成了管理者实施绩效辅导的重要操盘框架。同时，作为“纵横”当中都会出现的沟通方式，建议管理者能回答清楚如下问题：

1. 我和下属固定的沟通频次与方式是什么？

2. 灵活的、紧急的沟通方式是什么？

3. 我自己的沟通习惯是什么（如不习惯微信，最好直接电话）？

4. 建议下属什么情况下与自己沟通、什么情况不需要及时沟通？

5. 自己希望下属的任务反馈方式及要求是什么（如呈现方式必须是 PPT 或图表等）？

上述五个问题，是业务管理者和下属在日常沟通中产生矛盾的根源。有很多管理者并没有明确约定跟下属的沟通频次，导致有些下属“一条道走到黑”却从不沟通，有些则事事请示令人烦不胜烦。有些管理者并没有明确传递自己想要的工作或方案成果，导致下属多次试探被打回，执行意愿大打折扣。魔鬼藏于细节，如果业务管理者能关注这类沟通的细节问题，则能在“纵横交错”的框架上，取得更好的绩效辅导与沟通成效。同时，人力资源团队也要一并关注，做好对业务团队的绩效管理赋能。

绩效与执行：后端——客观务实的绩效反馈

关键词：流程框架；正向反馈；改善性反馈；"广深高速"；交易成本

对于第三个突破点——"客观务实地进行绩效反馈"而言，**管理者需要意识到面谈的目的是帮助员工改善绩效，而非杀伐手段，最终的面谈是要达成共识而非制造对立。**这就在于管理者日常对员工工作的了解，就事论事、有理有据，多谈事情好坏、少论人性善恶，多谈建设性意见、少论快意恩仇，正所谓"面谈在现场，功夫在诗外"。

从绩效反馈的标准化结构上来说：前端注意营造良好的面谈氛围，建立彼此之间的信任，并清楚地说明面谈的目的；中端需要就绩效任务的完成情况与员工进行沟通，实施"正面反馈"或"改善性反馈"，同时可以根据员工绩效现状给予职业、能力的发展建议；后端在结束前达成共识，对面谈内容进行简单总结，为以后的工作提出建议，并整理好面谈记录。

表 7-5 中我列出某企业的绩效面谈操作框架，供大家参考。

表 7-5　某企业绩效面谈操作框架

面谈步骤（可记录）	注意事项（操作关注点）
1. 开场问候、告知目的	目的清晰、善于聆听、结论先行
2. 厘清状况、确认原因	问题 / 成果厘清、适时分享、进程控制
3. 问题 / 成果探讨、寻求方案	讨论并建议、提出预防 / 挑战 / 改善计划
4. 达成共识、鼓励行动	表达信心、提示风险、共识收结

上述绩效反馈框架带来了一个基本的流程式思维，**但实践上真正的挑战是，操盘“正向反馈”与“改善性反馈”这两个场景时，遇到的管理与人性面的挑战极为尖锐，需要分开来对待。**所谓“正向反馈”指的是当员工出现绩优行为，或需要给予正向评价时的反馈策略，因为这类面谈往往会给当事人带来“阳光雨露”，故而也可以称之为“赋予性面谈”；而“改善性反馈”指的是当员工出现绩差行为，或需要给予负向评价时的反馈策略，因为这类面谈往往会使当事人丧失一些权益或机会，故而也可以称之为“剥夺性面谈”。

请大家做一道选择题：下面给员工“正向反馈”的场景中，哪四项是必需的内容：

1. 为他指出效果良好的具体表现

2. 询问他通过什么方式使工作效率提高

3. 征求意见，这个成功经验是否可以推广复制

4. 探讨将来怎么办、如何做得更好

5. 让他指出其他同事哪里做得不好

6. 告诫他不要骄傲，小心被其他人反超

7. 做得好是正常的，得益于我对你的支持，要学会感恩

这是一道很简单的选择题，我有意将正确答案（选项 1 至 4）都放在了前半部分，这些动作的实现，在于你日常对员工的了解，让员工有表达成绩、感受成就的机会，同时一定要尽快将好的经验推广出来，避免过高谈判筹码或不可抗力的离职行为所带来的经验流失。而选项 5 至 7 的出现，恰恰是列出了一些业务管理者不太妥当的做法，希望大家规避。

正向反馈真正的难点是，如果该员工有些行为超出期望（甚至超越其直接领导），且自身难以找到工作完善点的时候，有的管理者就只剩下一句话“干得不错”，草草打发了事。须知，如果领导都没有办法对下属工作提出指导性意见，且下属长期处于绩优的状态，那么部分进取心较强的下属，极有可能认为“既然我都如此优秀了，你又没法指导我的工作，那么你何德何能成为我的领导呢？”如果在心里有了这种想法，那么就极有可能造成管理失控；或员工通过跳槽实现自己的理想，让本来对下属赞誉有加的领导痛失一员爱将。因此，解决的方向就是：如何让下属认识到自己不是那么完美，依然还有进步的空间，进而保持持续成长的动力？

我给大家提供一个有效的反馈工具——“广深高速”。管理者可以通过从“广度、深度、高度、速度”四个角度的引导，来推动员工自我觉醒，找到更大的工作提升点，永不止步。让今天最好的表现，成为明天最低的标准。

表 7-6 “广深高速”——工作迭代完善四问

维度	引导问题	价值观导向
加广度	此项工作如何进一步提升对内、对外的影响力？	不能本位主义，从工作本身建立大局观
加深度	此项工作的品质还能不能做得更好？	对成果要有“不满足”的态度、工匠精神
加高度	如果你是领导，你会怎样做？	学会换位思考，拔高自身的管理意识
加速度	这件事的效率 / 速度还能不能更快？	工作效率的快，依然是以品质为基础的

举例来说：在“加广度”方面，可以问对方“能否将你的经验分享给其他同事”，或“能否提出对营销、财务协同流程的优化建议”，或“你能否从融资角度再思考一下成本优化思路”；在“加深度”方面，可以是“上次客户满意度为 96 分，我们试试看这次能不能提到 98 分”，或“上次产品去化率为 80%，下次能否提升到 90%”；在“加高度”方面，可以是“如果你是财务总监，你如何处理跟总裁这次汇报的内容”，或“部门内部大家认为这次指标偏高，你认为应该如何协调”；在“加速度”方面，可以是“上次三天做完，下次能不能两天内”，或“我们把节点再提前一周试试看”。

“广深高速”的使用目的，并不是去探究各项问题的真实答案，而是为了推动下属在工作优秀的同时保持谦虚与进取心，进一步追求卓越，创造其新的“进步空间”，这才是其真实的含义。

请大家再做一道选择题：下面给员工“改善性反馈”的场景中，哪四项是必需的内容：

1. 回顾过去，描述员工的工作行为
2. 根据客观情况，描述员工行为的影响
3. 征求员工的意见，听取其对行为的解释
4. 跟员工一起探讨将来如何改进
5. 根据其他员工反馈，描述员工行为的影响
6. 直接给出改善建议，要求其必须执行到位
7. 不听员工辩解，严厉批评其业绩不良的行为

这道题目的逻辑和上一道选择题同理，选项 1 至 4 为较好的做法，选项 5 至 7 为不妥当的做法。这些动作也在于你对员工日

常的了解，要就事论事，不要变成批斗大会，可以做引导，但要使其自身意识到问题。**但真正的挑战，在于是否能达成共识、推动改善。**这恰恰是“改善性反馈”的难点：在“赋予性面谈”的场景中，如果下属做得不错，结论以奖励、提升为主，那么自然皆大欢喜。这种情况下很少有下属提出诸如“领导，这个奖我不要了”“请一定不要给我升职加薪”这类话语。但如果你面谈的结论是为了传递“降职降薪”“通报批评”“驳回申请”这类惩罚性信息，或“给了别人而没给你”之类的事项，就创造了一种“剥夺性面谈”，很容易产生冲突，造成失败的管理结果。

下面我结合一个典型的“剥夺性面谈”场景，为大家做一个形象的分析。

你是公司的销售总监，昨天公司决定，提升你为公司的 COO（首席运营官）。

你手下有一名区域销售经理李强，为你立下了汗马功劳。你能升职，他功不可没。你曾表达过李强是你的接班人，但是你决定提拔贾明做销售总监，且公司已经通过决议。

李强的团队销售业绩突出，是销售明星，但是他的情绪管理能力不好，与其他区域经理的关系很僵，主要原因是他的合作精神差。贾明的团队销售业绩不如李强，但贾明的合作能力很强。

李强对你的提升和贾明的提升一无所知。

你今天要赶飞机出国开会，你有 30 分钟的时间跟李强谈话。你下次见到李强是一个月以后。

上述场景中，你需要在 30 分钟内和李强完成“剥夺性面谈”，告知他真实的结果且让他接受、达成共识，一旦谈崩，一个月之内李强离职或趁机让组织失序的概率就会很高。要想面谈成功，建议大家关注以下六点。

1. 肯定与感激：开场就告知李强自己升职的消息，并高度认可李强的价值。

2. 不隐瞒：直接告诉李强，我没提拔你，提拔了贾明（越早告知越好）。

3. 认真倾听：听一下李强自己的想法。

4. 恰当的辅导：通过真实案例指出李强的问题在哪里，并用自己的经验提出改善建议。

5. 拿出“交易成本”：如李强无法升职，那么自己可以给他带来什么其他的收益作为补偿。

6. 严格要求：提出要求，在我不在期间，希望跟贾明搞好关系，注意组织和谐。

其中，第五点“交易成本”是这个谈话的核心。**管理是有“交易成本”的，通俗地形容就是：你拿走他一样东西，请还给他一样东西，以达到对方心理的平衡。**在上面这个场景中，若你拿走了李强升职的机会，那么你必须在谈话前想清楚：你可以还给他一个什么机会——给不了升职给加薪，给不了加薪给学习成长，给不了学习成长给新的挑战机会等。比如，你告诉李强，他无法成为销售总监，但可以成为 COO（首席运营官）的助理，创造一个新的职业机会；或者可以得到一个分公司总经理后备（B 岗）

的发展名额；或者是一个外部进修的机会等。如果你拿不出任何交易成本，那么和李强谈通的概率就比较低——因为不管你怎么迂回、怎么解释，对方被拿走东西 / 机会的感觉依然是很痛苦的，我们必须理解这种痛苦，并提前准备好交易成本，才能尽可能提高这种“剥夺性面谈”的成功概率。

“交易成本”在组织当中比比皆是，“拿走与归还”的基本思路，适合于包括绩效管理、日常管理当中的方方面面，有利于管理者有效地维持管理的平衡度，更有质量地做好人才管理工作，推动人才战略的成功。更多关于人才战略中“交易成本”的分析，我们会在后文中进一步详述。

最后，我们将绩效管理中的“双 P 协同”做一个整体梳理。

表 7–7　绩效管理中的“双 P 协同”

	选手（业务管理者）	平台（HR）
分工点	➢ 指标订立：制定本部门绩效指标，并将其分解给员工	➢ 框架与规则：订立绩效管理规则，并赋能业务经理
	➢ 过程辅导：对员工进行日常绩效辅导、推动绩效能力提升	➢ 过程管理：监控、评审、推动业务经理订立绩效目标及日常辅导
	➢ 结果反馈：根据绩效执行情况，对员工进行有效的绩效评价	➢ 平衡风险：弱化绩效反馈中的劣性评价，确保相对公平

续表

	选手（业务管理者）	平台（HR）
突破点（难点）	1. 明确指标订立的逻辑：关注订立的四大原则、操盘的六个关键词	
	2. 有效实施过程辅导：结合“STAR”框架、绩效辅导的“九型”角度操盘	
	3. 客观务实地进行绩效反馈：正向反馈的“广深高速”与改善性反馈的“交易成本”	

员工关系：系统性的团队建设，提升管理沟通能力及员工满意度

关键词：团建的四个基本命题；三大怪现象；多种沟通渠道；个人好恶

俄国寓言家克雷洛夫讲过一段话：出头露面的人是有福的。知道世人一定在看着他必须完成的事业，他从头到尾都干得挺有劲。然而这样的人更值得尊敬，他默默无闻地躲在暗地里，在漫长的辛苦的日子里无报酬地劳动，得不到光荣也得不到表扬；只有一种思想鼓舞着他的勤劳——他的工作对大众是有益的。

员工关系着眼于组织与员工之间的和谐共生，关注员工发展与归属感，并且通过这种共生与信任关系的建立，打造优秀的雇主品牌，推动员工为组织能力做出更大贡献。现在公司的管理层以“80后”居多，一些管理者总觉得钱是对员工最好的关怀。这种想法从自身出发带来关怀，不无道理，但有点绝对。**如果企业一直快速扩张，给大家都能带来利益，则能“以利合”；但如果企**

业暂时遇到难关，考验的就是员工归属感、雇主品牌、企业文化、工作价值感，甚至新生代员工认为的“工作是否有趣”“工作是否能给我带来链接”等这样“以义合”的问题了。换句话说，当遇到不可避免的组织动荡问题时，员工关系管理将承担起不可替代的作用，甚至成为公司的最后一道防线。

从员工关系建设角度来说，人力资源的平台工作主要涉及以下几项。

1. 员工的入职、离职管理，员工信息及档案管理，劳动合同关系及争议的处理；

2. 员工内部沟通渠道的建设、满意度的提升与文化、心理健康建设；

3. 对一线经理进行赋能，有效规避劳动风险，合法合规用工。

换个角度，业务管理者的选手工作主要涉及以下几项。

1. 营造组织内部相互尊重信任的氛围，尊重劳动合同、避免用工风险；

2. 参与劳动关系谈判，保持与员工沟通渠道畅通，使员工能够参与管理、建言献策；

3. 关注本部门员工的工作、生活需求，保持其健康、正能量的状态。

2018 年，某民营企业在成都拿到第一个项目，鉴于营销的重要性，外聘了一个代理公司的区域总经理担任营销总经理，结果干了三个月不到就惨遭公司解聘。我曾问过这家公司的人事：三个月作为营销的前期工作是很难出业绩的，为何公司如此急着淘汰他？原来，这名总经理来到公司之后，动辄以“太笨”“做事风格不一致”“价值观有问题”等理由淘汰员工，原营销团队 17 个人，被他淘汰了 7 个，而淘汰的目的则是把过去自己的旧部逐一召集过来。猛烈的淘汰替换行为导致剩下的员工人人自危，于是向总部写了投诉信。总部一开始做了口头警告，结果此人依然不收敛，以“一切为了做好业务”为由继续替换员工，最后分管该区域的总裁也不能“为了一棵树，放弃一片森林”，只能在员工的一片呼声中将此人解聘。

我和组织的后备干部、“空降兵”交流的时候，都会明确表达一个观点：当你接手了一个团队之后，前三个月之内，千万不要随便“动刀”，团队建设是首要命题。这名总经理错在其刚加入团队，就开始“动刀”。按道理说，能力弱的（太笨），管理者需要对其进行带教行为；默契度不够的（做事风格、价值观不一致），管理者需要进行团建、日常交流，打造团队彼此的了解、建立默契度。任何“称手兵器”都是要自己打造出来的，丢掉了“带教”“磨合”这两个动作，贸然“动刀”，结果只能被团队反噬——这还不算一些企业内部的有背景的员工，因为过去业绩突出或掌握了不可替代人脉资源、技术资源而拥有“免死金牌”的员工。以下我梳理出团队建设的四大基本命题，供大家参考。

表 7–8　团队建设的四大基本命题

四大基本特征	管理者需要关注的问题
清晰的目标	大家是否清楚，你是否解读目标（**战略传导 + 绩效辅导**）
互补的技能	团队能否跟你能力互补，你有没有为大家赋能

续表

四大基本特征	管理者需要关注的问题
良好的沟通	你跟团队的正式、非正式沟通机制有没有建立
内外的支持	作为团队管理者，你有没有帮大家争取组织内外的资源

上述场景只是业务管理者在日常员工关系中的雷区之一，在实践基础上，建议管理者在这个领域重点关注如下三个突破点。

员工关系的第一个突破点是，员工满意度建设，这也是本节的关注点。员工满意度是员工对于工作中所包含各项因素（如环境、工作内容、同事关系等）的一种主观感受，本质上是员工期望与企业实际情况之间的差别，差别大，则满意度低；差别小，则满意度高。我们下一章将要探讨“总报酬模型”，会分析“薪”与“酬”对员工的激励作用，而传统的“盖洛普 Q12”则从文化及工作环境角度分析员工的满意度。**下面我们从业务管理者日常对员工的管理及沟通角度，提出三大怪现象，以及对应的建议。**

怪现象 1——下属懒惰，团队狼性不足。这些年我听到业务管理者最容易发愁的一个场景就是“领导着急员工不急”，如领导还在办公室，员工挤破头打卡下班；团队业绩不好，员工居然还上班刷抖音；开会询问大家建议，现场一片沉默；微信群里发出指令，半天无人响应等。情急之下，不少管理者容易发火动怒，然而这更加强了一些员工眼中“简单粗暴”的领导形象。

究其原因及建议，“下属懒惰”这一现象主要涉及如下几点。

其一，人性。人性本身就有追求安逸、稳定的倾向：如果能躺着赚钱，为什么要跑起来？但同时人性也有趋利避害的倾向：“早起的鸟儿有虫吃”，是告诉鸟儿早起之“利”；而“快起来，不然老鹰来了”，是告诉鸟儿晚起之“害”。绩效管理中的目标及对应的奖惩措施、人才发展及淘汰策略，就属于应对懒惰的调节策略。

其二，经理人指导不足。很多组织都有一种新人的“蘑菇效应”：团队来了新人，管理者只管“招”不管“培”，导致新人加入公司后连基本的工作流程、生产资料都无法获取，工作都难以开展，谈何满意度？工作再忙，“零号培训”、岗位带教、工作复盘这类动作还是可以做到的；现场再忙，微信群工作交流、下班后谈心、中午食堂餐厅交流这类指导环节还是可以做到——可以“O2O”式地交流，就可以“O2O”式地指导。

其三，人员安排是否有错。“人岗匹配”是用人的第一导向，我们在前面章节也详细探讨了人才标准、面试选人的问题。合适的人要放到合适的岗位，合适的人也需要合适的机会。

其四，员工动力不足。员工动力缺失有很多原因，公司业务下滑、缺少发展机会、团队关系复杂、薪酬激励不足等。找到真实的原因才能有的放矢，对于一些内部可控的原因，如关系、机会类的，管理者需要以身作则，强调“简单、坦诚、阳光”的关系建设，通过 AB 岗位制、多通道职业发展、宽带薪酬及职务序列为员工在内部创造机会。但“打胜仗永远是最好的团建”，面对“蛋糕无法做大”、外部环境（市场、政策等）不可控条件，则需要管理团队在厘清战略、争取资源的同时，保持自身的信心。

其五，有些人是真懒。比如，一些家境不错的员工，工作就是为了不空虚；有些人找不到工作的意义，自己选择了“混日子”；有些人是认为自己工作能力已经很不错了，甘于享受“无敌”带来的“寂寞”。对前两类员工要考虑是否安排从事一些相对低附加值的维稳型工作，或从精神、荣誉感等方向引导其价值，而后一类员工则在于管理者如何为其创造“饥饿感”。比如，某企业管理者常带着团队出去对标学习，让他们看看更优秀的公司、更优秀的员工，知道“人外有人，天外有天”，自然有助于推动其学习的动机；某企业营销总经理经常带着销冠出去团建、旅游，让他们看到更好的生活状态、更优质的商品，激发其“赚更多钱、过更好生活”的意愿，不要总觉得自己现在得到的这点就够了。有的时候，人的傲慢恰恰是因为无知，所以管理者创造员工“饥饿感”的目的，就是让他们看到更好的榜样或更好的目标，激发其内在动力。

怪现象2——下属有怨不说，缺乏沟通能力。很多管理者认为自己的下属缺乏有效的向上沟通能力，内心有意见也不跟自己交流，导致双方突然间“火山爆发”“一拍两散”。其原因有两个：

其一，下属尝试了沟通，但由于组织“容错机制”比较低，所以“受挫”之后选择了沉默。比如，下属提出了自己的想法，但说了也没用，反而被批评了一顿；或努力跟领导沟通，但被认为理由不充分而驳回，进而自己选择放弃沟通、找人吐槽或选择对抗。这对于管理者的倾听能力与格局是一个挑战，组织智慧的上限源自“台上台下”智慧的叠加，而不只是台上这一个人。同时，人力资源也需要监控到一个现实：管理者自身的自信心越强，越能够有容忍心，容易打造出容错度高的组织；反之，若自身越不自信，越有可能以否决下属为由来树立自己。因此，选拔、培养管理者的时候，素质类的影响也需要关注，甚至可以创造一些下对上的评价让员工发出声音。同时，管理者也要意识到：如果不能容人，在贫弱的组织能力下，最终倒霉的还是自己。

其二，上下级之间缺乏沟通渠道。管理者平时忙于工作，没有花时间跟下属沟通，导致彼此缺乏磨合而带来矛盾。对于沟通渠道问题，管理者需要建立一个技巧：学会将严肃的问题在轻松的场合下去交流。和团队创造正式与非正式两种沟通场景：办公室面对面交流是一种正式场景，但很像谈判，有些话不一定能谈透；办公室外是一种非正式场景，可以放下身段彼此敞开心扉交流。这两种场景都是管理沟通的场景，应该并存于员工关系建设。

表 7-9　员工关系中的多种沟通渠道、身份

正式沟通方式		非正式沟通方式	
办公室内	谈工作、开会研讨、培训等	办公室外	吃饭、唱歌、爬山、跑步等
工作现场	听汇报、划重点、纠错误等	远程交流	微信、抖音、电话、游戏等
关系关注点： √ 身份 A. 上级领导：指令 + 指导，下达工作指令（要求执行）、指导工作方向（监控）； √ 身份 B. 兄弟姐妹：关心 + 用心，关心对方身心健康			

怪现象 3——上级以个人好恶判断员工。一些管理者会主观地将员工关系认为是"员工和我之间的关系"，要求员工"既要会做，也要会说""既要会做事，也要会来事"，要求员工"主动向我靠拢"，而自己则官架子十足。喜欢的叫"追求卓越"，不喜欢的叫"吹毛求疵"；喜欢的叫"高瞻远瞩"，不喜欢的叫"好高骛远"；喜欢的叫"能屈能伸"，不喜欢的叫"懦弱无能"。甚至有些人对团队还形成了自己的一套主观评价体系，导致组织"劣币驱逐良币"。

在这方面管理者要想自我察觉，相对会比较困难；而职位越高的管理者，越容易受到虚假信息的蒙蔽。因此 HR 也要做好员工的评价平台，多使用以 360 度、内外结合、业绩 + 价值观为代表的多维评价法，减少直接的上对下评价，避免"一言堂"。企业内部还可以成立"人才管理委员会"，遇到评价两极分化的员工，由管理委员会成员讨论评议，做到"公平、公正、公开"，最大限度地维护组织的公平性、降低员工的不满。当然，HR 更要有自己对组织的觉察与判断。比如，我在本节开头提到的那家民营企业新任营销总"动刀"的案例，后续公司的 HR 也被迫离开了公司，原因是新任营销总入司后，HR 负责人非但没有帮着一起搭建员工关系的平台，让营销总跟大家多了解、提示营销总员工的一些背景与风险、推动营销总与大家的团建活动，反而跟着他一起搞"组织变革"，结果变到最后，营销总受到"反噬"离开了，HR 自己也受到员工憎恶，黯然退场。

员工关系：有效规避用工风险，关注新生代员工管理

关键词：三大典型场景；淘汰与胜任；新生代员工管理

员工关系的第二个突破点是，有效规避劳动合同中的用工风险。劳动合同是人力资源部门员工关系管理的法律依据，HR 自然是主要的研究方与执行者，但千万不要让业务管理者认为“最后一道门总归是有人守的”，大家都需要了解其中的一些风险，尤其是对于“末位淘汰”“工作胜任”“泡病假”等典型场景的处理。

典型场景 1——末位淘汰。刘小姐是民企销售部门的销售顾问，两个月内，刘小姐的销售量都居于团队的倒数第一名，但每个月都能成交两单。销售部领导认为刘小姐的销售业绩不符合企业要求，按照末位淘汰制的要求，对刘小姐进行了辞退。刘小姐认为自己的销售业绩虽然不佳，但是工作努力积极，而且每月皆有成单，在此情况下，不应该属于“不胜任工作”的情况，遂提出仲裁申诉，请求撤销辞退，继续履行合同。仲裁结果是公司撤销辞退决定，继续履行合同。

管理者需要清楚一点：所谓的“末位淘汰”，并不完全符合“不胜任工作”的辞退理由。末位仅是一种用人单位考核排名的状况，而不能胜任是因劳动者的技能不能满足岗位需要而导致工作无法正常完成的情况。对于销售人员来说，考核前定销售指标，并进而规定完不成销售指标者，属于不能胜任工作，有了这样的规定之后，才能依据员工的销售量，对比销售指标，认定员工是否为

“不胜任工作”的情况。单纯地依据员工的销售量最差，是不能直接得出员工“不胜任工作”的结论的——即使所有员工都胜任工作，也会有人排在末位；即使所有员工都不能胜任工作，也有人排在首位。因此，用人单位设置“末位淘汰”的关键在于：第一，是否以“末位淘汰”为由解除劳动合同；第二，被淘汰的末位员工是否能够胜任工作——这就会关联到下一个场景。

典型场景 2——如何判定员工“不胜任工作”。老李是一家公司的副总，一年来工作尽心尽力。2008 年初，企业高层召开重大会议，老李因为私事未能出席，引起公司总裁的不满，经企业高层决定，以不胜任工作为由，对老李予以辞退。老李十分愤怒，提出仲裁。经仲裁，老李获得 5 万元赔偿。

所谓员工“不胜任工作”，是指其表现不符合工作岗位的要求，即不能达到该岗位所要求达到的目标或核定的工作任务。整体来说，对不胜任工作的认定结论，需要一些证据的支持：首要的就是企业的规章制度，如劳动合同、岗位说明书中应该明确说明什么是岗位要求、什么是胜任或不胜任；经员工签署的绩效合同也是一个重要依据，管理者也需要以绩效面谈的形式告知员工考核结果。同时，过程中要对员工做绩效辅导，有的企业还要求按照“STAR”模板做记录，这也是为了留下过程证据。员工的协同部门、同事对其的评价也可以作为参考。如果是对外部门，那么客户投诉记录、满意度等也可以作为重要依据。

典型场景 3——“泡病假”。这是我在 2019 年跟某国企进行交流的时候，一些管理者和 HR 提到的重灾区，我以我的爱好“马拉松”来举个例子：小陈是个马拉松爱好者，平时表现不错。前段时间，他向公司递交了三天的病假，称身体不适，部门经理没怎么为难他就批了假，可就在其休假的三天里，部门经理听客户说在一个马拉松活动现场看到了小陈。小陈复工的第一天，部门经理就找到了小陈，希望他能给一个合理的解释。小陈坦诚相告：“自己用了三天病假参加跑步活动，因为年假已经用完了，如果请事假，不仅这三天的工资要被扣除，年底的全勤奖也没了，损失可不是一点点。”小陈够坦诚，处罚自然免不了，但从管理者角度出发，如何避免今后再有此类事件发生呢？我提两点建议。

第一，苦练内功。练就一双火眼金睛，能一眼识别假装病、真旷工行为。这句话不是开玩笑，而是经验带来的，这当然需要作为平台的 HR 人员协助。

第二，建制度、加难度。比如，限定本单位员工开具病假证明的医院，除了“建议休假证明”，还需要提供在医院诊断治疗记录、挂号证明、医药交费凭证等其他相关材料，HR 或直接领导有权陪同复查。病假期间工资为正常出勤工资的 80%，且年终奖和季度奖均将出勤率作为考核要素之一。提高审批权限，级别较低的部门或领导不得批准期限较长的病假等。总之就是在标准化管理之余，在实现难度上为其加码、带来压力，使其意识到公司是在强化对此行为的管理，不可任意妄为。

除了上述的三个典型场景之外，在员工“选用育留”环节都存在着一定的劳动关系处理，人力资源从业者要帮助业务管理者做到用法、守法，规避风险，这也是一种“业务伙伴”的行为体现。

员工关系的第三个突破点是，关注新生代员工管理，这是所有现任业务管理者面对的共性难题。平等、信任、授权、容错，这是每一代员工管理的共通性，而后文提到的“十二大创新管理方式”，则从新时代员工管理角度给出了个性化的操盘建议。

本节最后，我们也将员工关系中的协同方式做个整理。

表 7–10　员工关系中的“双 P 协同”

	选手（业务管理者）	平台（HR）
分工点	➢ 氛围：营造内部相互尊重信任的氛围，尊重劳动合同、避免用工风险	➢ 管理：入离职管理，信息档案管理，劳动合同关系及争议的处理
	➢ 参与：参与劳动关系谈判，保持与员工沟通渠道畅通，使员工参与管理	➢ 建设：内部沟通渠道的建设、满意度的提升与文化、心理健康建设
	➢ 关注：关注员工工作与生活需求，保持其健康、正能量的状态	➢ 赋能：对一线经理进行赋能，有效规避劳动风险，合法合规用工
突破点（难点）	1. 满意度建设：关注员工激励、文化与工作环境建设，规避管理的三大误区	
	2. 规避劳动风险：了解典型用工风险场景，协同 HR 防范企业用工风险	
	3. 新生代员工管理：关注新生代的职场特征以及管理方式	

第八章

双 P 模型——人力资源工作新起点（下篇：薪酬与激励）

薪酬与激励：从“总报酬模型”角度打造团队的内生动力

关键词：总报酬模型；差异化薪酬策略；内外矛盾；薪与酬；工资与收入

薪酬是一项员工参与极少的工作，好像其都是“受力者”，而人力资源及管理团队是“施力者”，其实不然。我们这一章从人力资源与业务协同角度谈论薪酬与激励，将主要的着力点放在如何关注业务管理者在薪酬“施力”上的痛点，以及如何从战略、组织适配度角度思考薪酬与激励，打造团队内生动力。

2021 年 5 月，有投资者通过某金融研究中心向一家上市医药企业发问，“针对近期公司经营的表现，请问：1. 公司的员工晋升、任用、加薪、调岗、调任升职等要求和标准是什么样的制度和做法？ 2. 贵公司怎样看待任人唯亲的现象，请问贵公司是否存在此现象？”

该公司答复称：“您好，本公司坚持以人为本，把人才战略作为企业发展的重点，并充分发挥薪酬的激励作用，以公平、竞争、激励、经济、合法的原则制定薪酬政策，根据岗位价值、个人能力、工作绩效结合市场薪酬水平和公司的支付能力提供较具竞争力的薪酬水平。同时，为骨干员工和优秀人才提供中长期的激励政策，最大限度地发挥和调动员工的积极性和主动性，为员工提供平等的发展机会和晋升渠道，实现员工与企业的共同成长。”

这段回答虽然很官方，但表述出了薪酬在人才战略中的地位及作用。

薪酬管理兼具了对员工的吸引、激励与保留行为，在管理上对于每一个组织来说这都是一个比较棘手的问题，主要是因为要同时达到“公平性、有效性、合法性”三大目标，同时受诸多因素影响：除了企业自身的薪酬偿付能力、法律法规之外，还涉及企业不同时期的业务战略、内部人才定位、外部市场、发展阶段，以及竞争者的薪酬策略等因素，所以不同公司间的薪酬模式仅能参考其结构，无法复制其做法（参见表 8-1 列举的某企业的薪酬激励整体方式）。

表 8-1　某企业使用的薪酬激励整体方式

薪酬激励要素	实施方式
工资收益类	岗位工资、年终奖、佣金、公佣、股权激励等
福利创新类	关键人才购房优惠、关键人才入户、家庭保障津贴、员工相亲会等
员工认可类	事业合伙人、榜样机制、长期服务奖（3 年、5 年、10 年）等
工作生活平衡	健康评比、高品质体检、健康讲座、员工运动会、生日会等
发展与职业机会	AB 岗位制、内部人才梯队、商学院进修［EMBA、EDP（高级经理人发展课程）］、游学活动等

从导向上来说，不同企业的薪酬管理，都体现了自身的管

理导向。如果说绩效是组织执行力的导向标，那么薪酬就是员工内驱力的导向标。从“吸引、激励、保留”这三个角度来说，薪酬对人才的吸引力不仅是超过一般意义上的市场分位值，更重要的是能否让候选人有意愿承担岗位工作（承责）、接受工作成果所带来的薪酬变化（挑战），最终愿意和组织长期发展（忠诚）。薪酬保留人才的目的是留住创造价值的关键人才（贴合战略导向，掌握独特技术、资源、人脉的人才），是通过留人创造价值，保持部分普通人才的合理流动。薪酬的激励则是和业务方向紧密相连的，单纯的高工资、高福利有助于提高员工的满意度与忠诚度，但只会在做强“保健因素”的路上越走越远；单纯的低工资、高绩效激励可以打破“大锅饭”、降低人工成本，但可能使员工变得短视，降低忠诚度，走向恶性竞争、“短期套现”之路。

从企业类型、发展阶段，甚至业务场景来说，企业的薪酬导向也有一定差异。一些初创企业倾向于砸重金挖来某个不可替代的外部人才，打造业务“爆点”，而内部由于编制不多，从管理者到员工什么事都得做，所以就不那么强调内部公平，但在面向未来的“激情、愿景”方面则极为强调；而快速发展的企业，在极力吸引人才的同时，不能“后院起火”，所以会大力强调薪酬的“内外公平”，同时不断完善薪酬激励的种类，短、中、长期结合；而成熟期的企业则不会以外部竞争力作为主要发力点，因为其雇主品牌、职业发展平台相对强势，此刻会更关注于内部的公平性、福利的健全性，以及中长期激励的绑定效应。

同时，从2020年开始，迫于疫情下人工成本的影响、特定行业下行带来的“减员增效”风潮的企业，通常会倡导“Do more with less”（利用有限资源，实现利益最大化），由于市场上人才相对富余，则往往倾向于用相对低的工资招拿来就用的人，节省培训费用；而不受此影响的一些行业，则投资很多培训成本鼓励员工学习，参与管理与研发，甚至以高薪“跨界打劫”其他行业优秀人才。一些被“打劫”的行业标杆，现金流问题不大的，则会多花钱在“人才绑定”上，如期权激励；现金流吃紧的，则考虑以业务外包、人才共享等手段节约人工成本。这类差异不胜枚举。表8-2列举了不同阶段企业薪酬策略的导向，供大家参考。

表8-2 不同阶段企业薪酬策略的导向

	是否强调外部竞争性	是否重视内部公平性	结构特征
初创期	强调，尤其是对外部关键人才	淡化，强调激情、愿景	弱保障、强激励
发展期	强调，同时强化内部培养，适度降低外部人才的不可替代性	重视，同步健全组织架构，创造更多成长发展机会	强化保障，短、中、长期激励结合
成熟期	不刻意强调，侧重于培养梯队、强化内部人才市场	更加重视内部公平，强化内部管理的规范	强保障、侧重于中长期激励

因此，从战略与组织的动机角度思考薪酬的策略，是所有业务管理者的一项重要管理命题。而回到协同的思考点上，**在薪酬**

管理当中，作为平台的人力资源关注点是：

1. 实施工作评估程序，判断每项工作在公司的相对价值；

2. 开展薪资调查，了解同样或近似的职位在其他公司的工资水平；

3. 在工资、福利计划方面向业务经理提出建议、清晰解释。

同时，作为选手的业务管理者的关注点是：

1. 向 HR 提供各项工作性质及价值信息，作为薪酬决策的基础；

2. 清楚如何通过多种形式（总报酬模型）去激励所在团队的员工；

3. 从实际出发，建议公司要提供给员工的福利和服务形式。

为了使两个协同层面打通，有以下三个突破点值得业务管理者关注，也值得 HR 团队为之赋能：厘清薪酬结构问题（付酬内容）、掌握薪酬的决策信息（付酬依据）、有效关注人工成本与组织效能（降本增效）。当然，对于老板来说，还涉及自身的分享意识。

在大部分业务管理者眼中，薪酬就等同于报酬，而忽略了整体薪酬的重要性。**因此，业务管理者在薪酬管理方面的第一大突破点，就是厘清“薪酬结构问题”，即“什么是我们付出的薪酬”**。

“薪酬”二字，从本意上来说，“薪”指的是柴火，后延伸为以现金、物质来衡量的个人回报；而“酬”指的是某种报答或感谢，偏重于精神层面的个人回报。因此，薪酬的全面性既意味着物质，也意味着精神。而以赫茨伯格的“双因素理论”来反观薪酬的物质部分，那么以劳动合同明文规定的员工工资、津贴以及固定福利（大家都有，无论业绩好坏）均可以称为“保障型要素”，而以业绩好坏来给予回报的变动性部分，如绩效奖金、股权激励等，则明显属于“激励性要素”。

表 8–3　员工薪酬（物质性收入）的基本结构

类别	特征	内容举例
工资	好上不好下、人工成本	岗位工资、工时 / 计件、津贴类等
福利	比较优势、可创意设计	班车、食堂、培训学习、福利购房等
激励（狭义）	重点是管理层的分享意识，短、中、长期可结合	短期：绩效奖金、年终奖； 中长期：激励性购房或入户、外部进修、股权激励、事业合伙、奋斗者计划等

对于物质性收入可以用一句话来形容：**工资与福利是发给尽责者的，奖金（短期激励）是奖励给绩优者的，股权（中长期激励）是给那些与企业共担风险者的。**

激励导向对组织的内生动力建设非常明显。明朝时期，为了鼓励商人运输粮食到边塞，实行了“开中法”，以政府手上的“盐引（定量的食盐专卖配额）”作为激励，规定如果谁将一定数量的粮食运到政府指定的边塞地区，就奖励谁一份盐引。早期的徽商、晋商为了获取这份激励，想尽一切办法将粮食运达，进而成为大盐商。“开中法”以政策性的物质激励为导向，稳妥地解决了边塞的粮食供应问题，有利于边防稳定。

提一个内外矛盾的薪酬问题：如果不用高薪从外面挖人，牛

人不来；如果使用高薪从外面挖人，老人不干，怎么解决？这个问题可以从两个角度回答，首先“工资”不等于“收入”，外部人才的工资高，则对内部人才可以在激励角度做好文章，如工作2年以上的老员工享有股权激励，年底有分红，而刚来的员工没有，这样老员工的“收入”加总会多于新员工的“工资”。或让新人和老人一样的工资，给新人一个特定激励，如项目奖、总经理特别奖、创新奖、关键人才合伙人制度等，这样其“收入”大于内部老人的“工资”即可。总之，不要让工资对比工资，而是工资与收入之间的对比。老员工觉得不公平的项目存在于劳动合同的明文规定项，但激励项的数额是根据运营和绩效情况而定的，谁也不好说，因此并不在一个“战场”上。或者我们可以思考灵活用工，对于不一定长期持续的工作，从内部问题转移到外部，如与人才以专家顾问的形式合作，付专家咨询费；或对方以项目合作的形式介入，付项目奖金，项目结束解除合作关系；或将项目按标段切分，包给对方完成，付项目标的费用。这些方式都可以避免工资对比工资，让“战场”不在一个维度上，避免矛盾的发生。

上面提到的“物质性收入”属于“薪”的部分，而如果扩张到“酬”的部分，职业发展、员工认可、员工关怀等非物质性收入部分也属于广义的薪酬，我们可以将合并之后的整体称为“总报酬模型”。表8-4是总报酬模型及其操盘建议，供管理者拓展对“薪酬”的全面认知。

表 8-4 总报酬模型及操盘建议

总报酬类别		操盘建议
薪	工资	大部分员工工作的基本出发点：包括岗位工资、工时 / 计件工资、津贴类等
	福利	对员工衣食住行的保障行为：班车、食堂、团建、培训学习、福利购房等
	激励（狭义）	物质激励在方向上应以中长期激励为主、短期激励为辅。短期：绩效奖金、年终奖等；中长期：激励性购房或入户、股权激励、事业合伙、项目跟投等
酬	员工认可	认可有助于强化正向行为：及时、O2O 式（现场 + 远程）式地表达认可
	工作生活的平衡	客观上会增加吸引力：离家近、对员工生活及家人的关怀措施等
	发展与职业机会	硬性建设："蛋糕"做大；软性建设：拓宽职业发展通道、内外部创业
	情感归属	打造员工在公司的习惯、回忆与情感：团建活动、年功纪念品、照片墙、高管座谈会、让员工在公司多交朋友、参与管理会议为公司发展建言献策等

薪酬与激励：掌握付酬依据，建立全面性薪酬思维，关注成本与效能

关键词：能岗匹配；人岗匹配；三种付酬依据；全面性薪酬思维；成本与效能

"付出与收益"的客观公平性问题，在任何群体当中都是热点话题。对于薪酬问题，员工虽然不是直接参与者，但其是利益的获得者，因此“内外公平”这种评价标准问题，就成为员工的关注点。**管理者在薪酬与激励上的第二个突破点是关于薪酬的决策信息，也就是回答“我们依据什么付薪”的问题。**

从专业上来说，不少企业以岗位价值作为薪酬判断的基础，部分企业使用“岗位对比排序”这类偏“定性”的方式，在明晰岗位说明书的基础上，依据岗位职责对各岗位的相对重要性进行打分、排序，得出岗位的相对价值顺序，省时、省力，但主观性较强、精准度一般；规模大一点的企业倾向于使用“海氏评估”这类偏“定量”的方式，从“知识技能、解决问题能力、承担职务责任”三个角度出发，结合高中基层各自的工作侧重点进行内部评审确认，这类方式精准度较高，但费时费力，同时由于涉及启动、培训宣贯、调研分析等一揽子专业的过程，所以多半会借助外部专家的力量。再精细的测算都只属于内部，还需要同步参考外部市场薪酬分位，集合公司战略导向、发展阶段、岗位稀缺性等因素作出综合判断。这是一个典型的“主观 + 客观”的工作，但“专业的不等于合适的”，需要综合考虑，做出匹配本企业的判断。

同时，岗位价值与个人价值是不同的。比如，“忠诚度”就只能要求人而没办法要求岗，所谓“铁打的营盘流水的兵”。**“能岗匹配”是静态，“人岗匹配”则是动态。**有可能公司某个纯技术岗位的员工，在其完成本人工作的同时，创造了远超本岗位的价值，这样公司就得考虑是否引导其到更高的岗位上去，或者为其匹配创新类、绩效类的价值判断；或者同样是总经理级，张三跟李四今年都完成了总经理岗位职责，但张三依靠个人人脉为公司带来了一个战略性资源，这个时候就完全可以考虑设定某个“董事长特别奖”，作为额外绩效嘉奖来激励这类行为。绩效是人创造的，职责是岗位要求的，其实我们判断的时候完全可以灵活思考，让人的价值与岗位价值相互牵引。作为业务管理者，需要清楚地了解自身所在业务单元的特征、员工岗位要求、绩效导向，以配合HR或外部专家进行适配度更高的薪酬管理。

付薪的依据是什么？常见的做法是按照岗位职责、能力或素质、绩效要求付酬。岗位付酬模式关注的是岗位的职责内容、工作重要性，符合传统的“定岗定薪原则”，其逻辑是不同岗位创造不同价值、获取不同报酬。这类判定方式，在一些老牌国企、央企、企业内部的职能岗位上适用居多。鼓励员工合格履职，完成岗位说明书的工作要求。能力 / 素质付酬模式关注的是员工具有的与工作相关的技能、素质，可以描述为“未来能够创造优秀业绩的能力组合”，如个性上的（成就动机）、学历上的（研究生毕业、×× 大学医科专业）、职称上的（高级工程师）等，在一些科技、教育、创新为主导类的企业比较常见，且对于推动员工主动提升个人素质的内生动力有帮助，鼓励员工提高专业水平，纵向专业、横向通才。按绩效付酬指的是通过对员工的任务完成情况、工作行为等一系列的考核指标情况来确定其薪酬，鼓励员工一切围绕绩效目标开展工作，能者多劳、多劳多得。表 8-5 对三种付酬依据和人性假设做出分析，供大家参考。

表 8–5　三种付酬依据和人性假设

付酬依据	价值导向	表现形式	评价依据	人性假设
岗位	靠岗位要求创造价值（偏职能）	基础工资（职位、职务工资）	岗位说明书	同岗必然同酬、要创造内部公平性
能力 / 素质	靠知识、技能创造价值（偏研发）	基础工资（知识水平、技能或学历高低）	任职资格（偏素质类）	高素质、技能人才是创造业绩的保障
绩效	靠业绩输出创造价值（偏业务）	佣金制、计件 / 绩效工资制	绩效任务书	不管黑猫白猫，捉到老鼠就是好猫

上述三种方式各存在长短板。按岗位付酬达成了一种名义上的公平，为员工提供了长期保障与安全感。在当前，依然在一些国有企业、事业单位和小公司职能岗位上存在，以固定工资作为员工的主要收入，固定工资保持长期不变，或 1 年小幅提升一次，主要提薪的因素是工龄。但缺点是容易造成“大锅饭”现象，这种模式极为接近日本 20 世纪初开始的“年功制”，即年功序列工资制，这是日企按员工年龄、本司工龄、学历等条件，逐年给职工增加工资的一种工资制度。该制度主要是为了应对日本劳动力不足、防止熟练工人跳槽的问题，但这一制度最大的弊端就是工资与工作质量没有直接联系，只要在企业内的工龄长，对企业忠诚，能力不高也可以提高工资、提升职位。

按能力 / 素质付酬着眼于人才的综合素质，尤其是在生物制药、互联网、大数据、研发机构等对人才学历、综合素质要求较高的企业或板块，通常是作为优秀人才的入门水平，会对同一岗位人才的起点薪酬带来明显的影响。比如，某科技企业操作的“未来领袖”项目，入门水平要求是博士，入司岗位即给到部门经理级，薪酬也高于普通员工；某医疗机构，要求入门水平必须是“211大学”医科硕士研究生及以上，如博士及以上学历则每月增加对应数量薪酬。部分企业将其纳入常规考核，如 ×× 岗位内部晋升条件，必须是研究生学历及以上，或必须是高级工程师职称，本科及以下不得参与岗位竞聘，这就有意识地引导员工追求更高的学历和素质水平。这和企业本身的性质、战略及业务特征、社会对该行业的要求有明显关系，无所谓对错。不过，学历与能力不成正比的人员也有很多，所以这类企业也需要加强对人才的绩效考核、优胜劣汰，定期动态地进行人才管理，避免身居高位而无所作为的情况发生。

按绩效付酬是典型的“以业绩说话”，在销售驱动型的企业或部门，以及追求快速变现的行业当中极为常见。同一岗位下的员工只提工作及业绩要求，并不对学历、职称之类的素质要素做太严格的限制，主要以业绩作为岗位价值的最终要求，在生存期、变革期内，这种不论章法只提成果的策略是很有效的。有些公司或业务团队大胆地实施“无底薪制”，以零底薪、超高提成来驱动人才，可以让组织在无业务支撑时不需要负担固定工资成本，但“无底薪制”若低于最低工资标准就可能违法，而且对于员工而言，缺乏了基本保障，势必引发高流动率，也无法吸引稳定的、忠诚度高的员工，长期来说会对组织的标准化、文化、员工素质建设产生巨大影响。因此，保障因素的存在还是有必要的，它毕竟影响人的生存问题。所以常见的方式就是“高业绩低底薪”这种导向。但在一些临聘制岗位中，如钟点工、暑期工、流水线短工等雇佣关系中，“无底薪制”还是存在的。

综合上述三种付酬依据的长短板分析，从实践角度来看，大部分企业都会采取组合式的策略。比如，在一些事业单位、老牌国企，采取“岗位＋能力/素质”付酬，付酬对应岗位职责要求，同时根据学历、综合素质测评、职称进行上调，鼓励员工完成岗位工作的同时，努力提高自身综合素质；一些业务型单位采取“岗位＋绩效”付酬，能者多劳、多劳多得，引导员工以提升业绩作为增加收入的主要方式；一些企业综合采取“岗位＋能力/素质＋绩效”付酬，用岗位要求提供保障，用能力/素质引导员工提升自我，用业绩引导员工奋斗。在实际操作的时候，要关注自身不同岗位、不同阶段的需求，导向上灵活应变，合理地引导员工的关注点。

同时，由于“内外公平”问题，我们不能只考虑薪酬对于内部人员的管理导向，还需要考虑更多的变动性的外部因素。如前面提到的公司发展阶段、战略导向、外部人才市场情况、薪酬水平等，这才是贴合业务战略的薪酬思维，是每一个业务管理者应该具备的全面性、战略性薪酬思维。而人力资源提供必要的信息平台、数据分析及赋能，则有助于业务管理者更好地做出判断。

下面我们结合上述一系列付酬依据，模拟一个场景：你是秦国国君，准备厉兵秣马、参与争霸，为了实现你的雄心壮志，你需要一个“上将军”岗位，这个岗位的价值判断是什么，我们依据什么向该岗位人员付薪?

先来看三个基本依据“岗位、能力 / 素质、绩效”。

依据一——岗位：清楚地描绘“上将军”岗位应该做的几件事。比如，统领全国各大军区兵马、规划军队的战略进攻路线、提拔偏将军人选、设定士卒的激励制度、纳降并押解敌军将领等。根据该岗位描述在国家的地位、职责复杂度、国君的重视程度等因素确定该岗位相对于其他岗位的薪酬范围。比如，与相邦工资一致（300 万元），或高于郎中令（220 万元）、低于相邦等。

依据二——能力 / 素质：岗位需获得军事大学或各诸侯国军事学院本科以上学历。比如，研究生毕业月薪加 1 万元，博士毕业加 2 万元。同时需要具有中级指挥官以上职称，高级指挥官职称加 1 万元。

依据三——绩效：该岗位需完成国君要求的对外征伐任务，按战争规模给予奖励。打赢 3 万人以下战争奖励 20 万元、3 万至 5 万人以内战争奖励 40 万元，5 万至 10 万人以内战争奖励 80 万元，10 万人以上战争由国君钦定封赏（奖金、封地、封爵）。打败仗一次，扣罚半年俸禄；连续败仗两次，扣罚一年俸禄；连续败仗三次，就地解职。

除了三个基础要素之外，我们还需要对比一下魏国、齐国、赵国同级别将军的工资是多少钱，如该岗位极为重要，我们需要开出不低于这三国的工资水平，以确保对人才的吸引力，同时避免秦国上将军某天得知其他国家同岗位俸禄后，觉得不公平而产生跳槽行为。比如，我们必须高于竞争对手10%，三国中给出的最高年薪是280万元，则我们不低于308万元。比较会带来失落感，一个人越优秀，外部人才市场对他就越透明，单位时间之内流失的概率就越高，所以薪酬的外部公平，不仅起到吸引人才的作用，更重要的是起到保留与激励人才忠诚度的作用。

还有，秦国不少本土将军是养马出身，内部斗争或跟几个蛮族打群架可以，但掌握全面战略战术、有丰富战争指挥经验的将军很少，且市场上其他国家符合这种标准的将军也不多，不少是类似赵括这种“会说不会做”的人。由于统兵作战的将军具有一定“稀缺性”，虽然魏国给将军职位的薪酬是280万元，秦国原先认为最低也要超过竞争对手10%（不低于308万元），但考虑稀缺性问题，秦国国君很豪爽地给该职位开出了330万元。看起来，岗位人才在内外市场的稀缺性也是一个重要的判断标准。

同时，由于秦国想要吞并六国，六国打算采取反制措施，秦国将军的人头被各国政客悬赏重金，刺客布满天下，那么该职位就是一个风险极高的职位，需要考虑给予危险补助。同时由于秦国地处偏远地区，外招将军离乡背井，我们需要给将军一笔安家费（异地津贴）、探亲的车马费补贴。

最后，秦君担心上将军在统兵之后，一旦被敌军诱降叛国，将会给秦国带来灭顶之灾，于是规定：“凡担任上将军之位的适龄男青年，可有娶秦国公主资格；若已有婚配，其家属可安排入朝为官。”同时，鉴于齐国稷下学宫声名远播，秦国国君派上将军在战闲时期去稷下学宫进修战争理论，学费 50 万元，交由秦国国君报销。这就又产生了一系列福利、激励方向的行为，目的是更好地“绑定”上将军，提高其忠诚度。立足现在提高人才满意度，放眼未来绑定人才忠诚度。

这个场景在岗位、能力 / 素质、绩效的基础上，同时关注了外部竞争性、市场稀缺性、岗位风险与福利保障、战略性的人才绑定策略。**这就是一种全面性的薪酬思维，薪酬管理并不是算薪酬，而是在结合多种管理因素综合考虑之下实施的组织行为。**除此之外，英国的“天价卡车司机”事件又是一个典型的例子。

2020 年英国脱欧之后，由于极大的食物供应瓶颈，以及脱欧后带来的外部司机入英就业困难问题，产生了逾 10 万个卡车司机职位的空缺。政府一方面抛出 1000 万英镑，创建“卡车训练营”，计划培训 3000 人成为卡车司机。同时，当地企业也对紧缺岗位一度开出高年薪：招卡车司机，年薪 7.8 万英镑（约人民币 70 万元）；采摘蔬菜和水果，年薪 6.2 万英镑（约人民币 55 万元）；送奶工，年薪 4.5 万英镑（约人民币 40 万元）。上述任何一个职位的年薪，都超过了英国不少白领、律师，甚至医生的年薪。在卡车司机争夺战中，连锁超市特易购（TESCO）的竞标价达到了每周约 1176 欧元（折合人民币约 10595 元），这是目前英国出价最高的公司。在这个场景中，岗位的供需关系像一只无形的手在操控着市场，我们也能看出人才市场和商品市场的一致性。

业务管理者在薪酬与激励上的第三个突破点，就是如何有效

关注人工成本与组织效能。从人工成本的角度来说，行业薪酬分位的高低只是个参考值，最终还要看公司的财务偿付能力。在第二章我们详细提出了十二种降本增效策略，同时在人力资本角度提出了六大增值策略，有助于管理者全面思考人才战略的“减法”与“加法”。

本章最后，我们将薪酬与激励中的协同方式做个整理。

表 8–6 薪酬与激励中的“双 P 协同”

	选手（业务管理者）	平台（HR）
分工点	➢ 信息：向 HR 提供各项工作的性质及价值信息，作为薪酬决策的基础	➢ 判断：实施工作评估程序，判定每项工作在公司的相对价值
	➢ 形式：清楚如何多样化地激励所在团队的员工	➢ 对比：开展薪资调查，了解同样或近似的职位在其他公司的工资水平
	➢ 建议：从实际出发，建议公司要提供给员工的福利和服务形式	➢ 建议：在工资、福利计划方面向业务经理提出建议、清晰解释
突破点	薪酬结构：厘清“薪酬结构问题”，即“什么是我们付出的薪酬”	
	付酬依据：关于薪酬的决策信息，也就是回答“我们依据什么付薪”的问题	
	成本与效能：如何“有效关注人工成本与组织效能”，实施降本增效的行为	

我们曾讲过：人力资源是一种工具，而非一个部门。在“双 P 模型”三个章节的最后，我们将人力资源“选手”与“平台”的各项协同点做一个全景式整理，供大家更好地从工具使用角度看待人力资源协同工作的新起点。

表 8–7 HR 职能与业务单元之间的协同

六大职能	业务单元（选手）	人力资源（平台）
人才规划	在理解战略、厘清部门目标的基础上，提出人员数量、质量、激励、文化等需求	依据业务需求，明确并平衡各部门的人才规划，推动内外部资源整合，为业务管理者赋能
招聘甄选	• 身份：成为面试官介入面试； • 标准：提出清晰的人才标准； • 品牌：关注并参与雇主品牌建设	• 平台：打造 O2O 式灵活的面试平台； • 标准：梳理岗位说明书、标准化面试流程； • 渠道：梳理品牌输出，多元化招聘渠道建设
人才培养	• 赋能：按工作要求对员工工作进行指导； • 推荐：为新业务评估、推荐人才； • 团建：建立融洽、高效的工作团队	• 体系：根据公司战略，搭建人才培养体系； • 计划：组织并实施人才培养计划； • 赋能：为业务团队人才培养赋能
绩效与执行	• 订立：制定本部门绩效目标并分解； • 辅导：实施员工日常绩效辅导； • 反馈：对绩效结果进行有效反馈	• 规则：建立完善的绩效管理制度与流程； • 过程：推动并配合业务团队绩效订立与辅导； • 平衡：确保绩效反馈结果的公平与公正性
员工关系	• 氛围：遵守劳动合同，避免用工风险； • 参与：参与劳动关系谈判，确保沟通顺畅； • 关注：关注员工工作与生活需求	• 管理：劳动档案及劳动合同关系处理； • 建设：内部沟通渠道与满意度的建设； • 赋能：对一线经理赋能，规避用工风险

续表

六大职能	业务单元（选手）	人力资源（平台）
薪酬与激励	• 信息：提供岗位信息，辅助薪酬制定； • 形式：多样化地激励团队员工； • 建议：建议对员工的福利及激励形式	• 判断：实施评估，进行岗位价值判断； • 对比：开展薪资调查，对比行业水平； • 建议：向管理者提出薪酬建议并解读

到这里，我们已经全景式地解读了人力资源在人才战略专业工作当中的战略定位与协同分工。当然，在人才战略当中，除了专业力之外，推动力也很重要。在工作定位与协同分工的基础上，日常也需要推动大家自愿参与进来，毕竟“该如此”和“要如此”还是有一定距离的。这就是从第九章开始我们要探讨的“组织动能”建设。

PART 4

第四篇

组织动能

第十章　后梯队时代：平台创业、后梯队时代的价值观与新生代员工管理

第九章　后梯队时代：人才梯队建设的五大陷阱与有限资源下的三条分配原则

第九章

后梯队时代：人才梯队建设的五大陷阱与有限资源下的三条分配原则

彼得·德鲁克曾经说过，组织的重点必须放在机会上，而不是放在问题上。如果组织把精力放在出成果的地方——机会上，那么就会有兴奋感、冲动感。我想不仅是组织，人才也是如此，“机会”是人才梯队建设后组织面临的第一难题：**如何在组织有限的资源下，以企业平台自身给人才提供足够的发展机会，同时使人才更稳定地在组织内部发挥效能？这是“后梯队时代”的首要难题。**

我们在第一章提到了“动态梯队建设”，以梯队建设中的基础项目“管培生”为例，这个最早由通用电气打造的项目，出发点是专门为优秀大学生安排岗位实践、内部培训，在几年后通过测评选拔成为公司管理层。由于该项目能够给新人带来机会，也加强了企业招聘时的雇主品牌，因此迅速由外企过渡到国企、民企。过去几年，在一些企业快速发展的过程中，管培生确实为企业培养了不少“未来之星”，成为人才供应链的有力支撑。但有些企业只是把管培生当作吸引人才的手段，号称“入职就是经理、2 年内成为项目总、5 年内成为区域总”，让大量“双一流”大学的年轻人趋之若鹜，但企业本身根本没想好要怎么培养人才，要么招进来没人管，要么无止境地轮岗打杂，带来管培生的高流动率。尤其是从 2020 年至今，在疫情对经济的影响之下，即便是一些“大厂”拥有良好的人才培养机制，但培养后机会的短缺，甚至面对“减员增效”的窘境，依然会给这样的梯队项目带来严重的影响。

互联网在业务层面不断为产业带来创新发展驱动力，但遗憾的是，在业务发展的同时，由于不少管理者聚焦于短期的战术成功、资源获取等“生存级”的现象，人才发展的空间并没有因此等量扩张。这是典型的数智化时代“人才发展与企业发展的博弈”。在本章，我们将从人才梯队建设的五大陷阱分析入手，深入探讨梯队建设之后的有限资源分配策略、职位体系创新思路、组织内外创业平台打造的案例，以及数智化时代员工的价值观建设。

五大陷阱：人才梯队建设典型问题分析

关键词：选无所用；孤立培养；孤立使用；非持续性；培养偏科

按照“立足现在、放眼未来”的观点，组织的梯队建设属于“放眼未来”，打造组织人才的明天。但对于大量企业来说，培养手段的科学性、前后台的协同性只是其中的一些小痛点，更大的痛点在于培养之后没有合适的发展空间或岗位数不足。**不知道怎么培养，是手段问题；培养后机会不足，是资源问题。**

我将人才梯队建设的五个常见的痛点（陷阱）做了一个整理，供大家参考。

表 9-1　人才梯队建设的五大陷阱

五大陷阱	具体表现	难度系数
1. 选无所用	培养出的梯队人才，得不到足够或合适的岗位机会	☆☆☆
2. 孤立培养	人力资源部单独培养人才，业务部门置身事外	☆☆
3. 孤立使用	业务部门推荐了梯队人才，但只培养不使用	☆☆
4. 非持续性	人才梯队的建设工作，今年做了明年不做	☆
5. 培养偏科	只培养管理线梯队，不培养业务线梯队	☆

按照上述陷阱对应的难度系数，我们先对 5 号、4 号、3 号和 2 号陷阱做一个简单的分析，然后将火力集中在 1 号陷阱的突破上。

对于 5 号陷阱“培养偏科”而言，**这需要组织对管理梯队与专业梯队有同样程度的重视**。很多组织只重视干部梯队，但忽略了技术条线的人才梯队，导致一旦某个关键技术人才流失，就会使组织的技术或研发能力、经验直线下降。这就需要管理者有基本的人才意识，未雨绸缪，鼓励技术线的老师傅带徒弟，尽快把经验分享出来。

同时，为规避“教会徒弟，饿死师傅”的担忧，业务一线可以用佣金、奖金作为激励，而职能线可以用绩效、评优等作为动力来推动师傅的意愿——这一点在第六章末尾已提到了“师带徒”的激励系统设计。业务线的梯队建设当中，解决了师傅的动力问题，那么传帮带的难度就会大大下降。对于一些技术驱动型的公司，如社交、游戏、电商等，除了工作场景当中带教之外，还可以设计多种线上线下交流活动，鼓励技术大咖、“牛人”分享经验，避免个别优秀人才独树一帜。管理的目的不是打造一堆不可替代型员工，而是为了使团队作战能力均一。

对于4号陷阱“非持续性”而言，很多组织是“闲时梯队建设，忙时全员秋收”，要么是精力不够，要么是关注不到位。很多梯队人才之所以介意培养之后有没有机会，主要原因在于组织培养人才是“一锤子买卖”，今年做了明年不做。如果持续性进行，最起码今年没机会的人，可以作为明年或下一批次的第一梯队，给更多人才带来未来的希望——这就能在很大程度上保持住人才梯队的心态稳定。**这要求管理人员一方面有持续打造人才梯队的意识，另一方面在“秋收时节”的繁忙阶段，尽可能简化培养方式。**比如，以在岗辅导的形式，通过工作本身锻炼员工，并实施过程的绩效辅导，在学中干、在干中学。

关于管理人员对人才培养的持续性意识问题，一方面是“一把手”及管理团队作为首席人才官的重视，另一方面可以人为地设定一些针对人才培养的关注期，如根据企业实际发展情况，建立起1—3年的个人发展计划（IDP）。在分析个人发展目标及能力提升点的基础上，由其本人先制订个人在公司的发展计划，由所在部门负责人与人力资源部联动确认及提供资源，并在计划的基础上确保对人才培养的持续关注。IDP计划是宝洁等企业比较常见的员工中长线培养关注计划，目的是规避员工培养的短期行为、断档行为。

表 9–2　IDP 计划基本框架参考

姓名		所在公司		现任职务		直接上级	
职业发展目标 （请根据您的个人现状和职业兴趣，规划未来 1 年职业发展目标，并列出您实现该目标的最关键的三条优势和挑战）							
职业发展目标							
优　　势							
挑　　战							
个人现状总结							
目前负责的工作 / 项目		具体内容			自我评价		
1.							
2.							
3.							
一年内重点发展的三项能力素质 （列出您要着重发展的并与您的工作任务和职业发展直接相关的知识、技能和能力素质）							
重点发展的知识、技能和素质项			目前水平		计划达到的水平	计划达成时间	
举例：员工招聘相关技巧和经验			无实际经验		掌握独立操作	2023 年 2 月前	

续表

<table>
<tr><th colspan="4">具体行动计划</th></tr>
<tr><td>重点发展能力项</td><td>学习和发展计划活动（行动举措）</td><td>衡量标准</td><td>持续时间</td></tr>
<tr><td></td><td></td><td></td><td></td></tr>
<tr><td></td><td></td><td></td><td></td></tr>
<tr><td></td><td></td><td></td><td></td></tr>
<tr><td></td><td></td><td></td><td></td></tr>
<tr><td>所需的公司支持</td><td colspan="3"></td></tr>
<tr><th colspan="4">关于个人发展计划的几点说明</th></tr>
<tr><td colspan="4">√ 在以后的一年里，您计划要完成的学习活动将有助于发展您的能力素质，从而帮助您实现自己的职业发展目标、为客户和公司创造价值；
√ 当您完成了自己的发展计划草案后，请主动约您的直接上级面谈，共同讨论计划的合理性与可行性，并获得直接上级的支持；
√ 您和您的直接上级在阅读和讨论了这份发展计划后，必须双方确认并都签署这份发展计划</td></tr>
<tr><th colspan="4">签署计划</th></tr>
<tr><td rowspan="2">☑ 以上内容经过充分沟通，已达成共识，我同意这个发展计划</td><td>本人签署：</td><td colspan="2">直接上级签署：</td></tr>
<tr><td>日期：
年　月　日</td><td colspan="2">日期：
年　月　日</td></tr>
</table>

对于3号陷阱“孤立使用”而言，一些业务团队只是为了完成内部人才推荐任务，因此倾向于推荐“闲人”参加公司的后备培养，培养完之后自然也不会使用；或者只关注人才引进不关注内部任用，只推荐人才培养，用人还是“由外到内”。这样一方面

会带来组织培养资源的浪费，另一方面会引发内外部人才的矛盾。**鉴于此，公司管理团队有必要从制度角度做好规范，由人力资源部负责人才任用管理的推动**。以下为某民营企业的梯队“任用管理”策略，供大家参考。

1. 优先认命：各单位必须优先发展学习表现优秀的学员，优秀学员如在岗表现优秀、业绩突出，经总裁审定，可以直接任命为项目负责人。

2. 优先选拔：新任项目负责人需首先从出班学员中选拔，公司授权人力资源部在干部资格审查环节严格把控，确保培训班学员获得优先推荐。

3. 每期梯队培养班结束后，人力资源部将以双月为周期，对毕业学员（特指还未得到发展机会的学员）开展为期一年的跟踪回访，了解发展情况并形成书面汇报上报总裁。

对于2号陷阱“孤立培养”而言，一些业务管理者将后备人才培养工作扔给人力资源部，结局是“不懂专业的培养专业的”，效果自然不好。按照“双P模型”的观点，人力资源部应该成为梯队人才培养的工具，提供培养的方法并为业务管理者赋能；而业务单元应该成为人才培养的基地，承担人才绩效辅导的日常功能。至于培养技巧问题，在第六章下半段提到的“时间管理策略”“教学四步法”“能力提升的铁三角”，以及“零号培训”，都可以作为有效的操盘建议。

1号陷阱“选无所用”是“后梯队时代”最大的痛点。人才梯队经过选拔、培养之后，由于组织内部没有合适的发展空间，造成“群狼无肉”的尴尬局面。狼如果没有肉吃，则有两个选择，要么奋力一搏，去肉更多的地方，即“跳槽”；要么吃掉主人——我曾经见过一家企业的三个下属，由于长期“一个萝卜一个坑”，领导动不了他们谁也动不了，于是他们合力找猎头给自己领导介绍了一份更好的工作，领导走后他们三个其中一位成为领导。如此“脑路清奇”的操作，简直令人哭笑不得。

刘邦将韩信由一个“执戟郎中”培养为大将军，当韩信实力壮大之后，还得提升他为“齐王”来绑定他的忠诚度。从员工角度来说，作为后备人才接受了组织的培养，能力得以提升之后，必然呼唤对应的发展机会。但大部分企业的组织结构是金字塔形，而非正方形，因此员工越往上走必然机会越少。如何解决“选无所用”的问题？显然，“蛋糕做大”应该是此类问题的终极解决方案：如果企业不断扩张，那么自然大家都有机会，但现实往往不是那么理想化，且这个场景要受到战略投资、市场发展等多个要素的影响，属于“外部不可控”因素。如果你的手上只有一个晋升或发展的机会，但后备人才有三个人，那么到底给谁呢？这就涉及资源有限性下的分配问题。

资源分配：有限资源下的三条分配原则，解决“公平”问题

关键词：人选不如天选；目标悬赏制；管理的交易成本

组织梯队建设的目的是打造面向未来的人才池，使人才供应链可以及时、准确地为组织供给人才，避免人才青黄不接的现象。

但在经历了梯队的“入库甄选、在库培养”之后，人才出库时面对的重要问题，就是激励资源的有限性与员工发展需求的无限性之间的矛盾。

从管理者角度来说，管理者在梯队建设结束后，面对的最突出问题就是发展性资源的分配。一个典型的现象：你不可能给所有人都加薪，你也不可能给所有人都升职——如果可以，管理者就不需要管理能力了，只需要动用无限的资源分配给大家就可以了。因此，管理最突出的难题，是如何在资源有限的情况下，达到发展性激励的合理分配。俗话说：财聚人散，财散人聚。此话从理论上如此，但“财”的有限性，就是个巨大的问题。正所谓：“能用钱解决的问题，都不是问题——但问题是没钱。”薪酬的提高、职位的晋升等，都属于这类发展性资源。

在《人才战略：人才战略规划、梯队、盘点及激活之道》这本书中我曾提过一个问题：你有一万元，要分给五个员工，你要怎么分？

让我们把这道题目进行一下升级，分成三个阶段：

阶段一：你有 1 万元，要分给 5 个员工，你要怎么分？

这个阶段的分配，虽然资源的总量不大，但数量上可以做到切分，因此总能找到一些对应的分配方法。我曾经对这种情形下的分配方式做过一个整体的描述，如“动机导向”角度的“绩效考核、岗位价值、组织评价、企业文化、时间价值”，“动机导向”角度的“目标夺取、平均主义、狼型团队、劫富济贫、部门团建”等。不管怎么分配，哪怕是平均分配，在此种情况下，都能找到一定的专业或管理的动机。也就是说，方法是很多的，这种情况考验的只是你的管理动机。接下来，让我们把这道题目升级到第二阶段。

阶段二：若资源扩大100倍，你将会如何分配给这5个员工？

显而易见，手持100万元激励资源的情况下，应该不会有人采取“平均主义”。因为1万元毕竟数额小，哪怕是均分或者抽个红包、搞个团建，大家估计也不会有什么意见。但数额增大至100万元之后，对于员工而言就不是一种单纯的“红包式激励”了，而应该是与绩效密切相关的收益性分配。这时的“平均分配”“劫富济贫”等行为就会变成一种实质上的“大锅饭”，引发“平均之后的不公平”。因此，这个阶段的主要分配方式，还是以绩效、岗位贡献为主的分配方式，确保员工的投入与收益公平性对应，所谓“能者多劳+多劳多得”。

让我们来看真正的难点，将题目升级到第三阶段。

阶段三：若激励性资源是唯一且不可分的，如何分配给3个下属？

在组织内部，很可能遇到“只能给一个人加薪”“只能给一个人升职”的情况。由于激励性资源是唯一且不可分的，当你把资源给其中一个人的时候，其他人都会觉得不公平；而当你让大家谈功劳的时候，则众人是“没有功劳也有苦劳”，或“不同的功劳没有可比性”，令管理者极为为难。这个时候，管理者应该怎么办呢？

这是职场中管理者面对有限性资源分配的典型困境。我在不同场景下问过很多朋友，大家给出的分配方法各异。有人建议让三个下属抽签决定，有人想再安排一个新任务给三个下属等。面对有限的资源，如何将其分配出去且大家都觉得公平，这就涉及一个重要的资源分配工具——**有限资源下的三条分配原则。**

原则一：人选不如天选。

古往今来，只要涉及唯一性资源的获取，就必须讲究“名正言顺”。例如，秦始皇称自己为“天选之子”，刘邦需要“斩蛇起义”；公司下午开会，大家都来而我来不了，我就必须说明一个不可抗力的理由。**通过一种机制或大众的声音，让资源合理地分配给特定人群，这一行为符合“公平＋安全”的标准。**

有个寓言故事说，古代有一个小国国王，要把膝下唯一的公主嫁出去，来了五个藩国王子，他让公主自己选，公主选了一个最年轻英俊的藩国王子，结果其他四个藩国王子回去之后举兵造反，推翻了这个国家。**从古到今，单纯的“人选”，都会带来一定的人才管理风险。**比较聪明的国王在嫁女儿的时候，会让女儿转过身去抛绣球。我们来设想一下：当绣球砸到其中一个藩国王子的时候，其他四个藩国王子还能不能找到现场哪一个“人”对他不公平呢？当然，我们在提拔后备干部的时候，如果真的拿个绣球出来，砸到谁就提拔谁，那就属于脑袋进水了。生活中的方法应用于职场的时候，必须进行一定的改动适配。

举例来说，我年底给一个叫小 A 的下属的业绩考核打了 C，虽然我能明确指出其业绩不良的地方，但他依然坚持认为我对他个人是有意见的，这是不公平的。由于管理者在对人才评价及任用的时候，亲疏远近、个人好恶这类主观意识很难避免，因此员工往往认定是领导的“印象分”，甚至会产生向上投诉的行为。**为此，大量的组织建立起“多维评价制”，通过上级、下级、平级，甚至是外部客户的多维视角来综合评价一个人。**我们设想一下：假如有 20 个人评价小 A，每一个人都给他打了最低分，那么是哪一个人对他不公平呢？如果我出于厌恶给小 A 打了最低分，但剩下 19 个人都打了最高分，我是打不垮小 A 的；如果我出于个人喜爱给小 A 打了最高分，但剩下 19 个人都打了最低分，我依然抬不起小 A。独木难成林，三人则成众——这个策略变“单人评价”为“多人评价”，用机制来评价人。这就是“天选”，虽然无法做到绝对客观，但最起码将某一个人的主观性稀释掉，尽可能减少主观因素。当然，在使用多维评价的时候，按照“董事会投票原则”，不能使某个利益相关方占 51% 以上的权重，不然依然是“一言堂”，员工依然会觉得不公平。

我们上面说的是在员工小 A 业绩不良的情况下，我们使用“天选法”，使其接受评价结果的过程。但如果我手下有小 B 和小 C 两个员工，两人业绩、潜力均为 A，但我必须从其中提拔一个出来，那么我该提拔谁呢？

B 企业曾经在评价和提拔后备人才的时候，让人才做一道选择题：“请问，你是否服从全球调动？”我们可以把这个问题拿来问小 B 和小 C，若小 B 服从调动而小 C 不服从，则我会优先提拔小 B，因为在同样能力之下，他的“使用范围”更大。但如果两人都选了服从分配，则我会安排下一个“差异化比较机制”，如是否为知名大学毕业、是否在财务部轮过岗、在司时间哪个更长、谁做过1000万元以上的大客户营销、谁过去三年得过优秀员工等，我总能找到一个“差异”，让某一个人脱颖而出——这也是一种“天选”。当然，在实施差异化比较机制的时候，这种“差异化”的要素应该是对大家都一样的，而不能是给某一个人量身定制的，不然还是会有人说“不公平”。

总的来说，“天选制”在人才管理当中的应用有两种：多维评价制、差异化比较机制。前者适合于让评价不高的员工接受其结果，后者适合于在两个同样优秀的员工中拔尖子。

表 9–3 “天选制”的两种应用策略

应用机制	机制释义	风险防范
多维评价制	通过多维视角来综合评价一个人	注意“董事会投票原则”，某个利益相关方的权重不能超51%
差异化比较机制	通过特定差异化要素让人脱颖而出	差异化要素对所有人是一样的，不能量身定制

原则二：目标悬赏制。

很多时候管理者会发现，在论功行赏的时候，如果让大家谈过去的功劳，很容易陷入“公说公有理，婆说婆有理”，或“没有功劳也有苦劳”的怪圈里。从心理学角度来说，每个人都希望得到最有价值的资源，不管他过去做过什么。这种情况在绩效考核、干部评价、梯队建设等需要呈现出个人价值的环节中比较常见。

管理者如果过于依赖对过去的评价，那么无论怎么说都很难服众。此时我们可以换个视角：设定一个新的目标，让先完成目标者获得最有价值的资源；由于新目标对于所有人来说实际上都是拉回到同一起跑线上，那么不公平就不会产生。

试举一例。当过去的财主嫁女儿时，由于每个青年都把自己过去描绘得“无比辉煌”，而财主无论把女儿嫁给谁都会有人觉得不公平。那么这时财主就很可能用到“比武招亲”的方法，所传递的意思是，你们过去都很优秀，你们说得都很有道理，那么今天谁打擂胜利谁就能娶我女儿——这就属于典型的“目标悬赏制”。

回到职场。我的团队有 10 个销售员，若这 10 个人过去的销售业绩都一样好，那么我侧重发展或激励谁呢？我可以设定一个新的挑战目标，将原有目标称为“保底任务”，新目标在保底基础上上浮 20%，谁先达到挑战目标，发展性资源就归谁。如大家都达到了挑战目标，那再上浮 20%，设定一个“尖叫目标”；如大家都达到了尖叫任务，那就再上浮 20%，设定一个“嚎叫目标”，谁先达到资源归谁，以此类推。“矮子里面挑将军”，管理者总能将目标值提到团队内部大多数人无法达成的标准，那么最优秀的人自然可以凭实力脱颖而出。同时，由于大家的起跑线是一样的，自然就不会有人抱怨公不公平的问题。**目标悬赏制，就是“立足现在，放眼未来”的一种价值评价机制：当“过去”纠缠不清的时候，设定新目标将大家的起跑线统一，面向未来新任务做关键评价，以此决定发展性资源的分配。**

新的目标是悬赏的重要筹码，那么什么是符合标准的“新的目标”，这是一个重要的思考点。“目标悬赏制”有三种设定方式，供大家进行目标悬赏时参考。

表 9–4 “目标悬赏制”的三种设定方式

三种方式	内涵	示例
上浮法	原目标上浮后的目标（数量、质量双维度）	数量（增加）：销售额从 300 万元到 500 万元； 质量（提高）：品质从 80 分到 90 分
差异法	与原目标不同的目标	从完成 A 项目变为完成 B 项目
效率法	原目标提速后的目标	从 5 天完成到 3 天完成

原则三：管理是有交易成本的。

“管理的交易成本”我们在前面内容有过涉及，此刻回到本节内容，未被分配到发展性资源的人，多少会有点失落感。那么，如何平衡这种失落感呢？

在某民营企业做职能总经理的时候，有一年年末，一位员工觉得考核结果不公平，跟我产生了一番争执。他的理由是，他去年和今年的工作完成情况一样，为何去年得了个 A，而今年是 B？我告知他，今年老刘做得比他更好，水涨船高而已。

他说：“老刘完成多少跟我有什么关系？如果我的目标是 10 元，完成了 10 元；老刘的目标是 1000 万元，完成了 999 万元。那么我就应该是 A，因为我的完成度比老刘要高。再者，绩效考核到底是考核我自己的工作完成度，还是考核我和别人对比之后的？开头定目标的时候没有对比，那么结果也不要对比。”

坦白来说，这个员工掉进了两个逻辑陷阱：首先，考核既要有相对量，还要有绝对量，如果绝对量相同，才会谈到相对量；其次，考核目标不是结果，只有结果才能对比排名。

但我认为这个不是重点，重点是他坚持认为我是不公平的，希望改动考核结果。果不其然，虽然我接下来跟他讲了公司的绩效要求，但他依然坚持他的理由："既然开头定目标时没有对比，那么结果评价时也不应该对比。我自己完成了自己的 100%，就应该给我属于我的 A，不用管别人。"

制度层面的道理已经无须再传递了。于是我跟他说："今年公司新开了武汉分公司，老刘跟你家都在广州，他愿意背井离乡调到武汉去，而你不愿意。能者多劳、多劳多得，算是我们一起给老刘一点激励如何？"这样的描述下，他开始有点动摇。我又接着说："今年公司要求各部门推选一位后备干部，我给你打的是 B，但你要相信我对你还是很认可的，我就推荐你吧！"前面我使用了"差异化比较机制"，找到了老刘跟他不一样的地方；后面我使用了"管理的交易成本"：在这个场景当中，我拿走了他成为 A 的机会，还他了一个学习发展的机会。最终，双方停止了争执，接受了考核的结果。

一句话：管理是有交易成本的。面对多个待激励或发展对象，在资源有限的情况下，管理者做不到绝对公平，当激励性资源给了其中一个人的时候，就需要考虑对其他人的"交易成本"：你每拿走员工一样东西，请在适当的时机、适当的地点还他一样东西——无论是物质还是精神的。这在激励、发展、任用等人才管理细节中十分重要。

一位圈中的创业者跟我分享了他的一个故事。

“有一次我从广州去成都出差，下午上飞机前我的一个下属给我打了三通电话，反复介绍他的一个工作方案。但成本明显超标，所以我始终没有同意。由于飞机马上要起飞了，在他又打来一个电话的时候，我直接骂了他一顿，然后将电话改为飞行模式。没想到飞机落地后，我看到了好几个他的未接来电。我突然想：其实这个员工的执行力还是有的，他之所以不断地推销他的方案，也是为了更好地完成工作。而我上飞机前对他的屡次责骂，很有可能让他认为我不是对方案有意见，而是对他本人有意见。果不其然，当晚这个下属再没打来电话。于是，在从成都机场返程的时候，我特意带了几个熊猫玩具——两个带给我的两个孩子，其他几个带到了办公室。第二天早上我经过这个员工的工位时，顺手把一个熊猫玩具抛给他，待他抬头惊讶地看着我的时候，我跟他说：兄弟，这个小玩具带给你家小孩玩吧。紧接着，过了五分钟不到，这个员工就兴冲冲地带着他新打印出来的方案又来办公室找我了。”

这是一个很小的故事。作为管理者，我们需要在人才管理的过程中随时反思自己：我每天拿走了员工什么“东西”，我应该还给他什么？举例来说，为什么有的下属跟领导开会时会拍案而起，一句“我不干了”，愤而离开公司？不是每一个下属都那么脆弱，很有可能是他的领导不断地拿走“东西”而从没有还给过他。比如，开会时痛骂了这个员工，会后吃饭的时候该员工主动端起酒杯与领导示好，被冷冰冰地拒绝；饭后大家团建唱歌的时候，该下属主动点了首歌希望与领导一起唱，结果又被无视。久而久之，“压倒骆驼的最后一根稻草”就会出现，以“我不干了”作为终结。**每一个下属都带着自己被认可、获得发展的欲望在管理者手下工作，而没有“交易成本”的管理，则会人为地创造不公平感，带来员工心理的严重失衡。**

我在管理中养成了一个习惯：如果团队中有一个错误重复出现，那么我一定会在开会时公开批评始作俑者，目的是教育大家，避免大家重复犯错。而在会后我一定会找个机会帮这个下属把脸面圆回来，哪怕是跟几个下属在走廊见面的时候，先跟他打个招呼。背后的逻辑是，任何员工在被管理者公开批评之后，首先在情感上受到了剥夺，其次员工本人的协同能力也会受到影响——因为其他员工会观察，他们认为领导可能不太认可这位下属，从而尽量避免在今后的工作中与他发生协同或提供资源。因此，我后面给出的“交易成本”，一方面是为了还他一个尊严，另一方面是为了“告诉”他人：其实我对这个员工个人是没有意见的。这也是交易成本在人才管理细节当中的使用。

回到梯队建设后的发展与任用环节中，若我只能把发展资源或任用资格给一个人，那么我也必须对其他人付出对应的“交易成本”；若我必须“拿走”一个人的机会，我可以还给他另一个机会或资源作为“交易成本”，以维持资源分配之后的组织平衡度。

上述资源有限性下的三条分配原则，有助于在梯队建设后的发展与任用环节，帮助管理者将有限的激励与发展资源合理分配出去，同时避免团队争议。但人才梯队建设后不能只考虑有限资源的分配问题（节流），还应该考虑如何在组织内外尽可能给大家创造可被利用的新机会（开源），这就涉及职位通道建设与平台创业的策略。

第十章

后梯队时代：平台创业、后梯队时代的价值观与新生代员工管理

梯队建设后的发展阶段，在“节流”的同时如何“开源”，从组织建设层面有效地建设职位通道，让优秀人才不“拥堵”在同一条高速公路上，成为面向未来的组织发展的一个重要话题。在《人才战略：人才战略规划、梯队、盘点及激活之道》一书中，我曾提出一个职位通道建设的四维逻辑，如表 10-1 所示。

表 10-1 “四维通道”的基本逻辑

四维通道	通道标签	资源匹配
通道做宽	双通道或多通道职务序列	把蛋糕（职位体系）做大
通道做细	宽带薪酬与职务序列	把蛋糕（职位体系）切细
通道做快	快速、持续人才梯队建设	快车道 = 能力基础 + 资源匹配
通道做活	AB 岗位或 PM（项目经理）制	需要做岗位赋能

结合时代特征，我们对“通道做活”做一个补充。在企业端，一些互联网企业很早就开始实施“PM（项目经理）制”，避免不同的团队“忙时忙死、闲时闲死”的状态，同时也给不同的员工都带来承担项目经理的发展机会，让组织通过特定的项目来发展人、锻炼人。某件事情由张三挂帅、管理团队；结束后张三可以参加另一个项目，成为另一个项目的组员，“组长”“组员”身份在动态中互相转化，“萝卜”有多种多样的“坑”可以去。PM 制适合任何以不同任务类型为驱动的组织，甚至在高校都有一定的

使用场景。

可以说，在部门制中，注重的是专项能力；而在 PM 制度下，更为注重的是一种协调能力，一个项目经理需要与各个部门的人员打交道。从价值上来说，它使得管理更加高效，使优秀人才有更多的机会展现自己的能力——尤其是跨越部门界限，融会贯通、兼容并包的能力。

“四维通道”这样的职业发展通道设计思路，使组织内部的发展通道更加多元化，优秀人才通过多通道、宽通道、快车道、灵活岗位制这样的方式，突破原先的单一内部职位体系，在组织内部更灵活地发展，减少出现“一山不容二虎”或“一个萝卜一个坑”的现象。

不过从本质上来说，这四维通道都是依托于企业内部的职位体系、任务体系来设计的。从互联网提倡的“创新创业”思维来说，企业该如何从“工作平台”转型到“创业平台”，更好地为优秀人才创造未来的发展机会呢？让我们先从组织与人才的“良性博弈”的关系说起。

内外平台创业：将组织的“有限战场”变为“无限战场”

关键词：良性博弈；人才毛利率；平台化组织；产品小组；特性团队

在企业内部，组织与人才形成了一种“良性博弈”的关系：每一个人都在努力地学习、成长，让自己变得不可替代，进而获取较高的谈判筹码（升职、加薪等），而组织则在努力地削弱这种不可替代性，进而降低这种谈判成本。同时，在单位时间之内，人才也在追求自身快速的发展行为，如在组织内部长时间难以兑现，则会选择在尽可能短的时间内从外部市场兑现自我价值（跳槽或自我创业行为）。

从经济学与人才战略结合的角度，我提出了一个观点："人才毛利率"（Talent Gross Margin，TGM）。

在实体经济中，商品毛利率（GM）的关键影响要素有两个。一个是由商品稀缺性或独特性所带来的定价权，如我卖的是石油，或是某种独一无二的大米。另一个是商品实现价值的流程时间，也可以称为"周转率"，或餐饮行业熟知的"翻台率"：如我有一元钱，一小时内出去、回来了 5 次，相当于带给了我 5 元钱的购买力；又如，一个饭店的两张桌子，每张消费客单价都是 200 元，但 A 桌一天来了 6 拨客人，但 B 桌一天只来了 3 拨客人，也就是说，在一天之内，A 桌的翻台率更高——商品的流程时间越短，越会在单位时间内获得尽可能多的毛利。如果我们把人才比作组织内外的一种"特殊商品"，那么毛利率的两个影响要素，对人才同样适用，它们构成了人才在组织内部的两个独特的"发展动机"。

表 10–2 "人才毛利率"在商品与人才动机的体现

追求的方向	商品的动机	人才的动机
获取独特的定价权	提高稀缺性或垄断性	不可替代性越强，谈判筹码越高
缩短兑现流程时间	提高周转率或翻台率	尽快晋升或获取内外部发展机会

很多企业面对优秀后备人才的两个独特发展动机，要么由于资源有限，无法提供对应的“谈判成本”；要么难以在短时间内兑现人才价值。“平台”的狭小或单一，成为阻碍这个问题解决的关键。**数智化时代提倡“内部创业”的观点，鼓励员工利用组织平台实现自身的价值，进而达到人才与组织的双赢。**但从传统的组织结构来说，整个企业是一个大创业平台（如图 10-1 所示），所有机会在一个平台之内，“机会”永远属于稀缺型资源；而人才的发展越来越呼唤组织结构的创新，使组织给优秀人才带来尽可能多的发展机会，这就像新的生产力与落后的生产关系之间的辩证关系——进而产生了越来越多的新型组织结构。“平台型组织”就是一种典型的结构形态，使组织成为多个创业小平台的聚合体（如图 10-2 所示）。

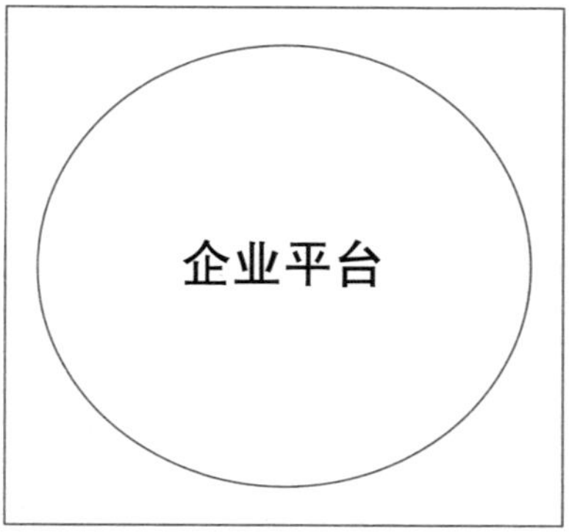

图 10-1　整个企业是一个大创业平台

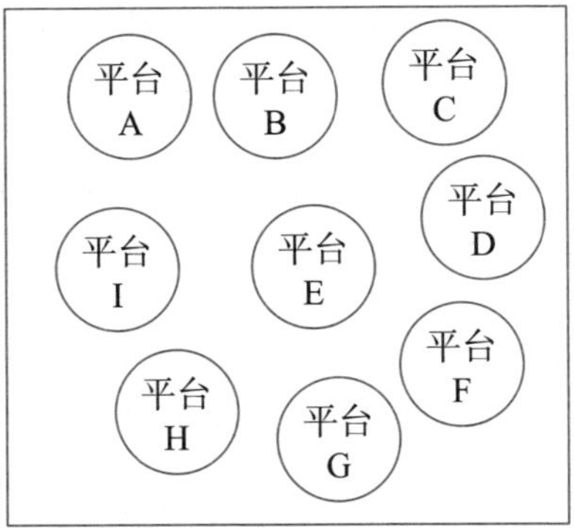

图 10-2　企业由不同的创业型小平台组成

市场需求的变化、技术的革新及新生代员工的出现，势必导致企业经营方式的显著改变；而经营方式上的变化又不可避免地对组织架构提出了转型变革的要求。企业内部创业，不仅是企业当下转型升级的一种手段，更是为人才在组织内部创造更多发展机会、激活人才积极性的重要手段，最终改变了个人实现价值的方式。

以海尔的自主经营体为例，海尔用大平台套小平台，小平台生长出小微物种的方式，丰富整个海尔生态。海尔没有通过收购或战略投资的方式延展其生态范围，而是打造了一个叫作“海立方”的机制，倡导创客文化，鼓励员工利用海尔资源内部创业，从而成为生态的一分子。从 2010 年开始，海尔将集团所有员工划为 2000 多个自主经营体，后来随着内部创客项目的增多，扩张到超过 4000 个，将原来分散的、割裂的部门在同一目标下组成共同团队为客户创造价值。**自主经营体指的是在企业的战略目**

标下，有着明确客户主张且可以独立完成业务价值链的经营团队，独立核算、自负盈亏，创造增值后员工还可以参与分成。老的业务可以切分成为自主经营体，新孵化的创客项目也可以称为自主经营体。这是一个“我的用户我创造，我的增值我分享”的内部合伙式创业平台。各经营体可以自选成员，成员也可以自选负责人，营造平等、开放，共同追求的环境。“既然不能把员工变成CEO，那就把CEO变成员工。”这就是海尔激活个体潜能的核心逻辑。

为了有效地推动内部创业意识，海尔将每位员工（或小团体）视为自主经营、自负盈亏的小企业。为每一个SBU（战略业务单元）设计了一张财务报表——SBU损益兑现表，支出和收入都写得清清楚楚，自己对自己负责，对整个流程都进行控制。根据表上所反映的结果，对连续两个周期亏损的人员做出一定调整，而有利润的SBU员工可以提成。这样既能降低企业的管理费用，又能极大调动员工的积极性。

海尔通过划小经营单元，让背负创业理想和激情的小微、创客们在前端市场尽情“厮杀”，而已步入而立之年的海尔用自己多年的积累和资源为他们提供支持，设计利益及相关配套机制为他们“加油鼓劲儿”，以此带动海尔这个大生态圈的活力。目前，在海尔的平台上只有三类人：平台、小微、创客。在管理模式上，将原来的职能部门变为两大平台，即共享平台和驱动平台。共享平台包括人力、法务等共享服务功能，以保证小微公司活而不乱，类似“中央厨房”；而驱动平台主要是商业指导及风险防范，帮助小微明确商业路径，给他们创造一个可以发现和解决问题的恒温生态环境，类似“创业导师”。**其实这正是平台化战略的精髓所在，即“大平台、小前端、富生态”。**

表 10-3　海尔平台化的“三化”策略

三化	面对需求	演变特征
企业平台化	由原来的封闭组织变成开放的创业生态圈	平台、小微、创客
用户个性化	消费者“千人千面”的个性化需求	创客为客户创造个性化价值
员工自驱动	创业者享有决策权、分配权	自主经营体就是小微企业

阿里巴巴的首席平台治理官郑俊芳曾说，作为未来组织演变的一种重要形态，平台化组织“大平台 + 小前端 + 富生态”的形貌与格局已经初步显现。以某女装品牌 H 公司为例。该品牌创立于 2008 年 3 月，截至 2016 年，员工人数超过 2800 人，拥有 103 个品牌（自有品牌 18 个，合资品牌 6 个，合作品牌 79 个）。在 2012 年至 2016 年，天猫、京东和唯品会等电商平台，连续四年服饰类综合排名第一。在互联网时代，这类品牌的竞品层出不穷，如何确保员工活力和组织发展？ H 公司创造了以小组制为核心的单品全程运营体系。

H 公司独创的“产品小组”模式，将传统企业按功能划分部门调整为按照产品小组划分，在公司内部实行“以产品小组为核心的全程运营体系”。每个小组都具有运营、选款设计、商品制作、对接生产管理订单、销售的能力，实现全员参与的经营，并独立核算，精细核算到每个员工。公司划分出 300 多个产品运营小组，每个小组由 2—3 名成员组成，负责产品设计、页面制作、货品管理等非标准化环节，在最小业务单元上实现“责、权、利”的统一，培养出在企业公共服务平台上的“自主经营体”。

表 10–4 “产品小组”制的构成及“责、权、利”

构成	产品开发专员、页面制作专员、货品管理专员
责任	确定销售任务指标（销售额、毛利率、库存周转率）
权利	确定款式、尺码以及库存深度、基准销售价格、参加哪些活动、打折节奏和深度
利益	提成公式：销售额 × 毛利率 × 提成系数

从授权机制而言，H 公司对小组充分授权。每个小组同时具备传统门店的所有权利，上什么样的新品，定什么样的价位，做什么样的促销，打什么样的折扣，如何控制库存周转都是由小组决定。

从分配机制而言，小组实施“基本工资 + 提成”的模式，提成是基于毛利率。当提成机制和销售额挂钩而不是基于毛利润的时候，销售员更多的是想如何做业绩，常常存在过度营销的情况，甚至有业务人员帮助顾客申请优惠和折扣的情况，因为给顾客的优惠对销售人员并无太大影响，但是对于公司来说，价格下降 10%，利润可能会下降 30% 左右。用毛利润提成的方式，将销售人员和公司利益捆绑在一起，非常有效地避免了这种情况的发生。

从考核机制而言，H公司同样也会对小组设定任务和考核。先来说说任务，每年年底各小组会制定第二年的目标，依据是去年完成的销售额和今年公司的正常增长率，并细化到毛利率、库存周转率，目标确定后，公司财务会给到这个小组目标销售额的一半资金，也就是说，目标是200万元，财务给你打100万元，小组需要用100万元达成200万元的目标。公司会针对业绩完成率、毛利率、库存周转率对小组进行考核和奖金分配。

从运转机制上来说，每天公布小组的排名情况，在激励上也会向业绩优秀的小组倾斜，因此小组和小组之间的竞争也非常激烈，这其中包括人员的抢夺和小组的分裂与组合。在公司的办公区域，常有公开招聘，公司也鼓励员工在不同小组和岗位上流动，在韩都集团有一句话，叫“不想当选款师的制作不是好运营”，每个小组都想有更强的组合，得到更高的排名，这使小组自动地完成了更新。相对自由的人员流动也有相对制约，为了防止不必要的裂变和保证集团整体的人文氛围，H公司有规定，新小组需要向原小组贡献提成为10%的“培养费”。

H公司的董事长说，互联网技术不仅仅改变人们的消费习惯与商业业态，更是对传统企业组织结构的大变革。新的生态、新的平台、新的模式、新的组织结构，将在这个时代不断涌现。H公司将业务前端打造为“产品小组”，将供应链、客服职能支撑部门打造为“公共平台”，同时利用好淘宝、京东等基础平台，形成了产品小组、公共平台、基础平台“三位一体”的平台机制，构成了一种相互依存的生态关系。

关于内部职能部门的激励，H 公司建立了很充分的投诉机制。只要小组对职能部门不满，可以直接投诉到运营管理组，马上开始追究责任，投诉和职能部门的利益挂钩，一下子就解决了很多公司不知道如何管理、激励财务部、人力资源部、行政部等让众多老总头痛的问题。这种“让听得见炮火的人指挥战斗”的做法，彻底颠覆了传统科层制效率低下、反应迟缓又难以考核的情况。

表 10–5　H 公司的“三位一体”生态

三大机制设计	机制内部结构				
产品小组	产品小组 A	产品小组 B	产品小组 C	产品小组 D	产品小组 N
公共平台	供应链、IT 系统、仓储物流、客服系统、集成服务等				
基础平台	淘宝、天猫、京东、唯品会等				

南京大学商学院人力资源管理学系教授张正堂说，互联网等新技术发展导致平台经济等新模式出现，员工不再接受传统的职业轨迹，转而更加追求更好的自我价值实现。而企业组织与个人的关系，正在变得更加互利，雇主和员工都在为提升彼此的价值而努力。未来，个人与企业组织的共生将会越来越普遍。

腾讯等科技研发类企业引入的 FT（Feature Team，即特性

团队、全功能团队），无论在人员组成还是工作方式上，与创业公司都非常类似。特性团队是一种跨专业、跨职能、以用户为中心，实现端到端交付产品特性的长期固定团队，其自身可以形成业务闭环。实际上，很多初创企业大都是以特性团队的形式存在。特性团队横跨多个职能角色，可以独立承担特定的完整开发任务，具有清晰的目标，相比职能团队有更强的结果导向。每个特性团队承担自身的价值指标，团队目标高度一致，执行力强。产品快速发布，快速验证，对待错误及时修正，拒绝片面追求 KPI，拒绝盲目提升虚荣指标，符合互联网时代的“大胆假设、小心求证、快速迭代”的工作特征。

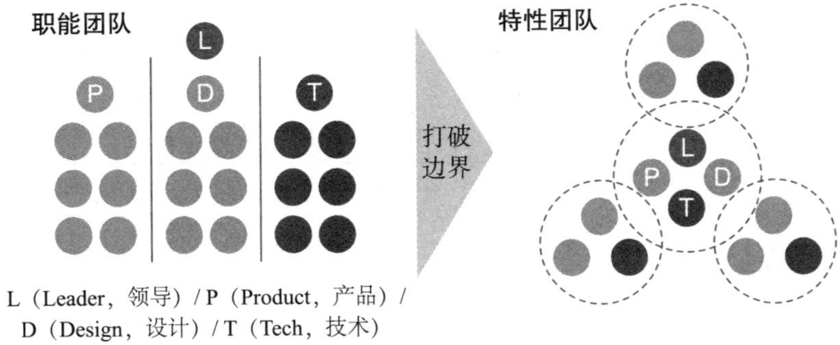

图 10-3　传统职能团队与特性团队的特点

与我们上文提到的 PM（项目经理）制不同的是，FT 是相对固定的业务小组。我们从“合作、责任、成长、成就”四个角度来对两者做一个比较。

表 10–6　PM 制与 FT 制的对比

	PM 制	FT 制
合作	根据目标临时组建团队，成员之间需要磨合	团队相对固定，成员之间有良好默契
责任	靠流程来保障团队运作和交付结果	靠成员责任感保障团队运作和交付结果
成长	以团队的个人成长为主	以固定团队为单位的实践成长
成就	团队可能归属感不足，成就感不强烈	团队成员有较强归属感，易产生成就

与此同时，作为固定团队的 FT，必然需要提供支持的大平台，以便于把日常事务性的工作通过系统完成，以确保小团队有更多的时间投入创造性活动。以微信为例，其崛起抓住了移动互联网最本质的东西，而“大平台、小前端（团队）”的企业环境，也使腾讯具备生长出微信产品的基因。微信在研发及运营的过程中，有效利用了腾讯已有的平台资源，成为其迅速打开市场局面的基础。同时，腾讯灵活的内部创新机制，也是微信这一新业务孵化成功的关键。小而灵活的产品团队，自我驱动的使命感，是微信团队胜出的要素。对产品的精益求精，是微信俘获用户青睐的关键。对市场变动的快速反应与及时调整，是微信节节胜利的有力推手。资源配置的系统性与协同性，是微信形成良好业务生态的重要保障。可以说，“大平台、小前端（团队）”的相互支撑作用，一个服务外部客户（消费者），另一个服务内部客户（作战团队），使得小团队可以更专注于客户需求，极具市场敏感度；而

大平台的控制与服务作用，也极大地简化了业务团队本身的职能工作，帮助其提供资源及规避风险。表 10-7 为某企业的“大平台”所实现的功能。

表 10-7　某企业“大平台”的控制与服务作用

人力资源平台	信息查询、招聘选拔、培训发展、绩效评估、组织发展、薪酬福利等
业务平台	服务器、数据库、开发框架、代码管理、监控系统、发布系统、自动化运维平台、研发管理工具、内部大数据、预算管理等
其他支持	工作办事、生活服务、财务管理、采购管理、IT 支持、行政支持等

上述企业的平台创新行为，我们可以称之为“内部创业”。而打造内部平台之外，以万科为代表的企业，则努力尝试着推动人才进行“内外创业”的结合，如“小草计划”。

2014 年，万科正式公布以“共创、共享、共担”为基调的事业合伙人机制，进行项目跟投，鼓励内部创业。在此基础上，从 2015 开始，万科又发布《万科集团内部创业管理办法》，鼓励员工在万科“城市配套服务商”的产业链上创业。这种创业需要符合两个特征：1. 员工创业需有益于万科生态系统（不能成为竞争业态）；2. 创业员工需离职创业，但两年内员工可选择回归万科（外部创业）。作为支持，万科会为“小草”提供资金、合作方和专家等资源支持。“小草计划”的出现，使得愿意创业的万科员工成为“小草”，长在万科这棵“大树”的周围，成为万科生态圈中的一员。这是万科的一次尝试，也许在不久的将来，真的能像“创新工场”那样，孵化出一批优秀的小企业，让人才得到更大的空间，让万科创造更大的生态。

作为传统企业，在数智化时代需要激活更多人才的智力与发展空间，不再只强调工作，而强调“发展平台”；不再只强调职业，而强调“共同事业”。南京大学人力资源产业教授林伟星认为，未来，人力资本与组织共生将成为发展趋势，组织将会让更多的成员获得更大的生存和发展空间。**“平台+个人”的组织形态，或将成为未来一段时期内，人力资本与企业组织共生的一个重要形态。**

随着海尔、芬尼等企业对于“内部创业”“裂变式创业”观点的提出，万科等企业对于“事业合伙人”“小草计划”的提出，平台内外创业成了一个新的人才发展战场。而这个战场的出现，正在把“有限战场”逐渐转化为“无限战场”。

创新与成长：后梯队时代员工的价值观建设

关键词：动态合伙人；平台创业者；“京东范儿”；五大价值观

当然，我们也看到，在平台化组织的实践中，不少企业将职能或业务支持性板块统一成为一个支持性平台（类似于中央厨房），建立标准且简洁易用的界面，使每个职能和业务支持模块化，形成透明的资源池，形成随需而取的资源共享。数量众多且规模较小的自主型前端，一般由跨部门的人员组成，在被赋予自主权的同时，也承担全部或部分盈亏。所以这类组织在部门层面强调彼此协同与反馈进化，而在人才层面则极为强调自主意识与创业家精神，这就对后梯队时代的员工价值观建设提出了新的要求。

长江商学院副院长阎爱民说，新时期组织和市场的变革，为个体的崛起提供了很好的舞台和空间。但同时，对于个体的能力要求也水涨船高。与之前强调把员工当作社会大分工下的螺丝钉相比，现在要求优秀人才要有更好的融合能力，能够促进人力资本与组织共生。

以海尔为例，在过去人才要经历选、用、育、留的人才发展体系，但现在内部采用的是“海立方”式的“动态合伙人机制”。也就是说，只要你有能力，就能在这个平台上创业和发展，共享价值。而“动态”一词，则表达的是，你若不能在平台上创造价值，就很可能被取代。所以，在海尔的平台上，为了保证自己能够持续创造自己的价值，每个人都需要不断学习，实现自驱动。

对于曾经的中高层来说，要在这样的企业中重新找到自己的位置：要么去做一个小微，要么自己去搭建好一个平台，让更多的创业者在你的平台上创业，而且取得成功。就像张瑞敏所说：“让每个人都成为自己公司的CEO”。

以京东为例，京东坚信在互联网时代，要打造有竞争力的团队，一定要寻找与公司价值观一致的人，因为只有价值观的统一，才能激发他们在你的平台上做出最大的贡献。对符合“京东范儿”

的人才，京东提供广阔舞台，促进他们快速成长，取得个人专属的人生。

表 10-8 “京东范儿”的参照维度及实施动作

参照维度	实施动作
寻觅“京东范儿”	寻找、甄选符合京东价值观、带有京东价值观烙印的人才
以京东速度成长	不断扩充舞台，结合正式培训项目以及非正式练习，让人才以京东速度成长
不管你是谁，只要优秀就有舞台	只要你有“京东范儿”，无论你是谁我们都会给你舞台
从事平凡的工作，收获不一样的人生	希望每位人才都能在京东收获属于自己的成功

数智化时代下，组织垂直层级越多，敏捷性就越差，而瞬息万变的需求和市场信息，由不得垂直型组织经过漫长而僵化的决策路径。因此从管理者角度来说，京东也强调多边适应，打造“大平台”下的“小团队”。中高级管理人员最佳的下属人数是 8 个人到 12 个人，超过 12 个人就要考虑增设平级的岗位。在公司“赋能”的大平台上，让组织结构扁平化，减少管理层的监督并赋予创客团队更多的自由，这样员工才有多干实事的机会。

在对不同企业的观察基础上，我对于数智化时代下的员工价值观有如下概括。

表 10–9　数智化时代员工的五大价值观

维度	维度释义
诚信	这是任何时代价值观的根基，对人、对事、对组织、对社会保持诚信务实
创新	不拘泥于传统，结合市场趋势及客户需求优化工作流程、完善产品及服务
团队信任	这是组织活力的来源，大家彼此依赖、信息共享、成就共享，才是真平台
团队协同	这是组织绩效的来源，跨个人、跨团队、跨业务推动工作，不搞官僚主义
学习意愿	无论何时何地均能保持开放、好奇心，有提升自我、发展自我的强大动力

新生引擎：新生代员工的十二大创新管理方式

关键词："混编军团"；O2O 工作模式；点线面体；"斜杠青年"；雇主品牌

新生代已成为职场生力军和部分企业的接班人。作为具有时代特点的员工关系，"70 后""80 后"管理者如何与这些新生代员工相处，是摆在步入中年的管理层面前的一道新问题。了解新生代员工相较于"70 后""80 后"的特征，掌握其职业倾向、价值导向，是管理的基础。

下面以我的观察，列出新生代员工的四大职场特征，以及对管理者的相关建议。

特征 1——科技嗅觉及创新意识高。

上一代人上大学才接触台式机、3.5 英寸软盘、黑白屏手机，新生代从少年时代就开始陆续接触笔记本或平板电脑、移动硬盘、智能手机这类科技装备，同时由于学校教育对于英文的普及，更早地拓宽了其双语思维。这两点带来的优势很明显：首先是具有丰富的科技文化知识和较高的技术应用水平，可以较为轻松地掌握电子化办公系统、使用互联网语言；再加上双语思维建立得比较早，会更早地激发创新思维，建立发散性思考能力。相较于上一代职场人而言，新生代对于新技术、新工具、新思路、新做法比较敏感、上手快，但对于需要反复操作和长期积累才能形成的技能掌握起来较为困难——这恰好是一种新的“创意”与老的“阅历”之间的互补。

管理者需要意识到：不要试图改造新生代员工，要让其发挥创造性、发散性优势；工作中需要给新人创造表达自我的机会，多使用“群策群力”的方式做决策；一些创意类岗位如设计、营销、媒体类可以多起用新人，少“以岗付酬”，多“以绩付酬”，鼓励其拿出更多创意和市场成果出来。在人员搭配上，管理者还要注意“新老结合”，因为一个组织不仅需要创意和激情，也需要丰富的经验判断，那些 35 岁、40 岁以上的“老师傅”虽然精力、体能弱于新生代员工，但由于其相对丰富的人生阅历与经验，恰恰可以在研讨及决策的时候，起到“定盘心”的作用。**“混编军团”才是最好的智慧组合，管理者需要妥善协调不同年龄段员工的关**

系，让大家打成一片，这也是一种“动态人才管理”。

特征 2——工作及生活的互联网黏性极强。

20 世纪 90 年代互联网在我国兴起，随后的二三十年，始终处于高速发展状态，而“90 后”的成长与这一历史时期高度重合，他们的成长受到了互联网的深刻影响。据百度调研显示，“90 后”平均网龄达 7.53 年，日均上网时长达 11.45 小时。有人开玩笑说：“现在的年轻人可以断粮，但不能断 WI-FI。”现代职场 80% 以上的工作都是依靠互联网完成的，再加上生活场景，新生代的互联网黏性已经全无死角。

管理者需要意识到：过去只侧重于线下交流，“把话当面说清楚”，现在要同步在线上组织起你的工作模式、O2O 式的操作，如网络面试、直播内训、远程研讨、线上团建、线上复盘等，这类操作手段要逐渐掌握；同时，跟员工的关系不能只是办公室的“室友”，也要做“网友”，定期跟大家在线分享你的管理心得，让大家在线交流工作的困惑，你负责在线指导。在网络上敞开心扉的交流，是新生代更为熟悉的场景。在工作灵活度上，“按时打卡”固然是一种方式，但对于创意类工作，是否可以考虑不定时工作制，弱化过程监控、强化结果管理，让新生代员工能够自主掌握一定的自由度，自己为结果负责。在绩效评价上，是否可以考虑采用新生代员工熟悉的“游戏对抗”或“积分制”，让他们打造自己的“王者荣耀”，或自行结成“复仇者联盟”，为了竞争高绩效而不懈奋斗。**管理就是引导，人的心就像一只飞蛾，总会朝着他想要的光亮飞去。**

特征3——就业价值导向发生变化。

有“90后”说：“生活最沉重的负担不是工作，而是无聊。”在职场中，新生代员工更多思考的是工作对自身的意义，开始由对组织的忠诚变为对专业、职业的忠诚，对工作的热爱转变为对人生追求的热爱，属于“追求理想的现实主义者”。很多人离职创业、做自由职业是为了更快的价值实现，而很多人的多样化职业选择也是为了独特的价值实现。

管理者需要意识到：过去的职业规划是让员工一个个向上“爬格子”，而现在需要考虑由“点（岗位）、线（职位）”到“面（职业）、体（行业）”了。在组织内部设置双通道乃至多通道，让管理、技术、专业、销售偏好型的员工可以有自己的职业路径，而不只是都要从事管理者；同时，灵活设置PM（项目经理）制，让大家都有机会做管理；在组织内部设置“人才市场”，鼓励人才在内部多一些职业选择，或跨专业/区域/业务阶段流动，而多业态的企业更可以鼓励员工跨业态流动，如制造/研发/电商等不同业态，让新生代员工在组织内部更多地找到工作与价值点的结合。从岗位创新上来说，也可以鼓励员工成为组织内部的“斜杠青年”，推动内外部资源导流或兼岗操作，如个人公众号粉丝众多的员工，可以和企业合作宣传，企业照常付酬；帮助企业招聘团队推荐外部员工加入，企业按人头给佣金；在本职工作的同时，参与某跨部门攻坚克难项目组，既支付本岗位工资又支付项目组奖金；更别说目前最为普遍的“全员营销”了。从内外部机会上来说，像海尔、中兴通讯、芬尼那样以“大平台、小前端”的方式来打造员工内部创业平台，就能给优秀的新生代员工带来一个新的职业机会，利用公司平台为自己打工；像万科那样以“小草计划”鼓励离职员工外部创业，和企业以生态链的方式合作，或者让有社会资源的离职员工成为企业带货主播、外部营销代理的方式，也能满足新生代员工一颗驿动的创业的心。**竞争不如合作，与其带着资源出去成为竞争对手，不如创造机会实现内外部合作。**

特征4——对平等与自由的期望值增加。

“衣食足而知荣辱”，物质基础的完善，使得新生代员工在面对工作的时候，更多的是在关注归属感、平等和自我价值的实现。比如，工作事项变更希望能提前告知、领导不要想一出是一出、领导能够及时地认可自己、团建活动不要总是搞个“背摔”、穿个“火网”，找公司希望能跟老板亲自谈等。百度CBG（用户消费事业群组）在发布的《90后洞察报告》中指出，“90后”最无法接受的同事类型主要有三种：讨好上级型占48%、倚老卖老型占30%、死板僵化型占13%。对于大多数新生代员工而言，工作就是工作，他们始终信奉实力才是硬道理：面对有实力的领导和同事会给予尊敬，但面对“卖资历、走关系”所带来的居高临下，只会嗤之以鼻。

管理者需要意识到：在掌控管理权的同时，要“以专业和勤奋赢得尊重”，自己除了懂管理、懂人性之外，也要懂业务，保持一颗学习进取的心，多跟年轻人交流探讨，了解年轻客户的需求、了解互联网语言，这对发现新的商业机会、与新生代员工产生内心的“交集”大有裨益；同时要“参与式管理”，多到一线看看，多做现场管理，离开办公室前经过员工工位，弯下腰和对方聊聊工作进展、谈谈兴趣爱好，这都是难得的机会；还要多创造员工和管理层对话的机会，如鼓励员工代表参加总经理大会，让员工对公司发展建言献策，或定期与新人座谈交流等。在团建方面，了解年轻人的语言，多组织创意性的团建活动，让年轻人参与进来，某公司组织年轻人到山区支教、某公司定期组织食堂创意大赛等，有了良好的体验感和参与感，才会让人有“获得感”；同时要鼓励员工在公司多交朋友，让员工之间在公司多种下情感、共同回忆的“树”，提高情感上的“沉没成本”。

最后，不要忘记及时性激励，对于“理想的现实主义者”来说，虽然工作的价值感重要，但物质激励必不可少——千万不要单纯以损害员工短期利益来成就组织，可以用股权、合伙人、绩效对赌等模式来引导员工用短期交换长期。更不要忘记雇主品牌的建设，优秀人才天生对优秀人才具有吸引力；同时，这些对互联网黏性极强的新生代员工，会在得到你的企业发出的面试通知之后，先到网站或 App 上查看企业情况，如果存在负面信息或雇主品牌不佳，那么对方极有可能会选择以某种理由拒绝，从而让企业方“云里雾里”。从趋势上来说，互联网将会是今后企业第一轮面试的“过滤网”，过滤掉的不是人才，而是企业。

我将新生代员工的创新管理方式整合为以下十二个方面，供大家参考。

表 10-10　新生代员工的十二大创新管理方式

创新管理方式	操作策略建议
1. 决策方式	群策群力、参与式管理，而非试图改造对方
2. 付酬方式	少“以岗付酬”，多“以绩付酬”，鼓励创造力与竞争力
3. 人员搭配	“新老结合”“混编军团”，让“创造者”与“定盘心”俱备
4. 交流方式	O2O 式交流、平等对话，“室友 + 网友”的关系
5. 参与方式	鼓励代表参与管理会议、在公司多交朋友、和上级定期交流
6. 工作机制	常态化工作的固定工时与创意类工作的不定时工作结合
7. 绩效与激励	迎合年轻思维的游戏对抗、积分制，注意激励的及时性
8. 职业规划	点线面体，打造多通道、PM 制、内部人才市场的交流
9. 岗位创新	内部的“斜杠青年”，内外资源导流、兼岗或全员营销
10. 内外机会	“大平台、小前端、富生态”，将组织打造为创业平台
11. 团建方式	了解新生代语言、组织创意团建，让年轻人成为团建主力
12. 雇主品牌	保持组织在线上线下的正面形象，用优秀人才吸引优秀人才

这个时代是领袖驱动的时代，你的成长，就是企业的成长。新生领袖的创造力给了我们很多惊喜，但仅仅适应变化远远不够，当今的胜利属于那些创造变革的领导者。面对复杂多变的外部环境，他们不是观望，等情况明朗了再做出反应，而是一头扎进眼前的模糊性中，积极分析和思考，确定一条道路，然后果断地带领企业在这条道路上走下去。

面对变化的时代，思考人力资源的现在与未来

写作这本书的时间跨度是从 2020 年 10 月到 2022 年初，又是一段接近两年的时光。这两年发生了很多事情，市场环境对一些企业短期主义的挑战、元宇宙的迅猛发展、电竞及主播等新兴行业的兴起等，有预料之中，也有意料之外。

在过去 18 年企业管理实践的基础上，这两年我在大量的商学院 EDP（高级经理人发展课程）、机构总裁班及企业内部进行人才管理交流，指导一些企业人才工作的日常实施。很多企业老板当下有一个“双忧”心态：人才成长速度赶不上企业发展的速度，可能导致组织能力支撑不了战略上的野心；组织面临的机遇太多、选择太多，“乱花渐欲迷人眼”，也可能导致组织能力的分散而衰败。面对不确定性，人才的加速成长与业务的深度聚焦，是未来组织管理的两大重点。

2018 年我在日本游学时，听到安川电机的一位高管提到：由于缺乏有效的质量管理，日本的产品其实几十年前的口碑较差，后来他们请到了美国质量专家戴明、日本质量管理小组（QC 小组）的奠基人之一石川馨，在外部人才的加盟与内部人才的深度结合之下，才

做出了一流的产品。2013 年《日本制造》由 NHK 电视台制作播出，2016 年索尼创始人盛田昭夫出版了自传体商业战略书《日本制造》。内外人才的结合做强了日本企业的组织能力，按照本书的观点，我们也可以从“动态人才管理”的角度来形容：短期看人才的挖猎与交流，长期看人才的培养与保留。

从广义上来说，人才属于典型的长期投资，常态化的培养确实比较慢，而即便是挖来的人，也要考虑其融入组织、稳定产出、不流失的可能性。从企业经营者的角度出发，当企业遇到危机时，最容易放弃的就是长期投资。比如，当经济环境不好时，企业采取“减员增效”行为；等到市场复苏时，又不得不大量招聘，花费大量额外的招聘与培训成本，才能让新员工的能力达到期望的水平。不得不说，对于一些成本负担重的中小企业而言，减员确实可以在某种程度上减负，但操盘时则需要关注如下风险。

表 11-1 “减员增效”策略的风险防范提示

风险点	风险表现	防范策略
1. 发展预测不准	行业短期向下、长期向好，还是长期向下	权衡利弊，承担风险
2. 短期增效长期受损	降低员工积极性与品牌预期	现有员工与品牌建设
3. 技术、机密流失	关键人才带走了技术与资源	绑定、留住关键人才
4. 内部公平性	员工对操作方法有异议，导致动荡	公平、公正、公开；管理团队率先承诺
5. 经济损失	已投入的员工培训、薪酬福利等无法追回	承担风险、强化现有员工效能

续表

风险点	风险表现	防范策略
6. 法律诉讼	操作不当带来的诉讼	了解劳动合同法，尤其是裁员部分
7. 减员不增效	不注重对组织能力的建设，单纯减去人数	强化人才培养、效能提升

对于一些希望长期稳健发展的企业来说，漠视动态管理、忽略长期主义，可能是一些企业管理者的通病。这类短期主义的危害是：待未来机会重新出现时，组织往往因为前期的放弃而无法及时抓住后面崛起的机会。

2008 年的金融危机对很多企业也带来了大环境的冲击，让我们把时间倒回 2008 年，看看这家公司的做法。

霍尼韦尔成立于 1885 年，是一家国际性从事自控产品开发及生产的公司，有超过百年的历史，1996 年被美国《财富》杂志评为最受推崇的 20 家高科技企业之一。前董事长高德威在 2008 年金融危机期间，采取了更理智的措施，包括削减管理层奖金、全员无薪休假、削减全员福利等；与此同时，公司并没有放弃对长期增长的投资，继续在一些高潜力地区扩建研发团队、投资流程改进和企业文化项目。

高德威认为，对于劳动力成本来说，管理者应该不断思考如何通过不做、少做或者优化的方式来提高现有员工的生产率。在这方面，他的具体做法包括让一线员工充分参与公司流程改进项目、从企业内部培养关键岗位人才、严格控制甚至不断减少领导者数量、为留下的优秀人才提供优厚的薪酬待遇等。当2009年经济复苏时，霍尼韦尔的员工团队丝毫未受到损害，客户关系保持良好，文化、流程、战略均未倒退，业绩领先于对手实现了强劲的反弹。

在高德威的著作《长期主义》中，他总结道：当今商界最有害的盛行观念，就是“长期目标与短期目标无法同时进行，领导者只能拥抱短期主义”。他经过多方面的调查与深究，得出“短期业绩和长期业绩相互排斥，仅仅是一种表象”的结论。而他曾经的做法，实际上是一个很典型的“鱼和熊掌可以兼得”的案例。

学者柯林斯有三部著作：《基业长青》《从优秀到卓越》《再造卓越》。第一本讲如何打造百年老店，第二本讲如何从平庸企业走向卓越，第三本讲为什么有的企业倒下就销声匿迹，而有的企业却可以东山再起。我很欣赏其中的一句话，“即使受挫，也要再次昂起高贵的头颅，永不低头，这就是成功”。只要企业的三大长期资源——“文化、品牌、人才”还在，东山再起的可能性就很高。

为现在努力，才能活着；为未来布局，才可能赢。面对这个变化着的时代，我们需要“立足现在，放眼未来”，根据自身的工作实践去想象人力资源的未来，提前布局。

那么，我们如何在这个变化的时代去思考人力资源的未来？以下是我的推理。

表 11-2　对人力资源未来的八大推理

变化	挑战
1. 人工智能的全面应用	AI 技术全面应用于人力资源领域，低维度人力资源工作，如常规的招聘、标准化培训、人力资源规划、薪酬及福利基础设计等工作将被全面取代，互动性强、创造力高的人力资源工作将成为未来的重点
2. 人力资源数字化	如何通过人力资源管理业务标准化、流程规范化、工作流转自动化，实现人力资源数字化管理的全覆盖，促进人力资源与业务互联互通，激发内在创新活力
3. 全天候员工情感管理	人与人的情感互动将会成为 AI 无法取代的管理点，从基于劳动合同的法律关系管理，过渡到关注情感帮扶的 EAP（员工帮助计划），再到员工归属感、信任感的建设，雇主品牌的建设，最终打造一群自驱力极强的员工，这将成为一种“全天候员工情感管理”
4. 组织的平台化	大量企业的组织关系由“职业化”转向“事业化”，提倡内部平台创业，打造类似海尔、中兴通讯、芬尼这样的“大平台、小前端、富生态”的组织模式。“员工”一词可能会逐渐演变为“合作者”，这也更符合大量新生代员工的诉求：平等、自由、创新
5. 人才的超限战	由于人工智能对基础技术工作的广泛介入，大量创意类工作成为人才发挥作用的主战场，而创意类、职能管理类工作的迁移性较强，这就会带来大量跨专业人才的流动，也会带来跨行业人才挖猎现象的普遍出现
6. 跨界转型	企业方将越来越多地发现，HR 已经不是一个单纯的职能工作，需要深度嵌入战略、从业务视角布局。这会带来 HR 领域的两个方向的“跨界转型”：其一，会出现更多业务管理者转型成为 HR，在懂业务的同时操盘人力资源；其二，具有战略视野的 HR，将没有职业天花板，会过渡到营销、品牌、客户关系等业务岗位，更全面地成为公司管理层

续表

变化	挑战
7. 溢出性人力资源	圈层营销的思路将深度渗透企业各个板块，除了“全民营销”之外，企业将越来越关注行业圈层内外的人力资源，尤其是离开企业后仍可以利用的人力资源。除了公司内部人才库之外，很多企业将会建立起外部人才库，以及溢出性人才的管理、激励制度
8. 社群学习	学习将越来越倾向于以兴趣相投的人作为叠加的社群、在线交流群等形式，“人人可为师、人人可为学”，让“知者为师”的理念在平等管理的组织里更为常见

从历史看到现在，我们的企业组织能力建设还需要更多的积累。这需要更多具有战略视野、人本精神的企业家、人力资源管理者不断探索，保持事业的激情与创意。

最后，对于人才个体来说，在自己擅长的领域当中发挥出独一无二的优势，这是每一个人面向未来的成长方向。发现自己的天赋，是做企业管理、雇用及培养人才的第一着眼点。从内在能力的发展上来说：天赋对了，事半功倍；天赋错了，举步维艰。

如何感受出自己的天赋所在？我提出了一个“F4 法则”。

表 11–3　锁定人才天赋的“F4 法则”

四项法则	判断标准
Flow（心流）	你做什么事情能够心无旁骛地沉浸进去，而无视时间的流逝与环境的干扰？

续表

四项法则	判断标准
Feedback（反馈）	你做什么事情能够得到相对正向的反馈，且成果较为容易得到他人的认可?
Flat（坦途）	相对于周围的人来说，你做什么事情会比较顺利，比他人更快、更好、更强?
Flexible（关联）	你做什么样的事情、学什么样的内容更容易触类旁通，产生跨界的关联点?

诺贝尔经济学奖获得者保罗·萨缪尔森在《经济学》一书中曾提到，“The business of America is business”（商业是美国人的头等大事）。我也可以说，战略、文化、人才是组织的头等大事，而找到天赋是个人发展的头等大事。

希望我们每个人都能找到自己的天赋，希望我们的企业在自己的赛道上一往无前。

何欣

图书在版编目 (CIP) 数据

人才战略：首席人才官的人才经营、业务伙伴与后
梯队时代 / 何欣著 . — 北京：中国法制出版社，
2022.12（2023. 3 重印）
ISBN 978-7-5216-3148-7

Ⅰ. ①人… Ⅱ. ①何… Ⅲ. ①人才 － 发展战略 － 研究
Ⅳ. ① C964.2

中国版本图书馆 CIP 数据核字（2022）第 214903 号

策划 / 责任编辑：马春芳　　封面设计：汪要军

人才战略：首席人才官的人才经营、业务伙伴与后梯队时代

RENCAI ZHANLÜE：SHOUXI RENCAIGUAN DE RENCAI JINGYING、YEWU HUOBAN YU HOU TIDUI SHIDAI

著者 / 何　欣

经销 / 新华书店

印刷 / 三河市紫恒印装有限公司

开本 / 880 毫米 ×1230 毫米　32 开　　印张 / 10.625　字数 / 219 千

版次 / 2022 年 12 月第 1 版　　2023 年 3 月第 2 次印刷

中国法制出版社出版

书号 ISBN 978-7-5216-3148-7　　定价：69.00 元

北京市西城区西便门西里甲 16 号西便门办公区

邮政编码：100053　　传真：010-63141600

网址：http://www.zgfzs.com　　**编辑部电话：010-63141822**

市场营销部电话：010-63141612　　**印务部电话：010-63141606**

（如有印装质量问题，请与本社印务部联系。）